増補改訂

物部長穂

川村公一

無明舎出版

まえがき

記憶はさだかでない。恥ずかしい話で恐縮ですが、**物部長穂**（もののべ・ながほ、一八八八〜一九四一・明治二一〜昭和一六）という人物を知ったのは、一九七〇年（昭和四五）夏ごろ。場所は建設省（現在の国土交通省）土木研究所赤羽支所の実験施設で、直立消波護岸の水理模型実験をおこなっているときであった。

あるコンサルタント会社の顧問をされていた八木亀助さんという方が、「この実験水路は、我が国で初めての由緒ある施設で、昭和初期に内務省土木試験所長（戦後、内務省から建設省へ）であった物部博士が着任と同時に計画されたものであり、所長指導のもとで水理実験をおこなっていた」と話された。黎明期の土木工学の分野で、多大な足跡をのこした大変偉い方であったという。以前、無意識に水理学で物部公式があることは認識していた。さらに、物部所長の郷里は筆者とおなじ秋田県出身者であることを知り、二度ビックリした。所員は全国各地から集まっており、同郷人として誇りに思った。

当時、筆者は赤羽支所河川部海岸研究室に所属しており、**富永正照**室長、**坂本忠彦**主任研究員のもとで勤務しているときであった。

富永室長の御尊父は**富永正義**（一八九三〜一九七六・明治〜昭和五一）。物部長穂と同時期に内務省土木局で一九二九年（昭和四）から一三年間勤務。全国の主要河川の改修計画の策定や技術指導にあたっていた。当時、新たに治水と利水を組み合わせた河川開発を指向する「河水統制」事業を積極的に展

内務省土木試験所岩淵分室の水理試験所
（のちの建設省土木研究所赤羽支所）
（この絵画は筆者が同僚から結婚記念に頂いた）

開する計画が立案されていた時期。上流から中流、下流、河口部まで、大河川の本流、そこに流れこむ中小河川の支流まで、全体を取りこむ「水系一貫の河川計画管理」、利水を組みあわせた多目的ダムによる洪水調節をおこなう「多目的ダム論」を提唱したのが物部長穂。

多目的ダム群による洪水調節計画と河川開発の利水をとりいれた、東北地方の岩手県から宮城県を流下する母なる河、北上川上流部の河川改修計画が立案された。岩手県の幹支川五カ所にダムを配置（四十四田ダム、御所ダム、田瀬ダム、湯田ダム、石淵ダム）したが、この計画を策定したのが富永正義。我が国のT・V・A計画といわれた国家プロジェクトであった。

御息子の富永室長は、一九八五年（昭和六〇）四月から一九八七年（昭和六二）一月まで第二四代土木研究所長を歴任。海岸研究室からは、おおくの指導的研究者、教育者、技術者を輩出した。当時、海岸研究室の出身者と在籍職員との懇談会「渚会」が毎年定期的に開催されていた。物部長穂が卒業研究を指導をした**本間仁**は土木試験所に入所。のちに物部水理学の後継者となり、近代水理学を確立する。土木学会の海岸工学委員会の初代会長に就任し、その後一四年間にわたって歴任。海岸堤防の設計手法の確立や地震による貯水池波浪高の公式を提案した**佐藤清一**。津波発生機構を数理的に明らかにし、津波工学を確立した**首藤伸夫**。今は故人となられた方々もおられるが、第一線で活躍されている大先輩との貴重な懇談を経験し、おおくのことを学んだ。

坂本主任研究員は、当時深刻になりつつあった海岸浸食関係の調査、試験研究などに携わっていた。離岸堤の三次元水理模型実験や現地調査など、一緒に仕事のお手伝いをさせていただいた上司。一九九四年（平成六）七月から一九九五年（平成七）一〇月まで東北地方建設局長（現在の東北地方整備局長）を歴任し、翌年の一一月まで第三一代土木研究所長に転任。財団法人ダム技術センター理事長を経て、独立行政法人土木研究所理事長として二〇〇一年（平成一三）四月から二〇一〇年（平成二二）八月まで歴任。ある会議のあと、懇談会の場で坂本理事長は、筆者に「川村君、物部博士大先輩の所長在任期間の一〇年七カ月の記録をこえそうである」と話された。坂本所長・理事長在任期間の通算年数は一二年三カ月。今後、この記録はやぶられることはないだろう。

物部長穂は、水理学、土木耐震学という前人未踏の新たな学問分野を体系づけた先覚者。土木工学界の分野では水理学で著名であるが、耐震学の分野では、むしろ地震学界で広く知られている。物部長穂の教え子で、その指導をうけ、昭和・平成期の耐震工学者で著名な人物が**岡本舜三**（一九〇九～二〇〇四・明治四二～平成一六）。岡本の教え子で、東京大学博士課程修了後に土木研究所ダム部に入所し、その後、財団法人ダム技術センターに転出した**松本徳久**は、現在、我が国のダム関係の耐震論を含め、ダム設計理論をリードする第一人者。物部から見れば松本は孫弟子にあたる。筆者は松本と研究室はちがっていたが、赤羽支所で同時期に勤務していた。赤羽支所の中庭にあるテニスコートで一緒にプレーして楽しんだ思い出がある。筆者が土木研究所から東北地方建設局に異動し、河川改修計画の根幹をなす河川整備基本方針や整備計画の策定、七カ所のダム計画や調査設計を担当した。ダムの設計では、耐震論などについて、松本から貴重なアドバイスや有益な技術指導をいただき、大変お世話になった恩人の一人である。

一九九六年（平成八）一〇月に拙著、―土木工学界の巨星―『物部長穂』（無明舎出版）を上梓した。同書の巻頭言に、同じ郷土出身者の**谷藤正三**（一九一四～二〇〇四・大正三～平成一六）第一二代土木研究所長（一九六一～六二・昭和三六～三七）から寄稿文をいただいた。同書は評伝というかたちで書きすすめたが、現在絶版となっている。谷藤は一九三六年（昭和一一）に大学を卒業。その後、内務省に任官されるが、任官試験の面接官が物部所長であった。本人は港湾関係の業務を希望したが、配属先は東京府道路課。これからは、自動車時代が到来するという世界技術の動向の先見性から、配属先を物部所長が決めたという。谷藤は、一九五九年から一九六一年（昭和三四～三六）に建設省道路局国道課長を歴任し、第一次道路整備五カ年計画の策定に携わっている。

現在にいたるまで、筆者の歩んできた業務経歴を振りかえり、複雑に絡みあった見えない糸をたぐりよせると、なぜか間接的に物部長穂との関係にたどりつく。不思議な縁を感じる次第である。現在ある筆者の存在は、建設省、国土交通省、コンサルタント業界という環境のなかで、ものの見方や考えかたを学び、技術を習得する機会を得ることができた。決して個人の能力ではなく、所属した組織や有能な指導者、上司や先輩、同僚という恵まれた環境によって育てられ、現在がある。

土木史の分野では、おもに河川や道路、港湾など社会資本整備の形成過程と土木工学の関係について論じられている。行政側の視点で、それぞれの時代要請によって、どのように国土に働きかけ社会資本が整備されたのか、その意義や効果について考察する傾向にある。政策論が優先され、技術論と社会の関係性については、あまり触れられていない。物部長穂は、政策を立案する行政官僚の道を歩まなかった。当時、土木工学界は、行政能力や企業手腕がたかく評価され、欧米先進諸国の建造を模して、煉瓦造りのモダンな建築物や競いあって大規模構造物が建設されていた。

東京帝国大学工科大学土木工学科を卒業した大半の学生は、内務省や鉄道院に任官され、行政官僚になるのが常道であった。物部長穂は別の道を選択した。自然現象を解明して工学的に数理解析を得意とする技術者、研究者であり、次代をになう技術者を養成し指導にあたった教育者。その後の土木工学界の発展に寄与する人材を数おおく輩出した。画期的な業績をのこし、著名であるにもかかわらず、取りあげられる機会も少ない。専門誌でも紹介されることは稀である。

本著は、一九九六年（平成八）一〇月に発刊した『物部長穂』（無明舎出版）の増補改訂である。物部長穂という人物の生涯と業績の足跡を中心にすえ、残された功績の歴史的評価、社会と技術の関係性という視点から、水理学や近代河川技術、耐震工学の分野での計画論、設計論、その背景にある理念などがどのように継承されていったのか、たどってみたい。

増補改訂にあたって、次の四点を補完した。長穂が登場する以前の社会経済状況がどのようなものであったのか。その後の技術政策にどのように影響をあたえたのか。

一、科学、技術の視点から、明治維新の近代化を推進する原動力となる我が国の西欧先進学術の導入と、その後の技術官僚が自立するまでの経緯を、高等教育と行政機構の関係からふりかえる。

二、明治時代の初期、近代化の主要政策である国家の基盤形成にかかわる社会資本が、当時の社会情勢との関係で、どのように整備されていったのか。河川がどのように認識されていたのか。治水から利水へとなぜ転換されたのか。近代河川行政の変遷からふりかえる。

三、これまでの河川技術、地震学、耐震技術についてふりかえり、科学、技術の本質はどのようにあるべきか。技術が与える社会との関係性について、物部長穂の理念がどのように継承されていったのか。

四、技術論について、科学と技術が我が国に導入された時代背景、その相違と本質、さらに技術の合意形成や技術の伝承、倫理観についた論じる。

以上四点、長穂が誕生する以前の時代背景を俯瞰し、その時代の意味するものを理解する。また、技術の根底を形成する科学と技術の関係や本質とは何なのか、紐といてみたい。

それらによって、物部理念が、どのように歴史的に評価されて技術政策に反映され継承されていったのか。これらを補完することによって、より一層、物部長穂の功績が鮮明に理解できると考えた次第である。

増補改訂　物部長穂◉目次

増補改訂

物部長穂

序

どの業界にあっても、その道の権威という人がいる。とりわけ創設期の先覚で草分け的な人、画期的で輝かしい業績を残した第一人者の評価は「神様」的な存在である。土木工学界では物部長穂こそ、その人物である。

物部長穂は、秋田県大仙市協和町境（旧荒川村）の累代由緒ある唐松神社宮司・**物部長元**（第六〇代当主）、**寿女**（スメ）の二男として一八八八年（明治二一）に誕生。朝日尋常小学校、秋田中学校、仙台の官立第二高等学校（東北大学の前身）を経て、一九一一年（明治四四）東京帝国大学工科大学土木工学科で学び首席（恩賜の銀時計組）で卒業。同年、鉄道院総裁官房勤務（橋梁関係）の技手として卒業研究の信濃川にかかる鉄道橋、『新潟萬代橋基本設計』の詳細設計を完結させる。翌一九一二年（大正元）年、内務省土木局に異動任官。一九二六年（大正一五）土木試験所長（勅任官）を歴任し母校東京帝国大学教

物部長穂
（1888〜1941）
（撮影協力・物部長仁）

授も兼任する。技術官僚の河川技術者・研究者・教育者として数おおくの業績を残し、土木工学の学術発展と高等教育に一生を捧げた。

その生涯は寸暇を惜しんで、日夜勉学に明け研究に暮れた日々であった。短い五三年の人生は、凡人が二生も三生もかかってもなしえない業績をのこし、その理念や設計理論が現在にいたるまで脈々と受け継がれている。その専門が土木工学という地味な分野のなかでも、とりわけ学問研究分野の理論家であったがゆえに、一般にはほとんど知られていない。土木工学の分野の水理学や耐震工学の先覚者として、物部長穂の業績を埋もれさせてはならないし、是非ともおおくの人に広く知っていただきたい偉人の一人である。

鎖国から開国という幕末から明治時代初期の社会は、めまぐるしい展開をみせた。明治政府にとって近代化は国是であり、欧米先進諸国に肩を並べるよう、社会経済体制の確立を急がねばならなかった。科学、技術の分野でも、鎖国政策のために、実証的経験の範疇の域に停滞していた。このため、近代化を急ぐには欧米諸国の最新科学、技術を学び、先進的な技術指導が必要とされた。我が国鉄道の生みの親であるイギリス人のエドモンド・モレル、近代的治水計画の指導者のオランダ人のファン・ドールンやデ・レーケなど、明治政府の招きで来日し、技術指導や次代をになう技術者の高等教育がおこなわれ、近代化が展開されていった。

その後の科学、技術の進展は、独力の道を歩まねばならなかった。このためおおくの分野でその研究成果が結実する大正時代から昭和初期の時代まで待たねばならない。その数少ないなかにあって、長穂は、河川や地下水など水の流れたや力、降雨による流出量などを理論体系化した「水理学」という新しい学問分野の道を開いた。洪水を防御するための河川改修の基本となる「水系一貫の河川計画管理」と治水と利水を組み合わせた「多目的ダム論」など、今日の河川行政の根幹をなす理念を提唱した。地震動による構造物の被害をくいとめるための「耐震工学」という前人未到の学問分野も開拓した。もし、ノーベル賞に工学系の部門があるなら、長穂は受賞してもおかしくない人物。その業績は、当時の世界最高水準レベルで、その理論は現在にいたっても重要な位置をしめている。地震多発国の日本でありながら、最大級の土木構造物である巨大なダムの設計理論や、現在林立する高層建築物の耐震設計理論は、長穂が大正時代末から昭和時代初期にかけて確立したもの。コンピューターなどで高度な計算ができる時代ではない。ソロバンや計算尺など、現在では遠い世界の遺物となった初歩的な計算機を駆使し、公式や図表を中心とした設計理論を確立した。それも、経験の浅い若い技術者でも使えるように。

物部長穂記念館
（大仙市協和町）

どんな工事をするにしても設計図が必要。設計するには、その裏付けとなる設計理論が確立されていなければならない。その理論は、広く学問的に受けいれられ、合理的で客観的でなければならない。工学分野では、合理的で客観的な手法として数式で表現され、合意されてはじめて完結した設計体系となる。設計理論は、地道な調査・研究と検証が必要で、自然発生的に偶然あみだされるわけではない。その理論は、集団や組織というより、個人の才能やアイディアに負うところがおおきい。

全国各地に、科学館や技術館、博物館、記念館などがたくさん建設されている。土木工学の部門でも、水の科学館とか交通博物館、水道記念館などおおくの施設がある。しかし、個人の生涯や業績を紹介した記念館は全国で二つしかない。一つは、千葉県香取市佐原にある「伊能忠敬記念館」。伊能忠敬（一七四五〜一八一八）は寛政時代、幕命により一七年間にわたって日本の全海岸をくまなく歩きまわった。歩測により『大日本沿海與地全図』という近代日本地図を作成したことで広く知られている。総歩数は五〇〇〇万歩にもおよび、その精度は当時、外国人をも驚嘆させたという。もう一つの施設は、秋田県大仙市協和町にある「物部長穂記念館」。土木工学界で個人の業績を顕彰したもう一人の記念館である。

長穂の生涯や業績を考えた場合、大きく三つの特異性がある。

一、その家柄が歴史的に由緒あり、「物部家」の血筋が異色である。

二、本来業務である河川改修事業計画の実務のかたわら、その基礎となる「水理学」の研究と、ライフワークとして「耐震工学」の研究に意を注いだ一〇〇年に一人、出るか、出ないかの天才。学者・研究者の顔とともに、時代を先取りする政策理念を提唱し、その理念は現在も継承され、新たな展開をみせている。

三、内務省勤務のかたわら母校の東京帝国大学の教壇にたち、公職を二足の草鞋で黎明期の土木工学界の発展と高等教育にあたった。

物部家に伝承されている「秋田物部文書」によれば、秋田物部氏の祖神である饒速日命（にぎはやひのみこと）は、天の鳥船に乗って鳥見山（とみやま・鳥海山）に天降りしたという伝承がある。韓服林（からまつばやし・現在の秋田県大仙市協和町境・唐松林）に一時定住して西進し、神武東征前すでに東国を支配していたという。その後、大和物部氏となり、仏教が伝来し、その崇拝の可否をめぐって蘇我・物部両氏の崇仏論争に敗れ、故地秋田に転任したという。長穂の先祖をたどれば、秋田物部氏にまでさかのぼる。長穂は、秋田物部氏の祖那加世（なかよ）から数えて唐松神社第六〇代当主・物部長元の二男で、一八八八年（明治二一）七月一九日に誕生した。

長穂の主著といえば、一九三三年（昭和八）同時に公刊された『水理学』（岩波書店）と『土木耐震学』（常盤書房）の二つがあげられる。

『水理学』は、およそ一〇年の歳月をかけた調査研究を集大成したもの。世界中のあらゆる関連文献が網羅、整理されている。当時、水理学の本としてドイツやフランス・オーストリアで出版されていたくらいで、内容も狭い範囲に限定されたもの。我が国最初の本格的な水理学の工学書として公刊され、その包含する範囲の広さや内容の深さの点で、世界最高水準の大著であった。この著書の発刊にあたって、出版社と価格で折りあいがつかず、原稿引き上げ寸前にまでこじれた。原因は、出版社では定価二〇円を予定していたが、学生や若い研究者にとっては高価で入手できないとして、結局五円八〇銭で販売されることで決着した。

ライフワークは耐震工学。水理学とはまったく異質な別分野。構造物の振動や地震から被災をまぬがれるための耐震性の研究で、『載荷せる構造物の振動並に其耐震性に就て』の論文を発表。一九二〇年（大正九）第一回土木学会賞を受賞。同年、母校の東京帝国大学に『構造物の振動並に耐震性に就て』の学位論文を提出。工学博士の学位が授与される。学位取得には卒業後二〇年はかかる時代。三二歳の異例の若さでの授与であった。当時、旧学位令での工学博士は一二名しかいなかった。最年少の学位取得者。その後、新学位令になってから、おおくの工学博士が誕生している。

さらに、一九二三年（大正一二）に発生した関東大震災での構造物の被害調査などから耐震工学をさらに発展、充実させる。翌年（一九二四）に発表した『構造物の振動殊に其耐震性に就て』が、一九二五年（大正一四）、学術研究の最高栄誉である帝国学士院から恩賜賞が授与された。これは土木工学界では初めての栄誉であった。

これらの各受賞論文の内容を発展させ集大成して公刊されたのが『土木耐震学』。同書は、土木工学や地震学などの学際的な分野を網羅したもの。その理論の先見性がいかんなく発揮されている。我が国での高層ビル建設の曙である霞が関ビルが一九六八年（昭和四三）に完成したが、ほかでもない、物部耐震理論を発展させたもの。四〇年後を先取りするような研究であった。本業に関連する水理学もさることながら、ライフワークの耐震工学での業績で数々の受賞をされたのは、底知れぬ非凡さの証でもある。

一九二二年（大正一一）内務省土木試験所（建設省土木研究所、現在の国土技術政策総合研究所、行政独立法人土木研究所）が設立された。我が国で初の土木工学の試験研究機関。発足当初は道路材料試験所的な性格であった。その後、大規模な河川改修の必要性や一九二三年（大正一二）に発生した関東大震災を契機に、河川や港湾、水理学や耐震工学へも研究対象範囲が拡大されることとなる。このため、これらの学問分野に明るい長穂が第三代土木試験所長（勅任官）に就任。一九二六年（大正一五）のことであった。就任にあたって、内務省の任官は年功序列が不文律であったが、異例の抜擢で、一〇年飛ばしの人事であったという。土木試験所長は土木工学の学術研究の最高指導者。また、東京帝国大学土木工学科の教授も兼任し、「河川工学」の講座を担当。学生からの質問に対して深夜の二時三時に自宅に招いて教えている。

土木試験所長・東京帝国大学教授時代の物部長穂は、自宅と試験所、大学を結んだ三角形の辺から外へでることはほとんどなかった。帰宅して夕食後に仮眠をとり、夜半から明け方まで研究するという、なにより書斎の人であった。専門外の本にもよく目をとおした。趣味が乱読というほどで、特に万葉集や詩歌は愛読した。

趣味は軟式テニスで、大の愛煙家であったが酒類はたしなまず、甘党であった。終生方言の秋田弁が抜けず、研究メモや原稿にも秋田弁の方言がまじり、校正段階で苦労したという。天才からは想像できない、ほほえましくホッとするようなエピソードもある。

このように、公職で技術官僚の河川技術者、大学教授を兼任し教壇にたった教育者の二役を、研究分野でも水理学と耐震工学という全く異質な二分野で研究業績を残した学者である。その研究は、一九二〇年（大正九）から一九三四年（昭和九）までのわずか一五年間の短期間で、あらゆる海外の最新論文に目をとおし、湧きでるアイディアと総合力で、現在でも考えられない速度と精度で「水理学」や「耐震工学」の先覚者として、土木工学分野の礎をきづき、駆け足で走った生涯であった。その業績は幅広い分野で大きく深いもので、現在でも巨星の如く　金字塔として光輝いている。

天才長穂は、晩年に自分の歩んだ学問研究生活を振り返って、こんなことを述懐している。

　私はいろいろな分野に関係せざるを得なかったが、やはり一つのことに専念すべきであった水理学なのか耐震工学なのか、それとも別の分野のものであったのか。その一つとは何なのか。長穂の胸中に秘められ、今はそれを知る由もない。

我々土木技術者にとっての物部長穂は、神様的存在の偉人である。大正時代から昭和時代初期にかけて活躍した人であり、直接知る人も現在はいない。また、長穂自身おおくを語ってはいないし、残された資料も少ない。このため「物部長穂」というテーマはあまりにも大きすぎ、土木工学界でも避けてとおってきたきらいがある。このため一般になじみが薄く、関係者以外にはほとんど知られていない。

筆者のような、地方在住の土木技術者が、限られた情報や環境のなかで取りあげたのは、物部長穂という人物の、その生涯や歩んだ軌跡、輝かしい業績を一般の方々に広く知っていただきたく、同じ郷土に生まれ育ち、少なからず縁のある者に課せられた使命だとも考えた次第である。

第一章　物部長穂の生いたち

秋田物部文書

一九八四年（昭和五九）一月、進藤孝一著『秋田「物部文書」伝承』（無明舎出版）が公刊された。

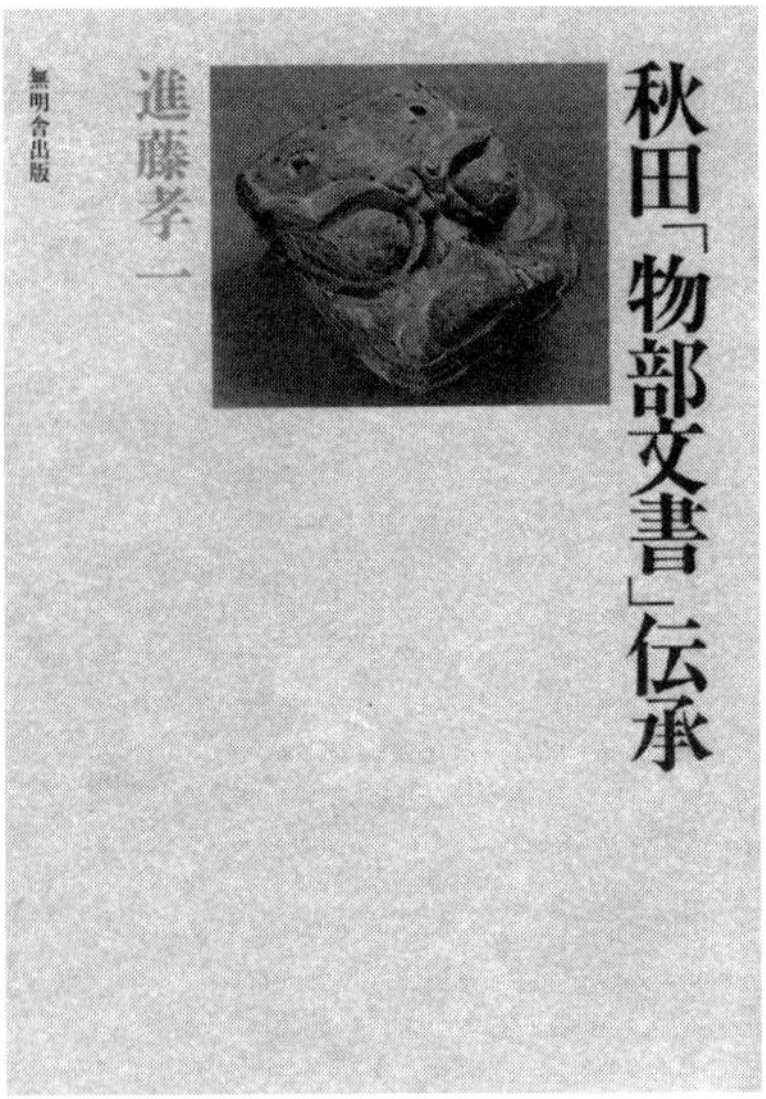

進藤孝一著
（1984年1月刊）

歴史学者や古史古伝研究者のあいだで、大いに注目を集めた書籍。本書は、秋田県大仙市協和町境に鎮座する唐松神社の社主・物部家に代々伝わる神宝、古文書、千数百年にわたって他言することのなかった門外不出の秘伝の古史古伝の文書を紹介。「物部文書」の内容や伝承は、公開がまたれていた。

唐松神社第六二代宮司の**物部長照**（長穂の兄弟で五男）の英断による。公開にあたって長照は、神格を危惧する心配もあるが、遠い昔の人びとや神職が、どのようなときに神にたいして何を祈ってきたのか、古代人の信仰心を知るうえでの道しるべになるとして、公開に踏みきった。

この文書が注目された理由は、古代豪族・物部氏の祖神**饒速日命**（にぎはやひのみこと）が天の鳥船に乗って鳥見山（とみやま・鳥海山）をめざして天降りしたと記されている。また、秋田物部氏がのちに西進して神武東征前、すでに東国を統治していたという。神武天皇が東征をはたした時点で、帰順の印として東国を物部氏は神武天皇に献上し、河内国大和に移住したという伝承など。日本の正史といわれる『古事記』や『日本書紀』に一石を投じる内容である。

物部家に伝わる文書は

『韓服宮（からまつのみや）物部氏記録』

『韓服神社並ニ物部氏記録略写』

『物部氏記録略写』

『韓服神社祈祷禁厭（まじない）之伝』

『物部家系図』

が所蔵されていることが確認されている。

『韓服宮物部氏記録』は、成立年代・編者とも不明であるが、書式や花押から判断して、三回書き改められている。一回目の書きかえは九八二年（天元五年）に天地創成から物部氏の唐松林定住まで。二回目は一五八〇年（天正八）まで小野寺氏の崇敬まで。三回目が一七二一年（亨保六）一一月二四日付けで、唐松神社光雲寺来覚物部長和という修験が書き継ぎがおこなわれたという記載があり、佐竹氏の庇護まで。写しを含めて四通が伝承されている。

『物部氏記録略写』は、物部氏第六〇代長元（長穂の父）によって、はやくに活字化されている。「物部文書」の存在が広く知られるようになったのは、一九四一年（昭和一六）に小保内樺之介が紹介した『物部家一子相伝の天津祝詞（あまつのりと）の太祝詞（ふとのりと）の解説』と、その戦後復刻版が一九五六年（昭和三一）に刊行された。この史料からは、天津祝詞乃太祝詞と神代文字（物部文字はアヒルクサ文字という字体で記され、字数は四八文字となっている）と物部氏の系譜の存在しかわからなかった。

『韓服神社祈祷禁厭之伝』は、物部家に伝わる文書のなかで最も古い年代に書かれたもので、一一八八年（文治四）の年号が記されている。この文書は第三二代長寿によって記され、長寿はこの文書を書いた四カ月後に没している。天津祝詞乃太詞、ヒフミ唱文（神代文字で書かれている）、身曽岐祓（みそぎはらい）、鎮魂（たましずめ）、授子安産、霊振り、民間療法などを伝える文書。このなかで、天津祝詞乃太祝詞、鎮魂、霊振りの神伝は、古代人の信仰や心情をうかがい知ることができ、さらに、古代祭祀を研究するうえで大変貴重な史料とされている。特に、『延喜式』（九〇五～九二七年に編纂、その後修正が加えられ九六七年から実施された）の大祓と、物部家に伝わる天津祝詞乃太祝詞の大祓を比較すると、物部氏の場合、律令国家の政治的な影響をうけていない時代の祝詞。さらに、そのつくられた年代は神話の要素を多分に含んでいる。このことから、物部氏の祝詞は、かなり古い時代につくられたものと考えられている。

『物部家系図』が最初に記述された範囲は、物部**譫咋連**（いくいのむらじ）から九八二年（天元五）の物部氏の唐松林定住まで。第二三代長文が記している。二回目が一一一四年（永久二）の第二七代の明海で、花押のところには、遠ツ祖尾輿（おこし）之事思ヒリ、涙ノ袖ニカハク時無子（なし）と、遠い先祖の栄衰と蘇我・物部両氏の崇仏論争に腐心した物部氏の統帥である尾輿の心情に思いをよせている。三回目が一七四〇年（元文五）第五四代来覚によって書き改められ、最後は第六二代長照によって追而書きとなっている。

物部文書のなかでも、物部氏の詳細な故事来歴を伝える中心的な文書は『韓服宮物部氏記録』。『韓服神社並ニ物部氏記録略写』『物部氏記録略写』の三史料は簡略ながらも天地初発から説きおこし、一六八〇年（延宝八）におよぶ歴史が記述されている。

『韓服宮物部氏記録』によれば、韓服（からまつ）という語源の故事は次のとおり。第一四代仲哀（ちゅうあい）天皇時代（西暦二〇〇年ころ）、新羅をはじめ三韓征討をなして唐松神社を創建したと伝えられる仲哀天皇の后（きさき）である神功（じんぐう）皇后の偉業をたたえ、韓国（外国）からであるという。韓（から）を征服した後、この新羅征討に従軍した誇り高い武人の物部膽咋連が皇后の御服帯を拝受し、出羽国に神社を創建した。この故事から神社の名前が韓服神社で、のちに唐松神社になった、という伝承である。

饒速日命と膽咋連

我々が神々を想像するとき、人格神に慣れているため、すぐに人間の姿をおもいうかべる。が、神は身を隠して姿をあらわさない、実態のないものとの認識も一方にある。太古の人びとは、山の神、水の神、岬・石・森・坂・木など自然界に存在するすべてのものに神霊がやどる、と想像されていた。自然界の現象は人知のおよばない大いなる世界。火山の噴火・豪雨・干ばつ・地震・津波など、現在の科学、技術を駆使してもコントロールできる現象ではない。これら自然界の森羅万象を神の仕わざと考える一方で、自然がもたらす豊穣の恵みに感謝した。自然現象を征服することではなく、自然とともに生き、自然とうまく付きあっていくことを基本とした。荒ぶる神は鎮め、恵みの神には感謝し、神、自然、人間が渾然一体となっている観念である。これが民衆レベルの神々であり、我々の意識の底にひそむ深層意識である。心を鎮めるときや祈る気持ち、精神的な支え、けがれを祓う方法などがその例といえよう。

記紀などから神々の系譜をたどると、民衆レベルの神々もふくまれるが、一方で、特定の古代の地方氏族とむすびつく氏神・祖神も登場している。このような氏神・祖神を理解するためには、これらの神々を祀る古代の氏族を知る必要がある。山の神、水の神などの民衆の神とはことなり、これらの神々は、天皇家と地方の有力豪族の関係で、古代史が神代史に置き換えられて語られている部分がおおいから、とされている。

天孫迩迩藝命（ににぎのみこと）とともに、葦原の中ツ国（豊葦原の水穂国）に天降った五柱の神の一神である天児屋根命（あめのこやねのみこと）は、中臣氏のちの藤原氏の祖神である。中臣氏は古代から天皇家に仕え、次第に権力の階段をのぼりつめた祭祀の氏族。大化の改新の立役者である中臣鎌足が「藤原」の姓を六六九年（天智天皇八）に賜り、以後、政治の中枢に深くくいこんでいった。天児屋根命は、天の岩戸に隠れた天照大御神をひきだすために、「太祝詞」を奏上した神として広く知られている。

各種神事を司ることによって天皇家に仕えた忌部（いんべ）氏（斎部ともいう）の祖神は天太玉命（あめのふとたまのみこと）。高御産巣日神（たかみぬすびのかみ）の長子である天忍日命（あめのおしたまのみこ）は天皇家を軍事的に支えた大伴氏の祖神である。

古代の豪族・物部氏の祖神は**饒速日命**（にぎはやひのみこと）とされる。物部氏は、大和朝廷時代に大伴氏とともに物部を率いる伴造（とものみやつこ）として軍事を担当した。氏姓時代には朝廷の軍事・刑獄を司った集団。「もの」とは「つわもの」。すなわち武器・兵器のことで、語源をさかのぼれば「もののけ」の「もの」つまり霊魂のことで、祭祀にも深い関係をもっていた。五～六世紀にかけて伊呂弗（いろふつ）・目（さかり）・麁鹿火（あらかい）・尾輿（おこし）・守屋（もりや）らが大連（おおむらじ）となり、大連の大伴氏、大臣の蘇我氏と対立しつつも国政をあずかり、「物部の八十氏（やそうじ）」といわれるほど一族は繁栄した。五八七年（用明天皇二）、守屋が蘇我馬子に討たれて一時衰退した。壬申の乱には一族で天武方にくわわって功をたてる者もあり、六八四年（天武天皇一三）には、八色の姓（やくさのかばね）制定に際しては主流の石上朝臣（いそのかみのあそん）を賜った。七世紀末からやや勢力を挽回し、左大臣磨呂、歌人として名高い中納言乙麻呂らを輩出している。九世紀以降、次第に衰退していった。

物部氏の祖神、饒速日命の正式な御名は「天照国照彦火明櫛玉饒速日命」（あまてるくにてるひこほあかりくしたまにぎはやひのみこと）という大変立派な名前。天照国照とは、その威光が天・地・海あまねくいきわたる意味。火明は、太陽神の性格をもつ神で、皇祖神にちかい神といわれる。古代においては髪飾りや櫛が魔除になったり、神霊がやどると考えられていた。その神霊と魂の玉がむすびつき、櫛玉となった。饒速は農作物の豊穣を願うという意味がある。

つまり、饒速日命という祖神は、天皇家の祖神にきわめて近い縁戚の天界地界を支配する強力な霊力をもった豊穣の神。饒速日命という神は、天照御大神と須佐之男命（すさのおのみこと）の宇気比（うけひ・神に誓ってことの正否をきめる呪礼）によって誕生した天忍穂耳命（あめのおしほみみのみこと）

の子であるとされる。つまり、天皇家の祖神とされる天照御大神の血をひく神で、物部氏は天皇家の霊統に属していることになる。

秋田物部氏の系図の鼻祖は物部**膽昨連**（いくいのむらじ）という人物。膽昨連は、物部氏の祖神である饒速日命から数えて八代あとの人物。

「物部文書」によれば、鼻祖膽昨連について、

息気長足姫命三韓ヲ征伐玉ハント思シマシテ物部膽昨連、武内直弥等ニ議玉フ、膽昨連大ニ勝ヲ神祇ニ祇リ、以　下　略

と記されている。第一四代仲哀（ちゅうあい）天皇の后である神功（じんぐう）皇后の諡号（しごう）は、息長帯比売命（おきながたらしのみこと）（記）、息気長足姫尊（おきながたらしひめのみこと）（紀）という。「息気長足姫命」は神功皇后である。神功皇后の三韓征伐に武内宿禰（すくね）とともにくわわたったのは、膽昨連。神功皇后は、実在しない架空の人物ともいわれるが、一説には皇后が神がかりの女帝であったことから、真偽のほどは定かでないが、卑弥呼ではないか、とも考えられるとしている。

秋田物部氏の系図で、鼻祖が饒速日命ではなく膽昨連なのはなぜか。それは、神功皇后と膽昨連が唐松大神、迦具土大神（かぐつちのおほかみ）を崇敬し、三韓征伐のときに使った皇后の御腹帯を膽昨連が神宝として拝受し、韓服宮神社に祀った故事からとされている。

『古事記』では、天孫降臨の様子を次のように記している。

天（あめ）の石位（いわくち）離ち、天の八重（やへ）たな雲を押し分けて、いつのちわきちわきて、天の浮橋（うきはし）にうきじまり、そりたたして、竺紫（つくし）の日向（ひむか）の高千穂のくじふるたけに天降りましき。　以　下　略

天孫迩迩藝命は、高天原の神霊が宿るという磐座（いわくら）を離れ、天児屋根命（あめのこやねのみこと）以下五柱の神とともに竺紫の日向の高千穂のくじふるたけに降臨した。『日本書紀』では、天照大御神が迩迩藝命に皇位継承の印として三種の神器の（八咫の鏡、草薙剣、八坂瓊曲玉）を授けた。天孫降臨の地は、九州地方の臼杵高千穂（宮崎県西臼杵郡高千穂町）と霧島高千穂（鹿児島・宮崎の県境に聳える標高一五七四メートルの高千穂峰）がその候補地として手をあげている。もともと、降臨の地は特定の地ではないと考えられていた。その曖昧さから観光事業とも結びつき、我が地こそ本家といっている。

一方、秋田『物部文書』では、天降りを次のように記している。

饒速日命其ノ大命ノマニマニ天ノ鳥船ニ打乗リ天ツ日ノ御国ヲ久支出テ天降リマシマシテ四方大空ヲ翔廻リ国地ヲ尋求テ言上曰ク、豊葦原ノ中ツ地ニ国ハ多ナレ共（中ツ地ハ大地ヲ言フ）此處ハシモ千樹五百樹生繁茂テ伊賀志美キ国処ナリト鳥見山ノ山上潮ノ処ニ天降リ玉フ、此レヨリ国名ヲ繁木カ之本ト号リ、此ノ山ヲ鳥海山ト号リ。（繁木之本トハ日本ノ古名也、鳥見山ハ出羽国ノ鳥海山ナリ）伝テ曰ク、饒速日命国形ヲ見廻リ逆合川ノ地ニ来リテ日殿山ノ山上ニ日宮作ノ社殿ヲ造営テ大神祖神ヲ始メ天ツ御祖、地ツ御祖諸神等ヲ祭祀ラセ玉フ

中　略

饒速日命ノ御住居マス玉ヘル所ハ御倉林ト号セリ、今ニ御倉棚ノ社アリテ十種ノ神宝ヲ安置キ奉リシ処ナリト伝フ、饒速日命長ク此地ニ住居マシマシテ天ツ神祭ノ御式ヲ伝ヒ玉フ、亦タ禁厭ノ術ト医ノ道トヲ教ヒ授ケ玉フ、而シテ後西方大和ニ移出マシテ終ニ大和国ニ至リ住居玉フ。

秋田物部氏の祖神である饒速日命は、天の鳥船に乗って鳥見山に天降りした。その聖地は、豊葦原の

中ツ地で千樹五百樹生がよく生い茂っている実り豊かな美しい国の鳥見山。現在の鳥海山の「潮の処」という。繁木之本（しげきのもと）とは日本の古名。饒速日命は、国状を見てまわり、逆合川（協和町境の地）の地の日殿山（唐松岳）山上に「日の宮」という社殿を造営し、大神・祖神をはじめ国ツ神を祀った。また、饒速日命が「天神の子」の御印として天神から授けられた「十種の神宝」を奉じ居住したところが御倉棚（協和町船岡字合貝、三倉神社）であるという。饒速日命は長くこの地に住み、現地民に天ツ神祭、呪い、医術などを伝え、その後大和に移住したという。

古代における民衆レベルの世界観は、水平思考のものであった。太陽が昇り沈むというように、東方は「生命の源」、西方は「死後の世界」というように、水平に広がる生と死の世界観。それに天空界の「高天原」という垂直軸の天界、地界という三層構造の世界観に変化していった。この垂直軸の天空界からの降臨という信仰は、その源流が北方のシャーマニズムの系譜といわれる。つまり、天孫降臨の観念は、我が国固有のものではなく、天孫族に連なるという外来文化の信仰が神話化したものと考えてよいだろう。この意味で、古代豪族・物部氏のもっていた思想や文化は、我が国の国家統一の過程ではたした役割は極めて大きく寄与したといえよう。

物部氏の秋田への定着

物部氏が逆合（秋田県大仙市協和町境）に定住した伝承について、『韓服宮物部氏記録』と『物部家系図』ではその記述がことなっている。この見解の相違は、『韓服宮物部氏記録』は、天地開闢から物部氏一族の氏族神話の記録が中心的な主題であり、豊かな物語性の性格をもつ。一方、『物部家系図』は、一族の系譜を中心に、歴史的な事実を探求しようとする性格をもつ記録。そのため物部氏の秋田への定住については、ことなる伝承になったと考えられている。

『韓服宮物部氏記録』では、その経緯を次のように記している。

尾輿ノ臣捕鳥ノ男速、守屋ノ一子那加世三歳ナレヲ懐ニシテ東方ノ地蝦夷ノ地ニシテ東方ノ蝦夷ノ地ニ逃ケ来リ、遂ニ祖先饒速日命ノ住居玉ヘル処ニ今ノ仙北郡境ノ地ヲ尋求来テ姓ヲ包ミ名ヲ改メテ隠レ住ム、又タ伝テ曰ク、那加世韓服林ノ地ニ到レハ負フ処ノ櫃忽重ク、復タ動スヘカラス、故レ其ノ地名ヲ翁ニ問フ、翁曰ク此処ハ昔神功皇后ノ神ヲ祭リ給フ所ニシテ今ニ韓服林ト称リ、而テ日殿山ノ其ノ古社有ル所ヲ告ラル、故ニ其ノ処ニ留テ社殿ヲ修覆奉リ、而テ祖先ノ伝フル処ノ神器及神伝ヲ納メ奉ル

この伝承によれば、蘇我・物部両氏の抗争で敗れた物部守屋の一子である那加世は、物部尾輿の臣である捕鳥男速（とっとりのおはや）に隠まわれて蝦夷地へ逃げのびた。その時代は、蘇我・物部抗争終結の五八七年（用明天皇二）から少し遅れたころ。そして、最後に韓服林にたどりつく。

この韓服林の地は、神話時代の太古に物部氏の祖神饒速日命が鳥見山（鳥海山）に天降りて、この逆合の日殿山に天神、地祠を祀った地域。また、神功皇后の三韓征討の折にも神功皇后と物部膽昨連が神々を祀ったところでもある。この地は、物部家にとっては聖地であり、そこに定住したという。

『物部家系図』や同家の口碑では、蘇我・物部抗争終結の五八七年（用明天皇二）から三九五年後の九八二年（天元五）に故地秋田の逆合の韓服林に居住したとしている。大和をおわれた物部氏の子孫は、何代かを経て北陸を経由し、出羽国仁賀保（秋田県由利郡）に隠れ住んでいた。その後、平将門の乱を避けた物部長梶は、九三九年（天慶二）に出羽国平鹿郡八沢木の保呂羽山に転任した。そこで九三九年から九八二年（天元五）までの四三年間にわたって住んでいたという。そして、九八二年（天元五）に

長梶の子の長文（第二三代）が出羽国境の月出野に転住した、と系図に記されている。保呂羽山の山頂には、式内社の波宇志別（はうしわけ）神社が鎮座している。同社は、『延喜式神名帳』に記録されている由緒ある神社。波宇志別神は、昔から農民の崇敬を集めており、開拓当時の農業神、または地方豪族の首長の波宇志別を祀ったものではないかと考えられている。

長文が八沢木から逆合の地に転任した経緯の記述は、

又タ天元五年物部長文大ニ韓服林ニ社殿ヲ再建テ奉リテ太祖大神、天ツ御祖、地ツ御祖諸神等ヲ祭祀シ玉フ、又タ長徳二年日殿山ノ山上ニ氏神、火皇結神ヲ祭リ玉フ

とあり、九八二年（天元五）に逆合の韓服林（唐松林）に定住した。神功皇后と那加世が社殿を造営した韓服林に社殿を再建し、天地創成の神、天神祇の諸神を祀った。また、九九六年（長徳二）には物部家の氏神である「火結の神」（愛宕大神）を祀った、という。

以上の伝承から、秋田物部氏が鳥見山（鳥海山）に天降りしたのち、西進して大和物部となり、最後に故地の秋田へ定住するケースとして、次のことが考えられる。

一、秋田物部氏は大陸から高度な祭祀・呪術・武術などをもって日本海をわたり、ある一定期間秋田に定住した。その後大和に西進し、大和物部となった。蘇我・物部の抗争で敗れて大和を追われ、物部守屋の末裔が故地秋田に転任し、定住した。

二、大陸北方系騎馬民族が朝鮮半島を経由して日本列島にわたり、畿内に進入し、大和物部氏となった。秋田物部氏が西進したあと大和物部氏と合体し、大和物部氏となった。その後、蘇我・物部の抗争で敗れて大和を追われ、物部守屋の末裔が故地秋田に転任し、定住した。

三、本来、物部氏は単一豪族の大和物部氏であったが、蘇我・物部の抗争で敗れた物部守屋の末裔

物部膽咋連 ……（四代略）…… 尾輿 ―（一代略）

[1]那加世―[2]那加良―[3]那加養―[4]那加男―[5]那加足―[6]那加矢―[7]那加斐

[8]那加坂―[9]那加息―[10]那加宅―[11]那加波良―[12]那加武―[13]長石―[14]長冨

[15]長民―[16]長隼―[17]長守―[18]長角―[19]長臣―[20]長處―[21]長根―[22]長梶―[23]長文

[24]長秀―[25]長頼―[26]長国―[27]明海―[28]大智―[29]長友―[30]長実―[31]長久―[32]長寿

[33]長秋―[34]長俊―[35]長道―[36]長季―[37]長儀―[38]長春―[39]長峰―[40]長任―[41]長安

[42]長村―[43]長明―[44]長里―[45]長親―[46]長勝―[47]長風―[48]長正―[49]長直―[50]長豊

[51]宥傳―[52]宥昌―[53]客手―[54]来覚―[55]宥栄―[56]祇傳―[57]良松―[58]松翁―[59]長之

[60]長元―[61]長久―[62]長照―[63]長仁（現宮司）

秋田物部家系図（進藤孝一著『秋田「物部文書」伝承』より）

が秋田に転任し、定住した。物部氏は祖先からの天降り伝承などを秋田の土地に付会させ、秋田物部の伝承をつくった。

いずれにせよ、物部長穂の祖先は、大和朝廷の時代、政治の中枢で活躍した大和物部氏の流れをくんでいる。

『物部家系図』によれば、物部膽昨連の後、四代は省略され、蘇我・物部抗争に関係のある物部尾輿が系図上にあらわれる。尾輿の後継者は守屋大連であるが、系図では守屋を省いて那加世を詳しく記している。この那加世を秋田物部氏の祖としている。

用明天皇二年、厩戸皇子、蘇我馬子カ為ニ滅亡シ尾輿の臣、捕鳥男速、守屋ノ一子那加世三歳ナルヲ懐ニシテ奥州ニ逃ケ下リ姓ヲ包ミ名ヲ改メ処々ニ隠シ住ム

長穂は、秋田物部氏の祖・那加世から数えて第六〇代唐松神社宮司・物部長元の二男ということになる。

菅江真澄が見た境村

菅江真澄（一七五四～一八二九）は、自然・民俗・歴史・考古・宗教・文学などの観察記録家。生地は三河国（愛知県豊橋市）。姓は白井、名は英二で、改名して秀超、秀雄と名のり、一八一〇年（文化七）ころから菅江真澄と改めている。真澄の父は秀真で、白井白太夫の家筋で祈祷施薬を職能としていた。真澄は二九歳のとき、一七八三年（天明三）に故郷三河国を出発した。

東北みちのくを目指した理由は、これまで記録されることの少なかった、とりわけ北辺の後進地域の現実を自ら観察探求する。あわせて現地文化のなかに、祈祷施薬が家業であることの己が家筋のになう

唐松神社
菅江真澄『月の出羽路』より
（秋田県立博物館写本集）

意義を考えてみようと、生涯旅人としての決意で旅立った。秋田の地に腰を落ちつけたのが一八〇一年（享和元）の冬で、それ以後は主に秋田領内ですごした。没したのは仙北郡の地誌編纂中の一八二九年（文政一二）。

　真澄の著作は全体で約二二〇冊にのぼり、その内容は、日記五〇点、地誌六〇点、随筆五〇冊、雑葉集約六〇冊などがあるとされている。「真澄遊覧記」と総称されるこれらのなかに、秋田藩内の地誌を編纂した『雪ノ出羽路』、『月ノ出羽路』、『花ノ出羽路』の三部作などが、とりわけ学術的に価値が高い史料と評価されている。

　真澄のこれらの記録が、他の紀行文などに較べて優れている点は、当時の地域住民の生活様式に深い造詣をもって興味をしめし、その様子を絵とともに残したこと。また、遺跡や遺物を訪ね歩き、考古学・歴史上での検証となる価値の高い史料とされる。

　一八二六年（文政九）の春、『月ノ出羽路』（『菅江真澄全集』第七巻、未来社）で、境村（邑）や唐松神社の由来についての記述があり、当時の村の様子などを知ることができる。

境邑佐加比牟良此邑駅路也。北は川ノ辺、南は仙北ノ両郡の境在を以てしかいへる也。倭訓栞ニ云ク「さかひ」境、堺、坂合の義なるべし。日本記に堺部を坂合部とも書せり。よて、さかひめともいふ。……境は畍を正字とす。……

以　下　略

享保郡邑記ニ云ク、境村家員八拾五軒、内一軒寺也。駅馬、淀川へ八町三拾二間、豊嶋元町へ三里廿五町廿二間、「川辺ノ郡舟岡村境合貝野、苅谷沢、水落街道橋限也と見ゆ。考ルに、此ありは古苅柴関と云ヒし地ならむ、そを苅和野郷ならむといひし人あれど、そはたがへり。慶長（一五九六～一六一四）の初め頃までは、秋田城介実季の領知と戸沢ノ九郎盛安の領地と両領地境は峯村の山下に在り。此山の桛を畍とすれば、そこに近き郷の名を境とはいへるにこそありける。

享保のころ（一七一六～一七三六）には町並みの体裁もとのい、家数八五軒を数えている。また「内一軒寺」とは唐松山光雲寺。

四月八日唐松権現祭。仙北ノ郡郷の里に在り、別当修験光雲寺。安産の神也とて六郡のみならず、遠方よりも女児参り湊ふ事群をなすといへり。

と、その当時から安産子安の神として広く信仰を集めていた。

今の韓松権現の鎮座も中古の地ならず、ふたゝび三たびも遷座奉るといふ。此近き処の出崎の塙に岩淵といふ処なンど、よしある地にや。

また韓松神と愛宕神とは由意ある事は、ある縁起云、「神功皇后三韓征伐給ふとき、もろもろの御神達あらはれ出て御船を守護給ひし。そが中に、栄術太郎といふあらふる神先陣飛行自在はたらき給へば、新羅国王見つゝ、恐こみ懼れ慄て、こは日本の神兵にこそあらめ、いかでか是を拒と云ひて降参きとなむ。その栄術太郎といふは天狗神にて、今皇都の愛宕山の奥ノ社に座る大天狗、本地は地蔵ぼさち、まことは軻遇突智御神也。」云々といへり。さりければ、神功皇后と愛宕神と相は殿合座に斎る由来ある事になむ。また今の唐松ノ神の鎮座よりは西北に中リ、また旧社より亥の方にあたりて黄金松といへる地名あり、古にし地也。今いへる唐松といふも、こゝより、創りけむものか。世にいふ海松、また朝鮮松なンどいへるものを俗言に唐松といへるをもて、そが山に生ひたりしかば名附たらんか、ゆゑよしつばらかならず。

真澄は地名譚とともに、唐松神社の歴史についても伝え聞く縁起などを記録している。その内容は「物部文書」と酷似している内容であることは、興味ある記述である。

現在に至っても、唐松神社は安産子安の神として、近隣はもちろんのこと県内外から厚い信仰をあつめているが、往時の様子を菅江真澄は

御社は日々の栄えとしごとに賑ひさまりてまうづる人うちむれり

と記してあり、当時の隆盛が想像できる。

唐松神社

秋田市の南方約三〇キロメートルのところで、国道一三号と四六号が十字に交差している。その交差点から西方約五〇〇メートルのところ、大仙市協和町境下台八四（旧荒川村境二七番地）に累代由緒ある唐松神社が鎮座している。この唐松神社の社家が物部長穂の生家である。

物部家の当地への定住については諸説あるが、『物部家系図』によれば、九八二年（天元五）、二三代長文のときに逆合（境）の韓服林（唐松林）に社殿を造営し、九九六年（長徳二）には物部家の祖神で

ある「火結の神」（火皇産霊神・愛宕大神）を唐松岳に祀り、その後、一〇五八年（康平）のはじめに唐松神の霊験を感じて唐松岳に社殿を再建。二四代長秀が修験者となって唐松山光雲寺と号した、というから、その歴史は古代から中世にまでさかのぼる由緒ある神社・社家である。

現在、この神社を参詣すると三四段の石段をくだって窪地にある拝殿につく、といった全国的にみても極めて風変わりな珍しい造りとなっている。

その経緯は、『物部文書』の第三代佐竹義処（よしずみ）藩主の落馬伝説にみることができる。

又タ慶長七壬寅佐竹左中將京桃源義宣公封ヲ秋田ニ移シ、是レヨリ代々厚ク当社ヲ尊崇テ□□□□必ス一里以外馬ヨリ降リ歩行ヲセラレ以テ参拝ヲナス、国家ノ安全ヲ祈ルヲ恒例トナサレタリ、而テ延宝八年庚申八月従四位下侍従兼右京大夫佐竹冠者源義処公神怒ニフレ馬ノ為ヲ以テ社殿ヲ山上ヨリ下台ノ平地ニ移シマツル再ヒ落馬ノ為メ其社地ヲ凹地ニシテ鎮座シメ奉ル、今ノ社殿ノ在ル処口此ナリ、而シテ大ニ神ノ怒ヲ受ク、是ニ於テ同公前非ヲ悔ヒ復タ元ノ山上ニ社殿ヲ

更ニ新築シ大ニ神ノ宥ヲ祈リ奉ル、今ノ元宮ハ此レナリ、同年同公ヨリ唐松宮及ヒ愛子社永久修復ノ為メ、且ツ神酒献膳料トシテ仙北郡（雄勝、平鹿）ヲ以テ霞トナシ賜フ、此レヨリ今日ニ至ルマテ郡内毎戸祈祷ノ為メ毎歳蛇頭舞神楽ヲ巡廻スルヲ以テ当社ノ恒例トナセリ、亦タ佐竹公ヨリ代々宝器ヲ当社ニ奉納スルヲ以テ恒例トナサレ亦タ同年同公ニ於テ秋田国内各村々ニ唐松講中ヲ結ヒテ国内ヲシテ挙テ同社ヲ尊信セシメラレタリ

中　略

昨年当寺火災ニ罹リ記録及ヒ宝器焼失セルニ依リ詳ニ記スルヲ不得然古伝ノ亡ン事ヲ憂ヒ焼遺タルヲ拾ヒ集メ写シ以テ子孫ニ伝フル也

物部　長和　写之
享保六年辛丑十一月廿四日　唐松山光雲寺来覚

一六〇〇年（慶長五）、豊臣勢力と徳川勢力は天下を二分して覇を競いあった。世にいう「関ケ原の戦い」。豊臣方の石田三成と親交の深かった常陸国五四万石の全国第七位の戦国大名である佐竹義宣（よしのぶ）（一五七〇～一六三三・元慶元～寛永一〇）は、積極的に家康側につけなかった。戦後、家康は大々的に賞罰人事を実施し、改易・減封をおこない豊臣勢力の一掃にのりだした。一六〇二年（慶長七）、家康は佐竹氏を秋田に石高も示さないまま移封する。

唐松神社は、秋田の初代藩主となった佐竹義宣以来崇敬された。佐竹藩主が羽州街道を経て唐松神社前を通過するとき、一里（約四キロメートル）手前の松原峠には下馬札があり、馬を降りて神社を通りすぎる慣わしとなっていた。

延宝八年（一六八〇）、藩祖以来の故事、供者の進言にもかかわらず、第三代藩主義処（よしずみ）は、義宣時代からつづいていたその慣例を破って乗馬したまま通過しようとした。すると、馬は何かに驚き突然棒立ちとなり、義処は落馬して地面に叩きつけられた。落馬に激怒した義処は、唐松岳山上に鎮座していた社殿を現在の下台の窪地におろした。それでも気がおさまらず、社殿を格子付きの鞘堂の中に押しこめたという。その後、義処には悪いことが重なったため、自らの非を悟った。そして、唐松大神の閉門を解き、祭祀料を与えるなど手厚く崇敬したという。

この時代、藩内では各宿場を整備している。現在の唐松神社が鎮座する境や近隣の村々の宿場もこのころに整備された。各地に点在していた農家を、なかば強制的に宿場にあつめ、町並みが形成された。物部家もこのときに徳瀬から境宿に転居を希望し、境の地の「お休み台」といわれた原野に修験の寺、堅勝院が建てられたという。

一六八〇年（延宝八）、義処は唐松岳に放置していた社殿を現在の窪地に再建した。窪地に神社を再建したことは珍しい。落馬の事実があったかどうかは別として、実のところ神の崇敬に対する昇華した伝承として、信者に語り継がれたものと考えられる。

その落馬事件のあと、唐松神社を藩内で唯一の「女一代守神」に指定している。佐竹藩主義処の息女久姫が秋播（福岡県）に輿入れし、難産で苦しまないよう、家臣たちが唐松神社に姫の安産を祈願したところ、久姫は無事男児を出産し、感謝の報恩をもって獅子頭を奉納した。出羽国第一の産霊神（うむすびつかみ）となったという。また、義処の側室や側近の女性たちが授子安産を願って唐松講（八日講）を結成した。これがのちに農民のあいだにも広まり、県内各地に講中がつくられるようになる。

現在の唐松神社のすぐわきを清流の淀川が流れており、淀川を挟んだ対岸に比高約六〇メートルの唐松岳（日殿山）がある。この唐松岳のすそ野の台地に、中世の館「唐松城」があった。

伝説によれば、平安時代末期、陸奥の郡之司であった安倍貞任（さだとう）の弟境講官照（かんじょう）がここに館を築き一帯を支配していた。一〇六三年（康平六）の前九年の役で源頼義・義家の攻撃にあい落城したという。中世末期には、この付近は安東・戸沢・小野寺の各氏勢力があい拮抗し、覇を競うことになるが、淀川を挟んで秋田寄りの地帯は安東氏の勢力下にあったと考えられるため、唐松城はある時期において安東氏の最前線基地であったと考えられる。

そして、一五八七（天正一五）に戸沢盛安（もりやす）と安東愛季（ちかすえ）がここで激突した。世にいう「唐松合戦」である。安東氏は領土に攻めいれられることなく、戦国大名の地位を確固たるものにし、佐竹氏入部まで、この地一帯を所領した。

現在、このような伝説や歴史をもとに中世の館「唐松城」が復元され、「物部長穂記念館」や淀川を挟んだ対岸の唐松神社などとともに、付近一帯は「まほろば唐松公園」として整備されている。

唐松神社の拝殿のなかに置かれている奥殿は、一間社流造（ながれづくり）で、屋根は柿葺で、四隅には丸柱が用いられている。正面と側面の三方には高欄付きの廻し縁があり、正面には六段の階段が設けられている。この建物は、斗拱（ときょう）や軸部の構造技法、簡素ながらも優美な装飾などから、室町時代末期の建造と考えられている。唐松神社には、古くから伝来した木造獅子頭（秋田県最古の蛇頭神楽面）がある。全体が古様の薄型の黒漆塗りで、口と目のまわりは朱塗り。室町時代末期の様式を伝えている。

また、唐松神社の二の鳥居から社殿にいたる参道の両側には、杉並木がある。推定樹齢約三五〇年、樹高約五〇メートル、最大のものは目通幹囲四・三メートルもある。一六八〇年（延宝八）藩主義処の時代に、参道の両側には日光街道と同時期に杉が植えられたといわれる。秋田県内でみられる数少ない代表的な杉並木。

まほろば唐松公園

これらは歴史的に史料価値が高いため、秋田県指定の文化財、天然記念物に指定されている。

有形文化財（建造物）　唐松神社　奥殿　一棟　一九七三年（昭和四八）一二月指定
有形文化財（工芸）　木造獅子頭　一頭　一九七五年（昭和五〇）四月指定
天然記念物　唐松神社の杉並木　一九七三年（昭和四八）一二月指定

所在地　秋田県大仙市協和町境字下台八六―九一
所有者　唐松山天宮

唐松神社本殿

唐松神社参道の杉並木

長穂の誕生

明治にはいり第五九代当主・**物部長之**（長穂の祖父）のとき、「神仏混合廃止令」によって唐松山光雲寺は廃寺となるが、郷社愛宕神社の祠官となる。一八八〇年（明治一三）に唐松神社は郷社となり、愛宕神社は物部家の邸内社となった。

長穂の父親である**物部長元**は、物部家第六〇代目にあたる当主。一八五六年（安政三）に生まれ、一九三四年（昭和九）九月九日、長穂四六歳のときに七八歳で逝去する。長元は、佐竹藩士西野信一郎の弟。一八七六年（明治九）、二〇歳のときに先代長之の長女**寿女**（スメ）に入夫（旧民法で戸主である女性と結婚してその籍にはいることで、現在でいう入り婿）し、一八九五年（明治二八）三九歳のときに社司となる。

長元は、勤行前には心身を清めるために水垢離を欠かさず、厳冬の寒い季節でも励行した。また、米飯、魚・鳥・獣肉は食さなかったという。神社発展に意を注ぎ、勤行や県内外の唐松講中の再興と増設に尽力した。また、毛書にもたけ、掛け軸などをのこしている。

父長元と母寿女
（撮影協力・物部長穂記念館）

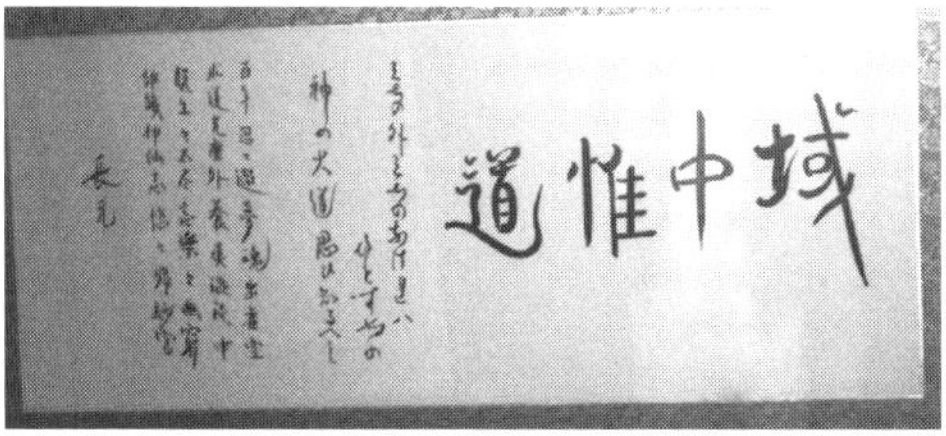

長元の毛書
（二方征捷宅所蔵）

唐松神社には義処の時代に唐松講が結成され、それが次第にひろまっている。

大正時代（一九一二〜一九二六）には東北・北海道に三万五〇〇〇余戸をかぞえる講中をもつ全国著名な神社に発展させた。長元の生涯は、もっぱら神社神徳の発揚に意を尽くしたものであった。

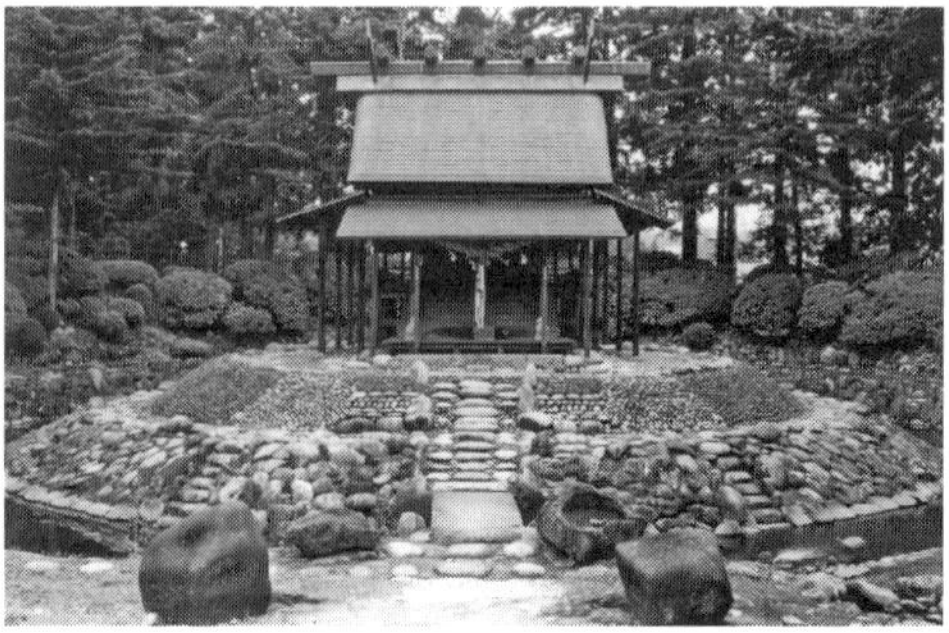
邸内社の天日宮

邸内社の天日宮（あまつひのみや）は、県内外の講中、崇敬者より奉納された。海・川・山の自然石、数一〇万個をもって築造された。その造築美と庭園様式は見事に調和し、周囲に植栽された植物の花が満開時は、感嘆するほど美しく荘厳な景観を形成している。かつて、太古大和の地に建造されたものを想像して形どったものを再現したという。

唐松講は八日講ともいわれ、毎月八日に集落の若妻たちによって執りおこなわれる。能代市母体では、掛けもの・ろうそく・旗などがはいった書類箱を当番の家に順次まわし、掛けものをかけ、灯明をあげてオガミと称するとなえごとをする。終わると当番の家で簡単な料理とお茶でご馳走する講中、であると伝わる。

母寿女は、先代長之の長女で村の歴史ある名家の子女として育った。この環境が正しい行儀作法を身につけた。また神職の主婦として、いわゆるしっかり者で、子どもたちには躾が厳しい人だったという。

一八八八年（明治二一）七月一九日、唐松神社宮司・物部長元、寿女の二男として長穂は誕生した。長穂は七男四女の一一人きょうだい。長女サチ、二女ムメ、長男**長久**、二男**長穂**、三女ホキヨ、三男**長鉾**、四男**長雷**、五男**長照**、四女綾、六男長武（夭逝）、七男**長祝**。母の日常生活をとおしての躾のおかげで、きょうだいは、みな折り目ただしい人間に育った。

長穂が誕生した一八八八年（明治二一）の時代とは、どのような社会的背景であったろうか。誕生三年前の一八八五年（明治一八）一二月二二日、明治政府は太政官制を廃止し、内閣制度を発足させた。

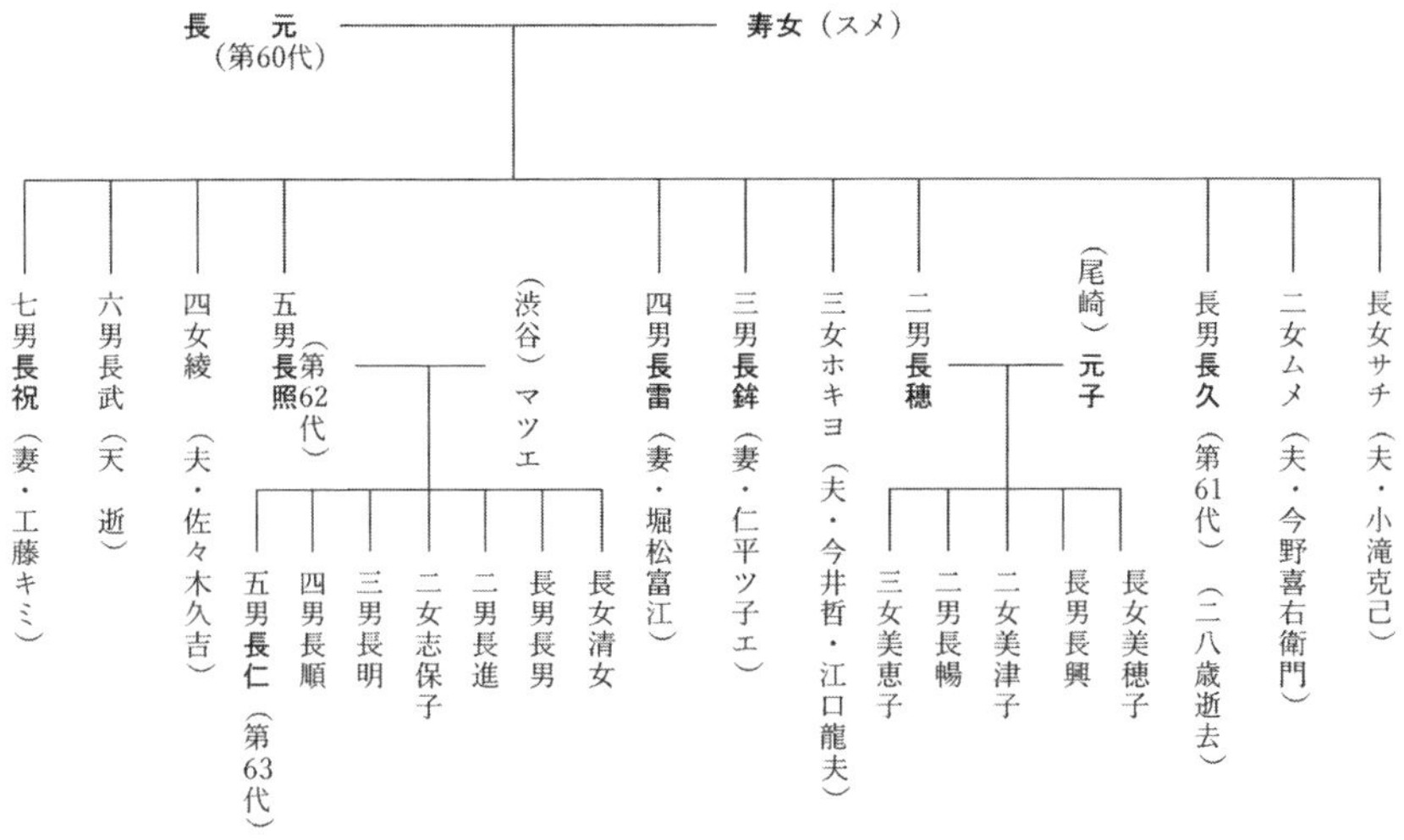

物部長穂の系譜

第一次伊藤博文内閣の成立である。その翌年の一八八六年年二月二七日、行政組織の改編があり、八省官制が公布される。現在の行政組織の原型が確立された。長穂が誕生した一八八八年四月三〇日には枢密院官制が公布され、伊藤博文が枢密院議長に就任し、黒田清隆内閣が組閣される。同年五月一二日、陸・海軍参謀本部条例により、本部・師団司令部など軍隊としての組織体制が整備された。また、国歌「君が代」の制定を各国に通告し、スエズ運河条約を調印し自由航行をとりきめた年であった。

兄長久

長男長久は、秋田中学校を経て早稲田大学文科に入学し、演劇に関心をもつ。勉学のかたわら坪内逍遙の演劇研究会の一員となり、熱中する。卒業一年前に病気となって、心ならずも帰郷療養した。村にもどって朝日尋常小学校の教員のかたわら、父を助け、神職も手伝った。村では、若者をあつめて演劇や野球の指導をとおして子弟の教育にもあたった。仙北地方で少年野球が盛んなのは、長久が野球の基礎を指導して根づかせたから、といわれる。地域教育の重要性を認識して若年で実践している。

一九〇三年（明治三六）ころから作句活動もおこない、「碧桃」と号し、安藤和風、石井露月らの俳人仲間とも交流している。

手まりの座　花の吹雪の　包みけり

二八歳の若さで逝去した。

三男長鋒

三男長鋒は、二人の兄とちがって本荘中学校に入学。三年で上京して郁文館中学校を卒業。一九一四年（大正三）五月に陸軍士官学校（第二六期生）を卒業。陸軍輜重兵少尉任官をへて一九二一年（大正一〇）一一月に陸軍大学校（第三三期生）を卒業。陸軍省、広島陸軍輸送部、宇都宮輔重連隊、参謀本部など軍部の中枢部署に勤務する。一九三六年（昭和一一）に船舷輸送関係の状況調査を目的として渡欧し、ソビエト連邦、ドイツ、フランス、イギリス、アメリカを歴訪し、翌年、日支状況の悪化のため帰国する。

一九四一年（昭和一六）一〇月、陸軍輜重兵学校長に異動。一九四四年（昭和一九）年四月には留守近衛第二師団長に異動し、首都東京の中枢の防衛任務にあたる。一九四五年（昭和二〇）四月に第一四〇師団長（相模湾防衛師団である護東師団長）となる。本土決戦の場は九十九里浜から相模湾が想定されていたことから、鎌倉で対上陸作戦準備中に終戦をむかえた。軍暦の最終階級は陸軍中将。

戦後、川村学園の教師として子弟の教育にあたり、一九六六年（昭和四一）六月、学園内で会議中に倒れて回復しないまま、翌年二月、七二歳の生涯をおえる。

四男長雷

四男長雷は、東京都文館中学校を卒業後、航海学校に入学し、航海士となる。一九一五年（大正四）に上海に初航海して中国に上陸。特務機関で一隊の長として活躍する。軍の嘱託として、蒙古領内の石綿、砂金の調査にでむき、その功績から蒙古トク王より勲章を拝受する。その後、タイ、インドを経てスイスやイタリアにはいり、自動車や飛行機のエンジンの調査、研究にあたった。一九一八年（大正七）シベリア出兵と同時に偽名で軍属に志願する。乗用車の修繕を受けもち功績が認められ、乗用車三〇余台を譲りうけ、大連でハイヤー会社を経営する。

長雷お土産の骨董の壺
（第63代当主物部長仁）

一九二三年（大正一二）、徴兵検査をうけ、兄長鉾中尉に送られて、歩兵第三七連隊第二大隊第二中隊に配属される。長雷二七歳であった。

当時、大陸に渡って雄飛し、国家繁栄の道を開くのが若者の夢であった。長雷も満蒙の地で、その抜群の行動力で、大陸を舞台に豪快に活躍した。

帰国して、長雷は兄長穂を訪ね、満州で入手した大きな骨董の壺をお土産として持参する。この壺は、長穂の書斎の机のうえにおかれて、定規などの文房用具だてとして使われた。現在、実家の物部家に保管されている。

長照の詩歌石碑
（唐松神社境内）

五男長照

五男長照は、父長元、兄長久のあとを継いで第六二代社司となる。長照は、五男二女の子どもが授けられる。長照の五男の**物部長仁**（さきひと）が、現在第六三代社司を継承している。長照は、戦前、戦中の時期に唐松神社の発展に尽力し、参詣に訪れる人がた絶えなかったという。長照もまた、長男長久と親交のあった安藤和風に作句をならい、「蘇想」と号し、同人誌に数おおくの俳句を投稿している。

物部家には、かたくなに拒んできた門外不出の秘伝の書がある。超古代からの伝承や歴史を記した「物部文書」。一九八三年（昭和五八）、大英断をもって公開に踏みきった社司が長照である。

七男長祝

六男長武は天逝している。七男長祝は、仙台の官立第二高等学校を卒業。東京帝国大学法科大学経済学部、同大学院を修了。さらに法学部で履修して宇都宮で検事として任官される。東京豊島区目白町の工藤家に入り、検事を辞職して、夫妻はドイツに留学し、ドイツ法学博士の学位を取得。一九三八年（昭和一三）帰国し、日本大学の教授、川村学園の監事等もつとめた。

法律学者一筋の道を進んだ長祝は、太平洋戦争勃発によって大佐待遇の軍属としてドイツ大使館の連絡班長となる。終戦前年の一九四四年（昭和一九）二月、昭南島から制空・制海権を失ったインド洋、大西洋を潜水艦でドイツに渡航し、機密文書や薬品を受領し、同年一二月に同じ航路で帰国し、無事任務をまっとうした。

一九六〇年（昭和三五）逝去するまで、法律学者の道を歩み、よく読書して論文を作成。専門誌に数おおく寄稿している。

少年時代

長穂のきょうだいは優劣つけがたい秀才ぞろいで、それぞれの道を歩んで大成した。名は体をあらわすといわれる。「長」の語源は長い髪の老人が、杖をついているかたちの象形文字からきている。はじめ、第一番、たける、そだつ、おおきくなる、という意味がある。長久は、一家がいつまでも変わらず長く繁栄するように、と解されされるが、勉学の途上に病気療養を余儀なくさ、二八歳の若さで逝去した。二男長穂は、水理学、耐震工学の新たな道をきりひらいた。国土開発の技術的基礎理論を提唱し、水害や地震被害から国土を防御する瑞穂の国土づくりに貢献した。三男長鉾は、陸軍の武人として鉾を手にとって国難にたちむかい国土防衛の任務に奮闘した。四男長雷は、満蒙の大地を雷神のごとく疾風に駆けめぐり、豪快な活躍をみせた。五男長照は、唐松神社の神徳をあまねく庶民のうえに輝き照らして、神社発展に尽力した。七男長祝は、法学者の道を歩んだ。祝は祀の意もあり神道では神に祈るときの言葉、文章をも意味する。法律の立場から幸福や人びとの公平・公正をみすえて子弟の教育にあたった。

このように、長元の子どもたちは皆、なぜ大成したのであろうか。物部家の血筋は、もとより生来の素質の良さによるもの。神社という村の名家の社会的環境もさることながら、父長元の存在がおおきい。

その教育方針は、人間としてあるべき姿の人格形成を第一とし、独立独歩の精神を育てつちかうもの

少年時代の長穂
（撮影協力・物部長穂記念館）

で、決して勉学を押しつけ強制することはなかった。幼少のころより自分の進むべき道を考えさせ、その目的を貫徹するための努力精進する大切さをさとした。それにもまして、威厳ある父長元の薫陶をうけて育った。自ら神職としての修養、神社発展、講中の再興と増設に尽力する姿勢を身をもってしめし、子どもたちには暖かく慈愛深いまなざしでみまもった。このような教育法が、やがて将来大いに飛躍し、花咲かせる土壌になっている。住家や周辺は、神社ということもあって閑静で霊験な雰囲気を醸しだし、子どもたちの養育にとって、最適な居住空間であった。このような恵まれた環境のなかで、長穂が少年期をすごす。

長穂は、荒川村の朝日尋常小学校を卒業すると、兄長久のあとをおって秋田中学校にすすみ、優秀な成績で一九〇三年（明治三六）に卒業。中学校在学中、春や夏、冬休みに秋田から郷里の荒川村に帰省する。秋田にもどるとき、神社で使っていた燃え残った短いロウソクのあつめて持ちかえり、その明かりで夜おそくまで勉学に励んだ。なおも向学心にもえ、父長元の進言もあって仙台の官立第二高等学校（東北大学の前身）に進学し、学問の道を歩む第一歩を踏みだした。そこで、その優秀な才能はますますみがかれ、一九〇八（明治四一）に卒業。さらに、土木工学者を目指して最高学府の東京帝国大学工科大学土木工学科に進学。欧米諸国の最先端の土木技術を学ぶため、全国からあつまった学生は秀才ぞろいで、勉学をきそいあっていた。そのなかにあって、一九一一（年（明治四四）七月、長穂は首席で

学生時代の長穂（前列左）
（撮影協力・物部長穂記念館）

卒業し、恩賜の銀時計を拝受する。

小学校から大学時代にかけての一〇数年間、長穂が勉強する姿をみたものはいなかった。帰省したときは、勉学から全く離れていたという。近所の川で雑魚をとったり、水遊び、野山できょうだいたちと虫や蝶の昆虫をおいかけたりした。また相撲をとったり、あまり強くもなかった将棋に熱中した。幼少のころの長穂は、ごく平凡でありふれた少年になって遊びたわむれ、弟たちの面倒をよくみて世話をした。

しかし、学校がはじまると家人が寝静まった深夜から翌朝ちかくまで勉強するのが常だった。この学習方法は、大学時代、そして内務省土木試験所に勤務しても継続されていく。長穂は秀才であると同時に、幼少のころに父長元から教えられた目標達成のための努力精神を忘れず、人の五倍も一〇倍も努力する人であった。

故郷での体験と研究対象

さて、長穂が土木工学の各分野に数おおくの足跡を残しているが、その研究業績の代表的なものとして、「水理学」と「耐震工学」の二つが挙げられよう。この研究課題について、少年時代のころに体験したことと重ねあわせてみよう。

一八九四年（明治二七）八月二五日、秋田県内は大水害にみまわれた。長穂六歳のとき。特に、県南

強首地震の被災状況
（強首村・小山喜助の土蔵から発見）
（撮影・細谷譽治）（所蔵・大仙アーカイブズ）

千屋断層
（大仙市美郷町）

の雄物川流域が大きな被害をうけている。死者三三〇人、行方不明四人、負傷者一六三人。この水害で浸水家屋一八九四七戸、全壊流失一五九四戸、荒廃田は二〇二九町歩。長穂の生家の河岸には雄物川に合流する支流淀川（逆合川）が流れている。洪水により本流の雄物川の水位が上がり、淀川に逆流して水位が高くなり、さらに荒ぶる川・「荒川」が淀川に合流している。支流の流れは阻害され、行きが場なく溢れだす。このため広い地域で氾濫した。当時は、堤防など整備されていない。原始状態の川は強く蛇行し、低地が浸水したことはいうまでもない。ここで秋田物部氏の天降り伝説のことを思いだす。天の鳥船に乗って鳥海山に天降りした。そして雄物川をさかのぼり、逆合川のほとりの唐松岳の地に社殿を造営したという。この逆合川の語源は、大仙市協和町を東から西に向かって流れる淀川が、協和町上淵地内で雄物川の上流方向にむかって合流するが、逆さに合流することから「逆合川」といわれるようになったとされている。

また、同年（一八九四）一〇月二二日には「酒田地震」が発生している。震源は山形県酒田市付近で、長穂の生家から八四キロメートルの距離のところ。震央は北緯三八度五四分、東経一三九度四八分、マグニチュード（M）七・三の規模であった。

さらに、地震の体験では、長穂八歳の一八九六年（明治二九）八月三一日に「陸羽地震」が発生。秋田・岩手県境の真昼岳一帯を震源とする北緯三九度三〇分、東経一四〇度四二分でM七・五の規模。秋田県仙北郡、平鹿郡一円を襲い、死者二〇九人、全壊家屋五七九二戸。東北最大規模の内陸型地震であった。この地震で川舟断層や千屋断層が生じた。

長穂が大学を卒業して二年後の一九一三年（大正二）には、異常低温がつづき、一九〇五年（明治三八）以来の大凶作で、秋田県下で四三万石の大減収となっている。そして、翌年（一九一四）三月一五日、午前四時五八分、「強首（こわくび）地震」が発生。震源は北緯三九度一八分、東経一四〇度三〇分、M五・八の内陸型地震。長穂の生家から震源までの距離はわずか八キロメートル。被害は、生家の仙北郡で特にひどかった。死者九四人、負傷者三二四人、建物全半壊五八七戸。

長穂は、もともと細長い煙突などの柱状構造物の振動や橋梁などの構造物、水理学などの数式で解明できる学術的な方面に大いに興味をもっていたのだろう。こうして時系列にみると、少年時代の洪水による被害や地震動の強烈な体験、そして、大学卒業直後の故郷での悲惨な出来事が、水理学や耐震工学の探求へと一層傾倒させたのではないだろうか。事実、大学卒業直後は、橋梁関係の構造設計を手がけているが、これが出発点となっている。

長穂自身の育った環境や自身の体験から、水理学では、特に河川工学の基礎的なことや、水系一貫の河川計画管理、ダムの計画や設計論、洪水調節もできる多目的ダム論など、多岐にわたって研究課題としている。耐震工学では、構造物の地震動に対して被害をくいとめるための設計理論の確立に全力を注いだ。自然と人間の関係はどうあるべきか。自然現象が人間社会に影響を与える災害にどう対処すべきか。どうおりあいをつけるべきか。学問研究とともに、水害、地震という社会的影響をあたえる分野に目をむけ、その探求する姿勢の先見性こそ、その功績がおおきい。

内務省技師への道

一九一一年（明治四四）七月一一日、長穂は東京帝国大学工科大学土木工学科を首席で卒業する。各学科で履修し、優秀な学生は、恩賜の銀時計が授与される。銀時計組の学生の卒業式は、別途、天皇陛下ご臨席のもと挙行されたという。卒業後は「銀時計組」と呼ばれる特別な存在の技術者として認められることになる。

長穂は学生時代に数編の研究成果を論文として取りまとめている。卒業研究は信濃川鉄橋計画で、論文名『Calculation for Designing Bantai Bashi at Niigata Part1』（『新潟萬代橋の予備設計』）。全文英語で一七章から構成されている。卒業計画書の審査がおこなわれ、一九一一年（明治四四）六月一五日提出された論題が選定された。鋼製のトラス橋で複雑な構造であった。

鉄道橋ではないが、一八八六年（明治一九）、信濃川にかかる初代萬代橋は、**古市公威**（一八五四～一九三四・安政元～昭和九）が設計している。橋長は七八〇メートルと長く、大河津分水の完成で川幅がさばめられる以前で、西欧流の構造で木橋であった。現在の萬代橋は三代目。

当時、卒業研究のテーマは、その研究成果が、すぐに土木事業として実現可能な実利的なテーマが選定された。**田辺朔郎**（一八六一～一九四四・文久元～昭和一九）は、工部大学校在学時の一八八一年（明治一四）、卒業研究のため京都府へ調査旅行におもむいている。卒業研究は『隧道建築編』と『琵琶湖疎水編』をとりまとめ、『琵琶湖疎水工事の計画』が卒業論文として選定された。一八八三年（明治一六）年、卒業と同時に京都府御用掛に採用され、二一歳の若さで、大工事である琵琶湖疎水の担当者となる。

一八九〇年（明治二三）に琵琶湖疎水工事が完成。翌一八九一年には、我が国初の水力発電所である蹴上発電所が完成。京都府の近代産業化の基礎をきづき、その後の発展に大きな貢献をした。

恩賜の銀時計拝受は、本人の喜びはもちろんであるが、父長元、母寿女やきょうだいは、その才能と努力に感激したという。また、村民は、我が村の名家物部家の栄誉を夢ではないかとおどろき、あたかも自身のように喜び祝福した。土木工学界の黎明期において、数々の設計理論を体系づける学者としての輝かしい第一歩を踏みだした。

大学を卒業した長穂は、大学で勉学し培った土木工学の学問研究と技術の力量を発揮する場として、また卒業論文の橋梁計画の設計を完結させるために鉄道院を選び、請われて総裁官房勤務（橋梁関係）の技手となる。長穂の仕事は、信濃川鉄道橋の詳細設計であった。この萬代橋鉄道橋は、当時としは我が国で最大規模を誇るもの。大学を卒業したばかりの若手技手には手にあまるものではないか、という陰口まででたという。長穂は、このような風潮には意をかけず、若さの限りに日夜精根をかたむけて設計業務に邁進した。

この鉄道橋の詳細設計の完成によって、長穂の名声は、ますます土木工学界に広まり、一九一二年（大正元）年八月一七日付けで抜擢されて内務省土木局の技師として任官異動する。

卒業と同年（一九一一）一二月二七日、男爵尾崎三良（さぶろう）の五女**元子**と結婚。元子は一八九五年（明治二八）生まれ。長穂二三歳、元子一六歳。封建制度がまだ色濃くのこる時代、華族と平民の結婚は、異例で、大変めずらしい縁組みであった。

尾崎三良（一八四二〜一九一八・天保一三〜大正七）は、明治・大正時代にわたって活躍した男爵で官僚。男爵は華族階級の第五位の爵位。旧憲法下で、皇族の下位、士族の上位におかれた貴族としての

長穂と元子の結婚
（撮影協力・物部長穂記念館）

特権的身分。一八六九年（明治二）旧公卿・大名の称したのにはじまり、一八八四年（明治一七）の「華族令」により、公・侯・伯・子・男の爵位が授けられ、国家に貢献した政治家・軍人・官吏などに適用された。爵位は一九四七年（昭和二二）廃止されている。

尾崎家は、山城国葛野郷（現在の京都市左京区）の西院村で代々里長をつとめた郷士の家系。三良は、尊王攘夷派の公卿三条実美（さねとみ）につかえ、一八六八年（慶応四）に実美の子公恭（きみやす）にしたがいイギリスに留学。大政官大書記官、元老院、法制局長官をつとめるなど、その活躍期は藩閥の全盛期とかさなる。三良の子どもは一二人、六男六女を授かった。長女の英子セオドラ尾崎は、一六歳でイギリスから来日する。**尾崎行雄**（一八五八〜一九五四・安政五〜昭和二九）の女婿にあたり、妻繁子の亡くなった翌年の一九〇四年（明治三七）に後妻にはいる。尾崎行雄は、日本の議会政治の黎明期から第二次世界大戦後まで衆議院議員をつとめ、「憲政の神様」「議会政治の父」と呼ばれた人物。

工学博士の誕生

一九一二年（大正元）八月、内務省土木局の技師となった物部長穂は、荒川、鬼怒川などの河川改修計画を立案する実務を担当する。

上司の**沖野忠雄**（一八五四～一九四九・安政元～昭和二四）は、長穂の優秀な才能を見抜いていた。一九一一年（明治四四）四月、技術官僚の最高位の初代内務技監に就任し、その後九年間、内務技監をつとめた。沖野は、一八七〇年（明治三）大学南校に入学し仏語科を選択。在学中に開成学校と改称され、物理学を学ぶ。一八七六年（明治九）六月、文部省第二回留学生（前年の第一留学生は**古市公威**（一八五四～一九三四・安政元～昭和九））として、アメリカを経由してフランスに渡欧。

技監に就任した沖野は、部下の教養、人格養成、学問奨励など、科学、技術教育の重要性が不可欠である、との信念で実践した。沖野は学生時代に物理学を専攻している。物理学は、土木工学の基礎となる高等数学や地球物理学など、自然科学全般を学ぶことができる。沖野自身も数理に大きな興味をもち大事にし、「満身是れ数学と謂いたほど数理に長けた」と部下から評価されている。技術の根底になるものは、沖野は「数理」が基本であるとし、その後の河川技術研究の発展におおきな影響をあたえた。

沖野のはからいで、長穂は在任のまま、一九一三年（大正二）七月九日、東京土木出張所に異動し、東京帝国大学理科大学に再入学して物理学を履修し、理学士の学位も取得する。この勉学が、本業の土木工学のみならず、数理解析や地震学など、幅広い見識の基礎となっていく。

戦前の国家公務員は官吏と呼ばれていた。官吏の土曜日半休・日曜日休日制は、一八七六年（明治九）四月一日から施行された。蛇足になるが、官庁の御用納めは一二月二八日。当時、部下の正月年始客をもてなすための料理などの準備期間が必要だったため二九日から休みとなったという。一八八五年（明治一八）一〇月二二日には、太政官制が廃止され、内閣制度が発足。そして、一八九六年（明治二九）一二月二七日に内閣は八省制となった。内務省・外務省・陸軍省・海軍省・司法省・文部省・農商務省・

逓信省である。

内務省は、太陽暦が施行された一八七三年（明治六）、大久保利通が初代内務卿となって発足。終戦後の一九四七年（昭和二二）に連合軍最高司令部のＧＨＱによって組織解体されるまで、内政の強大な職権をにぎっていた。現在の総務省・警察庁・国土交通省、・厚生労働省などの内政の政府機関が統轄され、巨大な権力組織であった。そのなかにあって、内務省土木局は、どちらかといえば事務系行政官僚が主流であるのにたいして、技術官僚の地位は決して高いものではなかった。土木局は、現在の国土交通省の建設部門の業務を担当していた。

長穂は、一九一三年（大正二）七月、内務省東京土木出張所に異動し、一九一九年（大正八）一二月に土木局にもどっている。この期間、長穂の研究者への道を歩む基礎が確立された。橋梁の設計論、河水の流下特性、土堤の安定性、構造物の振動や耐震性の分野を精力的に調査研究し、論文をとりまとめて土木学会誌上に発表している。とりわけ、耐震工学の探究はライフワークとなる。また、内務省技師のかたわら、東京帝国大学工科大学土木工学科の助教授も兼任した。

一九二〇年（大正九）四月長穂は、ドイツ・フランス・イギリス・アメリカの先進国を視察し、高層建築物・橋梁・治水工事など最先端の土木技術をつぶさに調査研究して帰国する。なかでも、ロンドンは長く滞在し、イギリスのテームズ河の河川改修事業、下水道工事の調査研究は意欲的におこなった。滞在先のロンドン市内を散歩中、地元の老婦人から道のりを訪ねられ、ていねいに教えたというエピソードもある。これらが、のちに河川改修と利水を組み合わせた多目的ダム論や荒川放水路横堤の遊水機能を確認する水理模型実験や築堤護岸工事などにいかされていく。

このような激務のなかにあって、本業に関連する水理学の調査研究と同時並行して、ライフワークの耐震分野の研究成果を集大成し、学位論文を母校の東京帝国大学に提出。論文名は『構造物の振動並に其耐震性に就て』と題するもの。四章六三節からなる大論文。この論文は、構造物の振動理論や耐震工学上で多大な進歩発展に功績があると認められ、一九二〇年（大正九年）四月二七日、工学博士の学位が授与された。長穂、大学を卒業して九年目、三二歳の若さであった。

土木工学界で初めて工学博士の学位が授与された人物は、**古市公威**で一八八八年（明治二一）五月で、三五歳のとき。奇しくも長穂が誕生した年である。**沖野忠雄**は一八九一年（明治二四）八月の三八歳のとき。当時、学位取得には大学卒業後、二〇年はかかるといわれた時代。最も若年の学位取得者で、その実力が認められた。

さらに、一九二〇（大正九）八月、長穂は構造物の振動や地震動による耐震性についての調査研究成果を取りまとめた論文を土木学会誌上（第六巻第四号）に発表。論題は『載荷せる構造物の振動並に其耐震性に就て』。この論文は高く評価され、創設されたばかりの第一回土木学会賞が授与された。

これらの功績が異例で、学術研究発展の貢献におおきく寄与し、内務省内でも突出した功績であるとして、同年一二月二六日、内務省から「勤務格別勤勉につき」特別賞与として金三〇円が授与された。当時、歌舞伎の観覧料が一円であったというから、現在の価値に換算して約五〇万円に相当する。

また、長穂の専門分野が、水理学や耐震工学であるが、構造分野の橋梁設計手法についても多数論文を投稿している。一九二三年（大正一二）に土木建築誌や土木学会誌で『緊拱橋に就いて』『緊拱橋の設計法』などを紹介。多彩な分野にわたり、その非凡さを発揮している。

耐震理論が問い直された関東大震災

このように、物部長穂は内務省土木局の時代、構造物の振動や耐震性についての論文を次々に発表し、この分野での権威者となる。これらの理論が公表された三年後の一九二三年（大正一二）九月一日、M七・九の巨大地震が関東一円を襲った。「関東地震」である。長穂は、のちに内務省土木試験所長や東京帝国大学教授を兼任するが、同時に、震災予防調査会の委員や東京帝国大学地震研究所の所員も兼ねている。この地震研究所は、寺田寅彦など我が国を代表する物理学者や地震学者で構成されていた。当時、その研究成果は世界に誇りうる高い水準にまで達していた。

寺田寅彦（一八七八〜一九三五・明治一四〜昭和一〇）は物理学者であり、夏目漱石に深い影響をうけた随筆家でもある。自ら「科学者にとって唯一文学形式」として随筆に新しい分野をひらいた。寅彦が関東大震災について、『震災日記より』（「寺田寅彦全集」一九六一、岩波書店）で次のように述べている。

九月一日、（土曜）

朝はしけ模様で時々雨が襲って来た。非常な強度で降っていると思うと、まるで断ち切ったようにばったりとやむ、そうかと思うとまた急に降りだす実に珍しい断続的な降り方であった。雑誌『文化生活』への原稿『石油ランプ』を書き上げた。雨が収まったので上野二科会展招待日の見物に行く。会場に入ったのが十時半ごろ。蒸し暑かった。フランス展の影響が著しく目についた。T君（筆者が追記した。津田青楓）と喫茶店で紅茶を飲みながら同君の出品画「I崎の女」に対するそのモデルの夫からの撤回要求問題の話を聞いているうちに、急激な地震を感じた。椅子に腰かけている両足のうらを下から小槌で急激に乱打するように感じた。たぶんその前に来たはずの弱い初期微動を気づかずに直ちに主要動を感じたのだろうという気がして、それにしても妙に短周期の振動だと思っているうちにいよいよほんとうの主要動が急激に襲って来た。同時に、これは自分の全く経験のない異常な大地震であることを知った。その瞬間に子供の時から何度となく母上に聞かされていた土佐の安政地震の話がありありと思い出され、ちょうど船に乗ったように、ゆたりゆたり揺れるという形容が適切である事を感じた。仰向いて会場の建築の揺れぐあいを注意して見ると四五秒ほどと思われる長い週（ママ）期みしみしみしみしと音を立てながらゆるやかに揺れていた。

これを見たときこれならこの建物は大丈夫だということが直感されたので恐ろしいという感じはすぐになくなってしまった。そうして、この珍しい強震の振動の経過をできるだけくわしく観察しようと思って骨を折っていた。主要動が始まってびっくりしてから数秒後に一時振動が衰え、このぶんではたいした事もないと思うところにもう一度急激な、最初にもました激しい波が来て、二度目にびっくりさせられたが、それから次第に減衰して長週（ママ）期の波ばかりになった。

また、長穂著の『土木耐震学』（一九五二、理工図書）のなかで、関東大震災の被害状況は次のように記述している。

被害最も甚しきは震央の相模灣の沿岸にして、伊豆東岸、相模海岸、總西南沿岸地方であるが、家屋の倒潰は遠く信濃及利根川沿岸に及んだ、地震直後相模灣沿岸を襲ふた津浪の被害は著しからざりしも、各地に發した火災は水道の破壊の爲め大慘害を惹起し、東京下町は數日間に亘つて全燒し多數の死者を出し、横濱、横須賀、鎌倉、小田原、厚木、北條等の市邑は地震の爲め殆ど全潰し、更に火災に依て燒燼するに至つた。
死　　者　　九万九五九七　人
行衛不明者　四万二九二八　人
全　　潰　　一一万三六二五　戸
半　　潰　　七万九三二〇　戸
燒失（流失）　三七万五八二〇　戸
死者行衛不明者總數一四万二五二五人、全潰及燒流家屋總數四八万九四五〇戸、内七七パーセントは燒失である。

従来、この地震による関東大震災の死者・行方不明者の総数は約一四万二〇〇〇人とされていたが、最近の研究によって死者数の重複カウントがあり、死者数は約一〇万五〇〇〇人とされた。直接の物的損害は総額五五億円にのぼり、当時の国家予算の一・三倍にあたる、とされる甚大な震災であった。

構造物の振動や耐震論の設計体系が完結した、と考えていた矢先の明治一八九一年（明治二四）の「濃尾地震」以来の巨大地震が帝都東京一円を襲った。

そして、関東大震災から二年後の一九二五（大正一四）、『構造物の振動殊に其耐震性に就て』と題する全体で七〇〇余ページの大論文を発表する。この論文は、帝都震災復興の途にある構造設計にあたって、一大転換をもたらす画期的な内容であると評価された。それまで、構造物を剛構造として設計していたが、弾性体の柔構造として考えなければならない。従来の耐震工学を根本的に問いなおす研究成果と高く評価された。

同年（一九二五）五月三一日、この業績に対して学界の最高栄誉である帝国学士院恩賜賞（第一五回）

が授与された。これは土木工学界では初めての栄誉である。この恩賜賞が授与された研究論文は、のちに著書『土木耐震学』として常磐書房から一九三三年（昭和八）に公刊され大成されていく。

　このころから長穂は、将来の土木技術界の指導者となるべき人として嘱望されていた。

土木試験所の発足

　明治以降、河川・港湾・道路などの土木事業は内務省の所管で、利根川・淀川・木曽川などの河川改修工事や、横浜・神戸・大阪などの港湾工事が大規模にすすめられた。明治時代の陸上交通は、鉄道に重点がおかれて整備されていく。大正時代には、我が国でも自動車が次第に普及し、道路整備にたいして一般社会の関心もたかまった。また、第一次世界大戦で道路の果たす役割が軍事的にもおおきいことがヨーロッパで実証され、我が国でも道路改良が急務であるとの機運がたかまり、認識される。しかし、当時、我が国には道路の築造材料などの試験設備は皆無といっていいほど貧弱であった。

　こうした背景から、一九二一年（大正一〇）三月に「道路法」が制定され、道路整備促進のため「道路改良会」が組織され、**牧彦七**（一八七三〜一九五〇・明治六〜昭和二五）が理事となる。牧は、一九二一年（大正一〇）一二月、欧米各国の道路とその構造、実験研究施設の調査のため海外に出張し、翌一九二二年九月に帰国し、ただちに内務省に設立された土木試験所の初代所長に任命される。

　牧は一九〇六年（明治三九）八月、秋田県土木課長兼耕地整理課長兼船川工事事務所を歴任。県の総合計画を立案し、各部門の工事計画や設計工法に新たな方法をあみだした。一九一三年（大正二）七月、自ら休職をもとめて妻子とともに東京に移住する。東京外国語学校で二年間フランス語を学んだ。四〇歳からの働きざかりの時期。一九一四年（大正三）七月、学業途上にあったが、内務省技師に復職し、

発足当初の土木試験所
（撮影協力・物部長穂記念館）

土木局技術課で道路技術の専門家の道を歩む。秋田県時代の耕地整理に関連した用水路の設計について『溝渠ノ大キサヲ定メルコトニ就イテノ研究』をまとめて博士論文を母校東京帝国大学に提出。一九一七年（大正六）に工学博士の学位が授与される。

一九二一年（大正一〇）五月、内務省土木局分室のかたちで道路材料試験所が発足する。これからの道路改修事業をすすめるうえで、その試験設備の必要性が痛感され、試験所が設置された。翌年二二年九月三〇日、独立した組織の試験所に昇格。内務省土木試験所（のちの建設省土木研究所、国土交通省）の発足である。

牧が外国出張で不在のため、のちに第二代所長に就任する**牧野雅楽之丞**（うたのじょう、一八八三～一九六七・明治一六～昭和四二）が所長代理を命じられる。発足当初は、文京区本駒込上富士の庁舎の整備や機器類の据え付けなどの諸準備、一九二三年（大正一二）に関東一円を襲った関東大震災による被害の修復等におわれている。実際に試験が開始されたのは、試験所が発足して一年余が経過した一九二三年（大正一二）一月からであった。

牧彦七は、二年後の一九二四年（大正一三）七月に試験所長を辞したが、在任中に道路材料や試験設備の充実をはかり、同年雑誌「道路と改良」に『我邦の道路改良に就いて』を発表。所員は牧を「雷親父」「ライオン」とあだなされるほど恐れられ、怖い存在であった、という。のちに「我が国の道路に近代の生命をあたえた最初の人」と評価された人物であった。

牧野雅楽之丞は、一九二四年（大正一三）一二月、牧彦七のあとをついで第二代土木試験所長に就任。道路の舗装技術の導入と開発にあたった。在任中の一九二五年（大正一四）に雑誌「道路と改良」に『自動車道路並日米道路経済に就いて』を発表。我が国で初めての道路経済効果について論述したもの。一九三一年（昭和六）、著書『道路工学』は「我が国における「近代道路工学」として体系づけられた原点の一つ」と高く評価されている。

『土木研究所五〇年史』（建設省土木研究所、一九七二年）は、研究所発足からの業績を集成発行した内容で構成されている。そのなかに、座談会が開催され発足当時に状況について、そのへんの事情が紹介され、収録されている。

当時を振りかえって、試験所発足当初の研究課題や思い出を、兵藤直吉、西川栄三は次のように述懐している。

兵藤直吉は当時、第二科長（道路構造関係等）で、のちに早稲田大学教授を歴任した。

　このところは国道もみんな知事が管理しておりました。国道の改良においても馬車だったらどの位の勾配でいいか、ということで勾配を決めたり、またカーブを決めたりそんなことをやったんです。わらじをはいて歩いたがどうかは忘れたけれども、路線選定でずうっと箱根を歩いたり、いろんなことをやりました。

これらの研究成果として、一九二五年（大正一四）三月発刊された土木試験所報告第一号で『路面及び勾配が馬車輸送に及ぼす影響に就ての研究　中間報告』として発表されている。

また、西川栄三は、のちに富士工業株式会社顧問になる。当時第二代牧野雅楽之丞所長との採用時の面接で、牧野所長が西川君、木塊舗装の研究をしろ、といわれたんです。大阪市でも東京市でもわずかばかりの木塊舗装レンガといっておりましたが、それを使っておったんです。だけど私は木塊舗装の研究はやりたくないんだということを申しあげたんです。そうしたら何故やりたくないんだと言うのです。

私は幾つかの理由を申しあげたのです。木塊舗装は減るので、成果を確認するのに一〇年はかかるとおもいます。木塊舗装は水よりも軽いから、もし洪水がきたらみな浮きあがっちゃう。それから木塊は腐るといけないからクレオソート油を浸みこましてあります。いざ火事になったら道路が燃えます。また、吸水率が非常に高い材質です。吸水したときは膨張して側溝のコンクリートをわるし、乾いたときには収縮してすき間ができる。そのすき間から木塊舗装の下に水が入って今度は浮き上がっちゃう。どこから考えてもいいことがない。だから必ずだめになる時代がきますから、私は研究するつもりはありませんと申し上げたんです。

そうしたら私の理由を受け入れてくださったんですけれども、黙っておられまして、その後研究しろということは言われませんでした。

と、当時の研究課題の模索の状況をかいまみることができる。

土木試験所長の勅任

このように、土木試験所の設立当時の業務は、道路材料の砂や砂利、アスファルト（瀝青質材料）などの試験、道路構造の調査研究がおもな内容。道路材料試験所という性格ではあったが、関連する分野の地質や化学を専門とする人も、少数ではあるが従事していた。

当時、内務省所管の土木工事のなかでも、河川・港湾のしめるウェイトが次第におおきくなってきた。河川改修と組みあわせて洪水調節用の大規模なダム建設が必要であるとか、荒川に横堤を築造し遊水機能もたせることが必要だなど、技術上の課題も山積していた。また、関東大震災で甚大な被害が発生し、震災を未然に防止するための耐震に関する研究も社会的につよく要請された。道路関係の土木試験所を河川や港湾、水理や耐震関係などをふくめた総合土木試験所にしようと、その調査研究業務の範囲が拡大されていくことになる。

こうした社会的な要請をうけ、構造や耐震、水理関係にも精通した**物部長穂**が第二代牧野雅楽之丞所長のあとをつぎ、若くして三八歳で土木試験所長に勅任される。一九二六（大正一五）五月三一日であった。勅任官は、内閣が任命して天皇から辞令交付される天皇官吏。現在でいうと、内閣法制局長官や検事総長の役職に相当する。内務省内でも、特別重要な役職であった。

この勅任は、当時としては異例の抜擢人事。現在でもそうであるが、内務省技師の任官は「トコロ天」式に厳然とした年功序列がかたくなにまもられていた。決して先輩を追いこす人事異動はかんがえられない時代である。長穂の抜擢について、内務省土木局の技師や試験所所員は、一〇年飛ばしの異例の抜擢人事で驚いた、という。

所長には、自宅から職場までの送迎用自動車が用意されていた。当時はまだ自動車はめずらしく超高級なもの。この自動車はシルクハット型のものであったというから、ベンツ社製ではないかと想像される。第一次世界大戦で敗戦国のドイツから接収した戦利品であったという。

一九二一年（大正一〇）一一月九日には、赤坂離宮において、天皇皇后両陛下の命により「観菊会」開催の招待状が届いている。所長に就任して、毎年開催される恒例の宮中行事において、長穂宛てに「天皇陛下ノ命ヲ奉シ来ル昭和四年一月五日宮中ニ於テ開催サル新年宴會ニ招待ス」と宮内大臣の一木喜徳郎より招待状がとどき、「午前十一時四十分まで参内のこと」と書き添えてられている。同年四月一〇日には、「観桜会」の招待状で、元子夫人と娘の三人が出席。試験所長の要職は内務省において特別な存在であったことを物語る証しである。

長穂の所長在任は、一九二六年（大正一五）五月三一日から一九三六年（昭和一一）一一月七日までの一〇年七ケ月。この期間、発足まもない土木試験所の基礎がためと充実・発展をはかっていった。特に、治水・港湾や津波などに関する水理試験所の岩渕分室（のちの建設省土木研究所赤羽支所）の設立や耐震工学の発展には大きな足跡をのこした。

また、長穂は土木試験所長のほか、一九二六年（大正一五）二月から東京帝国大学土木工学科の教授も兼任し、「河川工学」の講座を担当し、教育者として学生の養成にあたった。

試験所長時代の功績

洪水を防御するための治水など、水の流れかたや力など河川の基礎的な試験研究をおこなうためには、定性的な現象を把握し、検証するため、水理実験施設が必要となる。

所長に就任した長穂は、現在の東京都北区赤羽志茂の岩淵水門付近の荒川改修の放水路工事の残土処理によってできた土地に、その場所を求めた。この場所は荒川と新河岸川にはさまれた三角地で、その敷地の下流が隅田川の最上流となっている。土木試験所岩淵分室の水理試験所の設立で、一九二六年（大正一五）であった。

この水理試験所は、我が国では初めての水理実験施設。このため、その計画、設計などにはおおくの努力と苦心が払われた。基本的にFreemanの『Hydralic Laboratory』をめくりながら、そのなかの特にドイツのカールスルーエの水理試験設備を参考に、その範をもとめた。物部所長指導のもと、当時欧米視察から帰国したばかりの**青木楠男**（のちの第五代土木試験所長、一八九三〜一九八七・明治二六〜昭和六二）技師が中心となって計画がすすめられた。

施設整備費の予算（年間二〇万円程度）は厳しいものであった。特別に新しい設備もつくる必要があったため、荒川や鬼怒川の河川改修工事費のなかから予算をもらってきて、その不足分を補った。そして、施設は、第一期、第二期、第三期など小さく区切って順次拡張されていった。この施設拡充の予算確保に尽力されたのが**中川吉造**（一八七一〜一九四二・明治四〜昭和一七）東京土木出張所長（現在の関東地方建設局長）。中川は、のちに技師の最高位である内務技監（一九二八・九〜一九三四・昭和三〜昭和九）に就任。中川は**近藤仙太郎**（一八五九〜一九三一・安政六〜昭和六）についで「利根川の主」といわれた利根川に関する河川技術のスペシャリストの人物。

岩淵分室での最初の水理実験は、仙台土木出張所（現在の東北地方整備局）から依頼のあった北上川に計画されている飯野川の降開式転動堰に関する水理模型実験。これはローリングゲートと呼ばれ、川の底にもぐり込む方式で、当時としては大変珍しい構造であった。

一九三〇年（昭和五）ころの岩淵分室の組織は、水理実験の研究グループと土圧の研究グループの二組にわかれて配属され、総勢一〇名くらいの小世帯。この岩淵分室の水理試験所は、その後、我が国の水理学研究の草分けとなり、多くの研究成果がうまれ、水理学の発展に多大な功績を残すことになる。物部所長の指導により、将来の土木工学界をリードする優秀な人材を数おおく輩出している。

また、長穂が試験所長に就任後、その指導のもとに防災や耐震工学関係など多彩な研究がなされている。地震時に作用する土圧の研究、重力式擁壁の耐震規定、地震よる動水圧を考慮した重力式堰堤の断面決定法の提案、地震動による土堰堤の変形などに関する幾多の研究が相次いでおこなわれた。さらに、一九三三年（昭和八）三月三日、三陸沖を震源とするM八・一の「昭和三陸沖地震」を契機に、この地震の津波被害現地調査をおこなうため、いちはやく現地に派遣する。また、津波被害軽減の水理模型実験、津波変形理論の研究、沿岸風水害調査など防災の調査研究が本格的に拡大している。

これらの研究成果は、基礎理論を体系化して確立し、我が国の耐震技術や防災技術の向上に多大な貢献を残した。現在の設計理論は、その当時確立されたものと基本的にかわっていない。

晩年の長穂

長穂の主著といえば、『水理学』（岩波書店）と『土木耐震学』（常盤書房）があげられる。これらの著書は長年の研究成果を集大成したもので、一九三三年（昭和八）同時に公刊された。長穂が健康で教育、研究生活に専念できたのはこのころまでであった。

一九三四年（昭和九）にはいって、痔病が悪化したため手術のために入院。第一回目の手術がおわった二日後の九月九日、故郷の父長元の訃報が長穂のもとにとどいた。術後で癒えない身体にむちうって、故郷の生家に足を運び喪に服した。葬儀万般をあい済まして帰京したが、回復はおもわしくなく、勤務や研究活動の支障となった。

このため、一九三六年（昭和一一）、東京帝国大学教授を勇退し、**宮本武之輔**（一八九二〜一九四一・明治二五〜昭和一六）がそのあとついで「河川工学」の講座を担当。宮本は、内務省時代に利根川改修工事、荒川放水路工事、信濃川・大河津分水自在堰の陥没の補修工事などを手がけ、同年（一九三六）、名著『治水工学』を公刊。同書は現在でも河川工学の原典にもなっている著書と高く評価されている。

また、その同年一一月七日に土木試験所長も退官した。一一月七日、物部前所長は後任の**藤井真透**（ますき）（一八八九～一九六三・明治二二～昭和六三）新所長とともに所員を前に、離任と着任の挨拶をし、長穂は一〇年七ケ月間の土木試験所での調査研究生活にピリオドをうった。一九三六年（昭和一一）から一九三八年（昭和一三）までは、海外の技術論文の最新情報などを精力的に専門誌に紹介している。

長穂のあとを継いだ新所長の藤井は、明治神宮造営局勤務の時代、現場技術責任者として神宮外苑道路の設計施工を担当。絵画館を中心とする周回道路と放射道路、街路計画など大規模で先進的なもの。関東大震災をのりこえて、一九二五年（大正一四）に完成した。青山通りに連絡する幅員一八間（三三・四メートル）と歩道両側に銀杏並木を配した街路。電線、水道管、ガス管など、すべて地下埋設、時間雨量九〇ミリメートルに耐える容量の排水系統など。現在でも、計画の先進性は時代をこえて高く評価され、その機能をはたしている。一九二四年（大正一三）に土木試験所勤務となり、長穂のあとを継いで一九三六年（昭和一一）一一月所長に就任。六年後の一九四二年（昭和一七）八月に辞任する。土木試験所には一八年間勤務する。藤井は明治神宮造営局時代の一九二二年（大正一一）から一九四二年（昭和一七）三月まで二〇年間にわたり東京帝国大学の講師を兼務し「道路工学」講座を担当。一九三一年（昭和六）から一〇年間、日本大学講師として「街路工学」の教鞭をとっている。戦後も一九五三年（昭和二八）から日本大学理工学部大学院で教授として「道路工学」の講座で技術指導にあたっている。

初代所長牧、二代所長牧野の二人は実務に明るく道路工学のパイオニアとして啓蒙的色彩が強い人物であるのにたいして、三代所長物部、四代所長藤井は、実務もさることながら、比類なき子弟への学術教育の指導者でもあった。

長穂が試験所長を辞した一九三六年（昭和一一）といえば、天皇親政をかかげた皇道派青年将校が二月二六日未明、クーデターによって陸軍内閣の組閣を意図して、在京軍の一部一四〇〇名の部隊を指揮して、東京の一部を占拠した。首相官邸、陸軍省、警視庁などを襲い、高橋是清大蔵大臣、斉藤実内大臣、渡辺錠太郎陸軍省教育総監が惨殺される。岡田啓介首相は奇跡的にたすかったが、鈴木貫太郎侍従長は負傷した。「二・二六事件」である。同年七月五日、陸軍軍法会議で二・二六事件関係者に判決が言いわたされ、一七人に死刑が宣告さる。同年一二月二日に二人をのぞき死刑が執行された。

岡田内閣が倒れたあと、国家主義的官僚の広田弘毅内閣が組閣される。広義国防国家の建設、軍部大臣現役武官制の復活など、準戦時体制の時代となった。このような背景には、一九二〇年（大正九）の戦後恐慌にはじまった慢性的な不況、大正一二年（一九二三）の関東大震災による経済の行き詰まりなどが、やがて金融恐慌や世界恐慌によっていっそう深刻となっていった。

不況対策として、一九三二年（昭和七）以来、失業対策的な政策として、農山漁村振興土木事業の展開過程にあった。一九三五年（昭和一〇）に「水害防止協議会」を発足させ治水事業を促進し、さらに砂防事業の要請もたかまる。土木局第一技術課の**赤木政雄**（一八八七～一九七二・明治二〇～昭和四七）は、地方議員とはかって砂防予算増額のため「全国治水砂防協会」を発足させる。

二・二六事件直後、内務省では、勅任技師更迭問題といわれた人事異動があり、世間でおおきな話題となる騒動があった。

かつて、土木局河川課長を歴任し、その後衛生局長となった文系行政官僚の**岡田文秀**（一八九二～一九八九・明治二五～平成元）が一九三六年（昭和一一）三月一三日、新土木局長（昭和一一・三・一三～一二・二・一〇）に就任。同年一一月一七日、**青山士**（あきら）技監（一八八〇～一九六三・明治一一～昭和三八）のほか、東京、横浜、仙台、神戸、下関の五土木出張所長の更迭問題がおこった。勅任技師の大幅な人事異動で、事務系官僚による技術官僚人事への容喙とさわがれた。土木局勅任技師の**三浦七郎**（一八八九～一九四五・明治二二～昭和二〇）が次の第一技術課長になるのが当然視されていたが、そのポストに赤木政雄が異例の昇格をする。この異例な人事異動の背景には、当時台頭してきた技術官僚の技術より行政への興味をもつ気風、土木職と砂防職の確執、地方土木技術官僚の派閥形成など、その中心人物が三浦七郎であるとされ、下関土木出張所長に転任。この勅任技師更迭問題の本質は、東京帝国大学土木工学科出身者を重視する派閥色に難色をしめした岡田の判断によるものであった、といわれている。行政官僚が技術官僚より上位であるという人事権行使で、内務省の組織風土の一つのあらわれでもあった。

時期をおなじくして、物部長穂も所長も退任しているが、派閥抗争の影響であるかは定かではないが、一定部分影響していると考えられる人事異動であったことをうかがわせる記事がある。物部所長が退任したことについて、当時の土木学会誌の機関紙『土木ニュース』では、

物部さんが退官された。如何に内務省の人事が行き詰っているとはいえ、博士の如き土木界の至宝が第一線を退かれたということは、なんといっても残念なことである。

と、その退官を土木工学界全体で惜しんでいる。

この不況を打開するには経済を再建させなければならない。世は長穂の有能な才能を必要とした。土木試験所長を退官したあと、東京市や東京電灯などのダム建設顧問や、万国学術委員会第五部委員長、大政翼賛会調査委員などの要職につき、その裏打ちされた研究手腕がいかんなく発揮された。身体が不自由なため、特殊な椅子を特注して多忙な日々をおくった。晩年の研究生活は、諸外国の河川関係の論

文の寄稿がおおい。そして、一九三九年（昭和一四）七月を最後に、ぱったりと途絶えている。長年の無理な研究生活が身体にこたえたのだろう。

そうした激務により、癒えない病状が身体にこたえ、一九四一年（昭和一六）病気が再発し、同年九月九日、奇しくも父長元の命日に、おおくの人びとに惜しまれながらこの世を去った。長穂五三歳の若さでその生涯をおえた。

長穂を追悼する当時の土木専門誌（『土木技術』二巻一〇号、土木技術社）の記事から、土木工学界にいかに大きな衝撃をあたえたかを知ることができる。

物部長穂博士逝去さる

本誌顧問、元東京帝國大學教授、前土木試験所長物部長穂博士が、去る九月九日白玉楼中の人となられた。

氏は人も知る如く學的研鑽にかけては、今日の言葉で表現すれば一分の隙もない臨戰體勢を實践躬行されたと云ってもよい。而も全く稀にみる明晰な頭脳を持つ天才であった。かの「構造物の振動竝にその耐振性に就て」の大論文で我國學界の最高榮誉たる恩賜賞を得られて以來動（ママ）力式堰堤に、橋梁に、支壁堰堤に、水理學上、構造力學上に残された博士の功績は實に大きい。名著「水理學」は前人未踏の天地を開拓した貴重なる文献として、世界的に其の存在を認められた。

今、この學的巨星を五四歳の若さを以って喪ひしことは我國土木学學界の大損耗であると云へよう。爰に謹んで哀悼の意を表する次第である。

年齢が五四歳となっいるのは、当時は数え年によっていた。また、当時の秋田魁新報社の新聞記事でも次のように報道している。

内務省土木試驗所長、帝大工學部教授工學博士物部長穗氏は昨年來自邸で病氣療養中九日午後二時逝去した。享年五十四、博士は仙北郡荒川村唐松神社宮司物部長元氏次男として生れた。氏は明治四十四年東大土木科を首席で卒業、大正十四年「構造物振動に關する研究」に對し帝國學士院より恩賜賞を授與され、更に土木學會より第一回土木學會賞を授與されるなどわが學會に寄與したその功績は大きい。昭和十一年東大教授を勇退、後は東京市、東京電燈などのダム建設顧問として活躍し、大政翼賛會調査委員などもかねてゐた。葬儀は十二日午後二時から東京豊島區池袋三の一三七八の自邸で神式により執行される

物部長穂家の墓標
（大仙市協和町）

五三年の生涯を通しての研究業績が、凡人が二生も三生もかかってもできないことをなし得たのは、もともと天才であったうえに、目的達成のためのたゆまぬ努力と探求精神があった。時代が求めて誕生し、社会的に必要とされ、宿命を背負い、期待のこたえた人生かもしれない。

晩年、長穂は自分の研究生活を振り返ってこんなことを述べている。

私はいろいろな分野に関係せざるを得なかったが、やはり一つのことに専念すべきであった。

長穂の亡骸は多摩霊園に埋葬された。墓碑には長穂の教え子が中心となって、募金を募りその功績を後世につたえるため、立派な顕彰銅板が製作され、はめこまれた。

一九四三年（昭和一八）八月、日中戦争から太平洋戦争にかけて、戦局の激化と物資の不足をおぎなうため、金属回収令が勅令される。これは、武器生産に必要な金属資源を確保するもので、官民所有の「金属類回収」を目的とするもの。戦況が悪化し金属拠出の対象となって、長穂の墓碑にはめこまれた顕彰銅板は接収された。

現在、長穂の親族が都内で墓碑をお世話するのに支障をきたしたことから、墓碑は、多摩霊園から二〇〇〇年（平成一二）五月に故郷大仙市協和町の物部家の墓域の一角に家族一緒に移設して埋葬されている。

第二章　物部長穂の人となり

テニスで健康維持

『土木研究所五十年史』（建設省土木研究所、一九七二年一一月）には、土木試験所発足当時の状況について座談会が開催され、物部所長に関する人となりやエピソードが収録されている。以下、関連部分の要旨を紹介する。

長穂は、生来、身体はあまり丈夫ではなかった。日夜、研究に明け暮れた生活での健康維持は、好きなテニス（軟式）の運動で支えられていた。この趣味としてのテニスには数々のエピソードが残っている。今でこそテニスは一般化したスポーツとなっているが、当時はハイカラなものであった。

土木試験所岩淵分室の水理実験施設を創設時に計画や設計で尽力した**青木楠男**（のちの第五代土木試験所長）は、その思い出について次にように語っている。

物部先生という人は、一日が我々とは六時間位ペースが違っておる人でして、役所に出てくるのが一一時ごろなんです。そして午後四時まで本を読んでいらっしゃる。四時になると電話がかかってきて、青木君、ネットを張っておけとか、屋上でデッキゴルフの用意をしろ、とかね。そして、日暮れまでテニスをやったり、屋上でデッキゴルフ（これはあまり長くは続かなかった）をやりました。また、負けるのがお嫌いでした。テニスにしましても、玉はいつも人のいないようなところへばっかり返してくるんです。お相手のしにくいテニスでした。デッキゴルフは、組でやるプレーでしたが、上手な人と組まなければご機嫌が悪かったです。

また、**松尾春雄**（のちに九州大学教授を歴任）が岩淵分室に勤務して水理実験を担当していたころ、長穂とテニスについて、

毎週土曜日天気の日は特別のことがない限り、午後は必ず来られて夕方になるまでテニスをされた。上手でもあった。後衛をされていたので、上手な前衛と組んで勝つのを楽しんでおられた。

と、その当時を思い出して語っている。長穂を知る人は、異口同音にテニスをこよなく楽しんだという。テニスやデッキゴルフの勝負から、その負けず嫌いの性格を垣間みることができる。

東京市麻布区六本木町に住まいを構えたときには、趣味がこうじて自宅にテニスコートまでつくり、土曜日には役所の職員や長男長興を相手に汗を流して楽しんだという。

嗜好品と食事

過去には官官接待とか宴席会議など、公務員のモラルが問われた時代があった。それらは、官尊民卑とか国と地方の権力構造など、社会的環境の土壌がうみだした悪習ではないだろうか。現在は、国民に疑念をまねくことのないように倫理規定の徹底など、そのような慣習はなくなっている。

長穂は酒類をたしなまなかった。そのため、土木試験所長という要職での数おおいい出張や宴席など

にはほとんど出席ていない。自宅と土木試験所、そして大学を結ぶ三角形の辺から、めったに外にでない学問研究の日々であった。出張や宴席を欠席したのは自分の研究時間を確保し、そのペースを乱しくなかったためだろう。

その反面、大の甘党、愛煙家、コーヒー党。なかでもお汁粉が大好物で、自宅に来客があるたびに自慢のお汁粉をふるまっている。長穂の長男、**物部長興**は（一九一六〜一九九六・大正五〜平成八）、父の思い出について次のように語っている。

甘いものが好きでね。餅菓子や汁粉をお客さんにすすめていた。辛党の人は困ったでしょうけど。それに火事が好きでね。よく飛び出していったなあ。ワイロが嫌いでね。菓子折なんかが届けられていると大声で返してこいと怒っていました。

また、エアシップを唇から離さず愛用したという。所長室では来客にコーヒーがよくだされた。コーヒー飲みたさに、わざわざ試験所を訪れる人もあったという。

食事は、新鮮な魚料理を好んで食べた。余分なカロリーを摂取しないように、食事の量は一日のエネルギー消費量ぎりぎりの少量しかとらなかった。粗食で、約一時間をのかけて咀嚼したという。

勉学方法

長穂は自らを語ることが極端にすくなかった。青木楠男は長穂の勉学方法について、次のように語っている。青木が土木試験所に勤務するようになったとき、

試験所というのは、青木君、二四時間勤務なんだよ。昼間は役所で仕事して、晩は役所から本を持って帰って、うちで本を読むんだ。

と勉学研究方法をアドバイスしている。また、長穂の勉学の方法について青木は次のように語っている。

先生（長穂）は風呂敷を愛好されてましてね。風呂敷包みの中には、外国の雑誌が包んであるんだ。それを持って帰られて、食事をなさって、すぐお休みになるらしい。そして、午後一一頃から起きて朝まで勉強される。そして、朝またちょこっと寝て、それから土木試験所へいらっしゃる。それから先生は本を読んでも読みっぱなしじゃないんだ。必ず抜き書きをしていらっしゃるんだなあ。僕は先生に言われた。青木君、本を読むには抜き書きをしなければだめだよって。

長穂の教え子である耐震工学者で著名な**岡本舜三**・東京大学名誉教授は、

偉い先生で近よりがたい方かと思っておりましたが、お目にかかってみると教え子には優しい先生でした。先生は夕方帰宅されるとちょっと仮眠され、夜中の二時三時まで書斎にこもって研究していらしたと聞いています。

と、なにより書斎の人であったという。

このように、長穂は、夕食後に第一睡眠をとって深夜の一一時ころから勉学に取りくんだ。そして、六本木自宅近くの兵営の起床ラッパの音を聞くと勉学をとりやめて第二睡眠をとったといわれている。

この勉学時間を失いたくないために、地方への出張や宴席にはほとんど出席しなかった。所長として要求される地方への出張は、できるかぎり部下に代理出席させている。地方への出張は、所長在任期間一〇年七か月のうち、二、三度しかなかったという。父長元の葬儀のため郷里の秋田へ帰省したことはあったが、このような旅行はめずらしいことであった。

その反面、スキーなどの一泊二日の所員の親睦旅行には何度か参加している。

抜き書き

長穂の勉学方法の特徴は抜き書きにあった。その抜き書きは、五ミリ方眼紙に細かく正確な文字で書かれている。その文字から性格の几帳面さをうかがい知ることができる。筆記用具は外国製の万年筆。その先が書くには太いので、しょっちゅう砥石でペン先をといでいた。それでも五ミリ方眼紙に書く文字にしては太いので、さらにペンを裏に向けて書いている。

読んだものは要点だけを全て抜き書きした。その文献は世界中の色々なことをよく調べあげている。その抜き書きをベースにして不朽の名著『水理学』がうまれた。その時代の新しい技術関連の動向が全て網羅されていた。長穂は終生秋田弁の方言が抜けなかった。このため、どんなに注意してもメモや原稿には秋田弁がまじっていた。そして「てにをは」がまるで変であったという。原稿段階で校正するのに苦労したという。

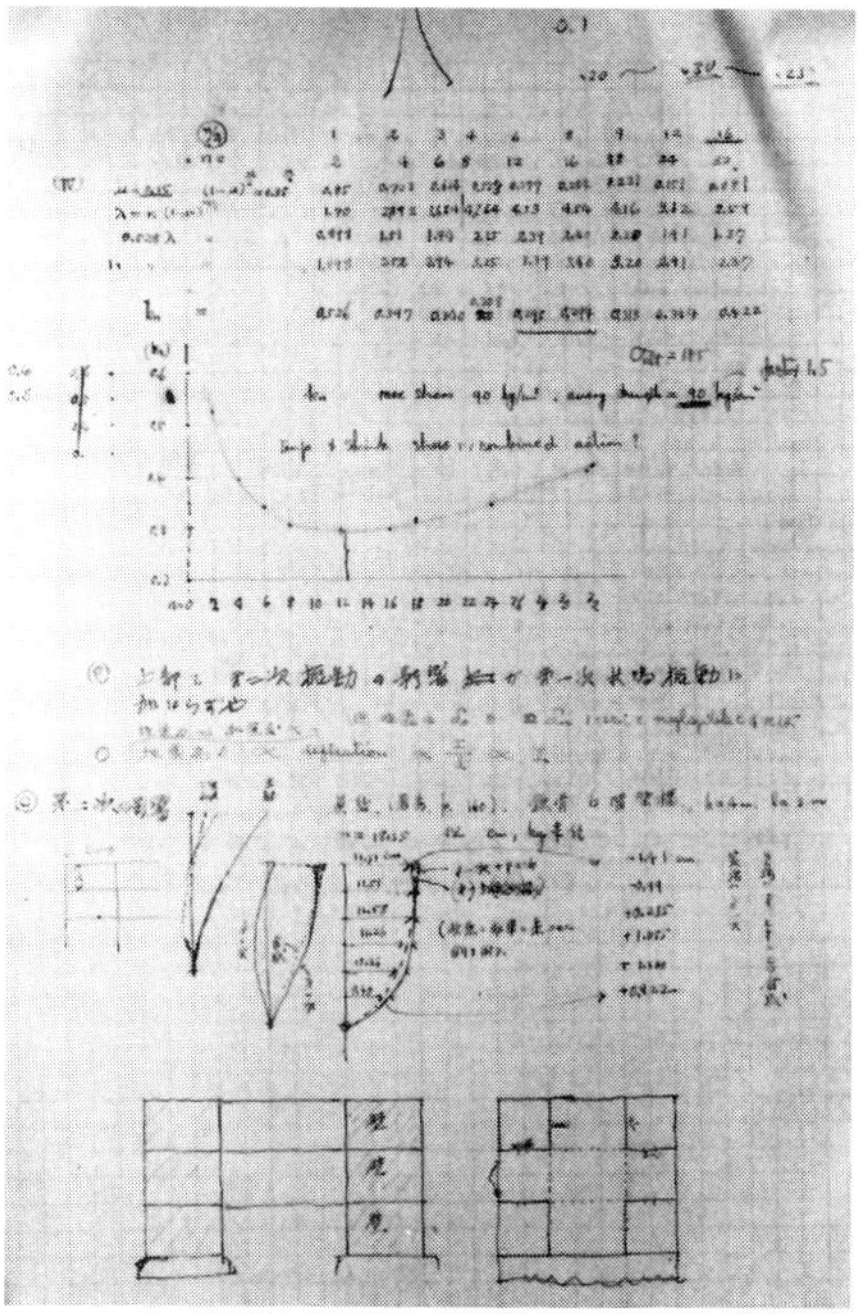

メモ書き（方眼紙）
（所蔵・大仙市アーカイブズ）

長穂は研究以外の専門外の本もよく目をとおした。趣味は、研究の余暇、専門外の書籍を乱読というほど。特に俳句や和歌は好んで愛読した。

先端を細くといだ万年筆で、一本の扇子に和歌百首を書いたものを親しい友人にプレゼントしている。また、所内のテニス大会などの賞品として、長穂は扇子を準備した。それには、与謝野晶子の和歌などが細かい文字でびっしり書かれていた。この扇子をもらうことは大変な名誉であった。当時を振り返り、今ではこの扇子を家宝にしていると、青木や松尾は語っている。

「物部長穂記念館」には、この愛用した万年筆が展示されている。

部下の指導

内務省の時代、今日と違って大学出身者と専門学校以下の出身者では、その待遇や育て方に格段の差があった。

土木試験所長に就任した長穂は、大学出身者に対しては厳しい指導をおこなっている。全国から懸案の技術的課題がもちこまれて、現場経験豊かな出張所長（現在の地方建設局長）などを相手に、十分な対応ができないのをみた物部新所長は、いろいろな方策を講じている。

長穂のあとを継いだ**藤井真透**第四代土木試験所長は、その当時を振り返って語っている。藤井は大学を出て一二年目、あとの人はそれよりも皆若かった。

みなをもっと勉強させなければならない。出張などはいっさいさせず、出張費は全部図書館の本を買っちゃった。どこへも行かずに、研究打合せ会だとか、輪講会だとか、技術談話会だとか、いろんなものでしょっちゅうしめられるのです。

僕なんか三年間北は赤羽より先に行ったことがなかったし、南は品川を省線で廻っただけだし、それから西の方は僕の子供が成蹊小学校に入ったもんだから吉祥寺に運動会について行ったきりだった。

長穂が試験所として大事なことは、第一に設備や実験器具、第二に参考書といっている。そのため、図書の購入にたいして予算はおしまなかった。そのかわり、あるレベルへいくまでは出張させていない。その出張費を図書購入費にあてている。

技術談話会は毎月定例でつづけられた。研究をはじめようとする課題についての見通しや中間報告などについて、お互いに議論する。時には外部から講師を招いて話しを聞く。研究上の研鑽と教養の向上を目指したものであった。この伝統は終戦後までつづき、二百数十回をかぞえている。

所員のさらなる研究成果の発揮や、むずかしい問題解決のためには、より一層の高度な能力を身につけさせる必要があった。大学の工科で修めた数学だけでは足りない。工学の基礎となる自然科学や物理学などを履修させるため、理学部で勉強するように二年くらい通学させている。フランス語を勉強するために夜学に通う人には、いつも所長の帰宅の自動車に同乗させる便宜もはかった。

その意図するところは、勉学の奨励であった。勉強はすぐに役立たなくてもよい。広い見識や視野をもって研究にあたれば、色々なアイディアもうまれることがある。これが長穂の持論であった。内務省土木局で勤務した上司の初代内務技監の**牧野忠雄**の指導や育成方針が、物部に大きな影響をあたえ、その教訓が部下の指導方針として継承されていった。

八木亀助は、河川・ダム関係の水理実験を担当していたが、長穂の指導を次のように回顧している。

この頃、物部所長は土曜日の午後にはほとんど欠かさず赤羽へ来られました。水理実験に大変関心を持たれたようすで、何か実験が行われておりますと、実験室へまず入られ、大変ご機嫌がよろしいようでしたが、何かの都合で、どの実験も水を流さないでいた時は、何となく不機嫌のように感じられますので、努めて土曜日は実験を休まないようにしました。物部所長は実験を一応視察されてから整理室で実験に関して何かとお話しがあり、それから夕方までテニスなさるのが習慣でした。

あんパンがお好きなようで、本所のある駒込から赤羽へ車でおいでになる途中でいつもそれを買って来て、みんなにご馳走して下さるので、みんなはそれを楽しみに待っていました。

また、研究成果の取りまとめも精力的におこなわさせた。土木試験所報告は、年間五冊をノルマにして、誰が何号と半年位先まで執筆者をきめている。原稿の執筆は、顧問や嘱託の人には書かせない。そういう人には仕事はさせるが、研究成果は所員だけにやらせている。当時所員も少なかったので、原稿の執筆は大変であった、という。

その性格

土木試験所の駒込本所や岩淵分室の本格的な増改築工事が一九二九年（昭和四）から一九三二年（昭和七）にかけて実施され、試験所の体裁がととなった。建物の原案プランは、長穂自らが設計図面を書いたという。建築設計に関しても物部所長直属の掛かりをおかず、細かい点まで指示をだしている。一緒に仕事をしたほとんどの人は、業務のうえでは長穂の性格を細かくやかましい人だったという。

長穂が、本所の建物の廊下にタイルを敷けという指示をだした。焼き入りの立派なタイルを敷いて完成した。できあがったら、やかましいという。その時分、所員は薄給で革靴のかかとには金属片を打ち付けて摩耗防止をはかっていた。タイルばり廊下を底に金属がついた靴で、所長室前を歩くたびに音がする。その音がうるさくて、結局ゴムマットを廊下に敷いたという。また、所長室の床に、藍色のじゅうたんの模様の見本を見せて了解をもらった。そして、出来上がって敷かれたじゅうたんをみて、それが気に入らなくて、なだめるのに骨をおったという。

所長室は、応接や会議ができるような十分な広さがあった。所長室内に長穂専用の小部屋を新たにつくった。公務上の仕事が終了すると、その小部屋に閉じこもって、読書や論文原稿の作成など、邪魔されず集中できる静かな環境の研究生活の場を確保した。

このように、業務のうえではその指導は厳しく、また、基本的なことは自身で手がけている。所員の研究の場としての職場環境にも、こまごまとした配慮がなされた。

その反面、業務を離れた長穂は、性格は温厚であった。土木試験所長のかたわら東京帝国大学の教授も兼任していたが、学生にたいしては、「さん」づけで呼び、友人として対等に接している。このため、長穂の自宅には学生の訪問がたえず、賑わったという。こうした学生のなかから長穂のあとをおって土木試験所に入所し、のちに土木工学界の各分野の権威者となった人々の顔が数おおくみられる。

また、こんなエピソードもある。五十里ダムの現地での技術指導の依頼があったとき、
五十里ダムは高くて目がくらむから見に行かない
とことわっている。高所恐怖症であったのかもしれない。しかし、ダム周辺の地質や現場条件はすべて頭にはいっており、適切なアドバイス、指導をおこなっている。後に、この五十里ダムは、長穂がみずから基本設計をおこなった。

長穂は、はたからは一見近寄り難い存在にみえたが、その実、接してみれば穏やかな性格であった。

親しい友人

長穂と心やすく親交のあった秋田県出身の友人には、ドイツ文学者の木村謹治、秋田病院長になった

原素行、舞踊家の石井漠、内務省の池田徳治などがいる。また、日本学術振興委員会や東大地震研究所などの役職を通じて、化学者の桜井錠二、物理学者の田中館愛橘、長岡半太郎、寺田寅彦などと親交があった。

木村謹治（一八八九～一九四八・明治二二～昭和二三）は南秋田郡五城目町大川出身。生涯ゲーテ研究に打ちこみ、主著作に『若きゲーテの研究』などがあり、ゲーテ研究の権威者。一九二〇年（大正九）九月から二三年（大正一二）四月まで文部省在外研究員としてドイツに留学。ベルリン大学でゲーテを中心にドイツ文学を研究し帰国。一九三二年（昭和七）に東京帝国大学独文科教授に就任。当時、日本には和独辞典はなかった。謹治は東京帝国大学時代、約四年間の歳月をかけて『和独大辞典』（一九三七、博文館）を編纂し、日本初の和独辞典として出版にこぎつけた。また、同僚の相良守峯と二人の共同作業で『独和辞典』（一九四〇年、博文館）を発刊。キムラ・サガラ辞典の通称で呼ばれた。長いあいだ独和辞典の定番として、全国の大学生にとって必需品の辞典。その発行部数はベストセラーをはるかにしのいだ。

原素行・石井漠とは秋田中学校の同級生であっただけに、その友情は格別であった。特に、石井漠とは親交があつかった。

石井漠（一八八六～一九六二・明治一九～昭和三七）は山本郡三種町下岩川出身。本名忠純といい、一九一一年（明治四四）に帝国劇場歌劇部の第一期生となり、ローシーからバレエを学んだ。漠が帝劇の試験をうけたころ、長穂は彼の情熱をたたえて、

石井は今にきっと一家をなすものだ

と語り、大いに激励している。一九一五年（大正四）に独立し、創作舞踊を志し、一九二二～二五年（大

正一一～一四）に欧米各地で公演する。一九二八年（昭和三）に自ら命名した自由が丘（東京目黒区）に研究所を設立し、創作舞踊の発展につくした。のちに、舞踊界では「日本の漠」「世界の漠」と名声がたかまり、長穂は自分のことのように漠の成功をよろこんだ。

池田徳治（一八九一～一九六五・明治二四～昭和四〇）は、秋田市保戸野出身。東京帝国大学工科大学土木工学科を卒業し、内務省に勤務。のちに、雄物川改修事務所長（現在の秋田河川国道事務所の前身）、第一三代内務省東北土木出張所長（現在の東北地方整備局長）や秋田県土木部長、秋田県知事を歴任。長穂とは同県人、同窓生、同じ内務省勤務ということで、その関係は兄弟のような親交があり、何かと相談にのる間柄であった。秋田県知事在任中の一九五四年（昭和二九）に、秋田県出身の衆議院議員石田博英同席のもと、当時の総理大臣吉田茂と会談し、八郎潟干拓事業の早期着工を要請し、同事業に道筋をつけた。知事退任後は、秋島建設会長、全建興業社長などをつとめ秋田県の建設業界の発展につくした。

桜井錠二（一八五八～一九三九・安政五～昭和一四）は、我が国で化学分野での先覚者。錠二は、理化学研究所・学術研究会議・日本学術振興会などの創立者であり、帝国学士院長なども歴任。長穂は、震災予防調査会、震災予防評議会、東大地震研究所所員や、学術研究会議工学研究会の幹事、帝国学術振興会常任委員会委員長などの要職を歴任したが、これらの会議を通して錠二と親交があった。

また、長穂は、物理学者の**田中館愛橘**（一八五六～一九五二・安政三～昭和二七）、**長岡半太郎**（一八六五～一九五〇・慶応元～昭和二五）、**寺田寅彦**（一八七八～一九三五・明治一一～昭和一〇）などと、東京帝国大学地震研究所の所員として、毎月一回開催される研究発表会に出席し、彼らとは親交が深かった。当時、我が国はもとより、世界的に著名な学者である人たちと一緒になって、地震などの研究に携わっていた。

寺田寅彦は東京生まれであるが、父の転任で少年時代を高知ですごし、熊本の第五高等学校に入学。そこで**夏目漱石**に英語を、**田丸卓郎**に数学と物理学を学んだ。その後、東京帝国大学理科大学物理学科に入学し一九〇三年（明治三六）に卒業。さらに大学院に進学。一九〇九年（明治四二）にドイツへ留学し、地球物理学や気象学を研究し、二年後に帰国。一九一六年（大正五）に母校の教授となり、のちの航空研究所員、地震研究所員をかね、また理化学研究所の研究員となって寺田研究室を主宰する。研究分野は実験物理学や地球物理学など。第五高等学校時代に夏目漱石から俳句の手ほどきを受けている。明治の末年には、藪柑子（やぶこうじ）の名で『ほととぎす』に写生文を発表。大正のなかごろからは吉村冬彦の筆名で数多くの随筆を発表。その随筆は、多角的な題材、すぐれた着想、鋭い観察、あふれたユーモアとペーソス、そして独特の味わいをもち、暖かい人間味をにじませている。

一九三五年（昭和一〇）一二月三一日、寺田寅彦が死去する。長穂は、年が明けて駒込曙町の自宅にお別れに弔問した。学術で大成した先生であるにもかかわらず、極めて質素な住居で暮らしており、氏のおこゆかしさが感じられた、と述懐している。

寺田寅彦は一八七八年（明治一一）一一月二八日から一九三五年（昭和一〇）一二月三一日、五七歳で没。物部長穂は一八八八年（明治二一）七月一九日から一九四一年（昭和一六）年九月九日、五三歳で没。一〇年年輩の寅彦のあとをおうかのように歩んだ長穂の人生は、重なるところがあるような気がする。

詩歌に傾倒

長穂の趣味といえば、若いころは将棋や日本文学で、後年はテニスと詩歌であった。島崎藤村や与謝野晶子、北原白秋、石川啄木、万葉集などを読みふけった。趣味がこうじて白カルタを購入し、万葉集から啄木にいたるまでの「私撰百人一首カルタ」を自筆でつくっている。新年を迎えるたびに取捨選択して書きあらためたほど、熱のいれようであった。

細字が得意で、扇子に和歌や長恨歌、万葉集、詩、百人一首などを特性の万年筆や細筆で流麗な筆跡で書きのこしている。

その書きのこした歌、晩年の長穂自身の気持ちが詠われているものが数おおく選ばれている。学問的には大成して大きな業績をのこしている。その反面、個人的な環境などは心中寂しさを秘めていたことがうかがわれる。

いづくやらん　かすかに虫の啼くごとき　心細さを今日も覚ゆる
石川啄木

おもうさま　泣かば心もなごむらん　泣き得ぬ我に似たるくもり日
矢沢孝子

かの星に　人の住むとはまことかや　晴たる空の寂しく暮るる
若山牧水

思いきや　月流転のかげぞかし　我こしかたに何かをか嘆かん
柳沢あき子

その秋を　なお思ひて悲しみぬ　その後三度芦の花散る
吉井勇

技術官僚の河川技術者、研究者、大学教授の学者として、精神的に張りつめた連続で、やるべきことに追われた日々であったろう。自然科学、工学分野から全く離れた文学などの人文分野で精神的な解放、気分転換が必要であった。その息抜きの一つが文学や詩歌であり、価値観の多様性を受けいれるうえでの基層となった。

第三章　水理学の功績

特殊な土木用語

スランプ試験

どの業界にも、古くからの習慣や技術が導入された背景から、一般の人からみれば意味不明な特殊用語がある。土木工学の専門用語にも特殊で独特なものがある。

スランプ（Slump）とは、普段の実力が十分に発揮できず、不調が比較的長くつづく状態や、精神的に落ちこんだときの様子をいう。

このスランプが土木工学ではつぎのような意味になる。砂と砂利あるいは岩をくだいた砕石の骨材、セメントと水を練りまぜて、まだ固まらないコンクリートのやわらかさの程度を示す尺度のこと。底面の直径二〇センチメートル、上面の直径一〇センチメートル、高さ三〇センチメートルの円筒のなかに、まだ固まらないコンクリートをいれて突き固め、円筒を静かに引き抜いたとき、何センチメートル落ちこむのかをスランプと呼んでいる。数値が大きいほど軟らかいコンクリートということになる。一般に、建築の柱や梁、床版などのコンクリートはスランプ一五～一八センチメートル、擁壁では七センチメートル、ダムでは三～五センチメートル、あるいはゼロスランプのコンクリートがつかわれる。骨材とは、骨格となる材料という意味から、コンクリートの骨格となる砂や砂利、砕石を総称して、そう呼んでいる。漢字的に解釈すれば、骨になる材料であるから小魚などのようにカルシウムなどをおおく含んだ食料品とでもいえようか。余談である。

筆者が、はじめてダム工事事務所に配属されたとき、年度当初の技術課全体の打合せ会議で、意味不明のこんな会話が飛びかっていた。

ボーリングのマシンは何台投入する予定か？

カーテンの全体延長はどのくらいを予定しているか？

エプロンはいつ頃から始めるのか？

という具合である。

工事現場でボウリングのレクリェーションも粋なもんだ。カーテンはどこに使うのだろうか。工事をやるのにエプロンをかけるのは初耳だ。とか思いながらも、ダムの現場は異次元の世界のようであった。後日、カーテン（curtain）とは、「カーテングラウチング」のことであることを知った。基礎岩盤にボーリングマシンで直径六センチメートルぐらい、ダムの高さと同じくらいの延長まで長い穴を削孔し、岩盤の亀裂に水にセメントを溶かした「セメントミルク」を高圧で注入する。岩盤に穴をあけるとき、金属の先端に超堅合金や工業用ダイヤモンドを埋め込んだビットと呼ばれるものを回転させながら穿孔していく。回転させる方式で穴をあけることからから boring であり、一〇本のピンを倒すスポーツのボウリングは bowling である。英語を日本語的に発音すればおなじように聞こえてしまう。岩盤の亀裂にセメントミルクを注入し、貯水池から岩盤内を浸透する水を遮断するのがカーテングラウチングで、窓に吊りにさがっているカーテンが、室内への太陽光線を遮断する様子とよく似ている。

エプロン（apron）は、ダム構造物である洪水吐きの水流が落下する底版のコンクリートをそう呼んでいる。エプロンを英和辞典で調べてみると、料理をするときにつかう「前掛け」のほかに、「駐機場（旅客の乗降・荷の積み卸し・給油などのために舗装された広場）」と「（劇場の）張出舞台」と解説されている。洪水吐きの水叩き部のコンクリートは、その機能面や形状から駐機場や張出舞台ともよく似ており、つかわれる用語にたいして、うなってしまった。特に、ダム技術はその黎明期に外国から学んだものがおおいため、カタカナ用語が多用されている。

かつて、日常用語で図面をコピーすることを「青焼き」と呼んでいた。設計図面などの原図を感光紙と重ねあわせて青焼き機械で光をあて、アンモニアで反応させると黒い部分が青色に変色するので、青焼きである。「コピー」することと「焼く」ことは同義語なことは職場では常識であった。その常識がたまに通じないこともある。

この図面を焼いてきて下さい

と若い非常勤職員にお願いしたら、

本当に焼いてよいですか？

と念をおして確認し、その図面の原図を焼却炉のなかに投げ入れて焼いたという、笑うに笑えない話があった。当時、どこの事務所でもゴミとしてだせない書類がたくさんあり、焼却炉を備えていた。現在は、焼却すると遺伝子を攪乱するホルモンに影響をあたえるダイオキシン類などが放出されるため、裁断処分している。

水理学という言葉も土木用語で独特なものであり、一般の人には、なじみがなく理解されていない専門用語一つといえる。

水理学とは

人類は、狩猟採取生活から水辺をたどって定住生活へと移行していった。この段階から、人びとは水を組織的に利用しはじめている。水利用や防災面で、経験の蓄積をもとにして活用し、生活をささえてきた。このように、水についての経験的な事実を現実問題として工学的に取りあつかい、数理的に解明する学問が「水理学」である。

水理学は英語の Hydraulics の日本語訳である。**本間仁**著の『標準水理学』（一九六二・丸善）の序で次のように記述している。

「水理学」という名称は土木工学の分野ではかなり前から用いられているが、その内容は機械工学で言う「水力学」と大体共通であり、ただ応用方面が違う関係上、水理学では開水路の流れや地下水流などが比較的くわしく取り扱われる。大体において英語の Hydraulics に対応するものであるが、最近のアメリカあたりの教科書では基礎的な部分に重心をおいて、FLuid mechanics の名称を用いるものも多い。土木工学でいう水理学のほかの関連分野には、機械工学の水力学などがある。また、水理学と親戚関係の理学・工学分野にも多数類似のものがある。流れを取り扱う分野では、物理学・気象学・海洋学・機械工学・航空学・船舶工学・農業工学などがある。これらの分野の基礎をなすものが、Fluid mechanics や Hydroscience と呼ばれるものである。

水理学は、物理学の一分野である流体力学を基礎理論として、水の動きに関連する分野を工学的に取りあつかう学問といえる。

水理学の歴史

このように、水に関連する経験的な蓄積をもとにした経験工学を数式的に体系づけた学問が水理学である。そこで、簡単に水理学の歴史を振り返ってみよう。

エジプトやメソポタミアでは、紀元前四〇〇〇年ころの遺跡から、すでに石積みダムや水路を備えたかんがい施設が存在していたことが確認されている。例えば、紀元前二九〇〇年ころ、エジプトにつくられたサドエルカファラ（「異教徒のダム」の意味）というダムなどがある。ギリシャ時代は、哲学・数学・運動学など論理的な思考の発展期であった。この時代、アルキメデス（Archimedes・紀元前二八七~二一二ころ）が「浮力の原理」を発見したり、サイフォンの応用など、水理学的な発見があった。ローマ時代は実用学が発達した。この時代の「ローマの水道」は有名である。しかし、これらの施設をつくるにあたって、配水管の長さと圧力の関係などはわかっておらず、まったくの経験から築造されたものであった。

一五世紀から一六世紀にかけてのルネッサンス期には力学が発展し、レオナルド・ダ・ビンチ（Leonardo da Vinci・一四五二~一五一九）による「連続の定理」の把握や、静水力学の発展があった。一七世紀にはいって、ニュートン（Newton・一六四三~一七二七）が古典的な流体力学を確立した。これは、正しい力学の概念を数学的手法でおきかえるもので、運動力学の確立期でもあった。

現代に直接むすびつくかたちの流体力学や水理学は、一八世紀にはいってから。ベルヌーイ（Bernoulli・一七〇〇〜一七八二）とオイラー（Euler・一七〇七〜一七八三）によって、その基礎がきずかれた。流れの運動方程式としての「ベルヌーイの定理」は非常に有名であり、それを厳密に導いたのがオイラーである。

このように、流体力学はルネッサンス期以降に著しい発展をとげた力学体系であり、理論的な統一性に重点がおかれた。したがって、流体力学は理学面に重点がおかれ、学問探求を目的として数学的に取り扱える分野のテーマを対象にしてきた。一方、水理学は水の流れなどに関連する応用面の経験工学の範疇であったため、水理学と流体力学は、今世紀にいたるまで別々の道をあゆんできた。

我が国において、水理学が成立したのは近年のことである。しかし、水工学に関する分野の実務は、古来からおこなわれていた歴史がある。我が国においては太古の昔は「豊葦原の瑞穂の国」といわていたように稲作が盛んになってきた。弥生時代の末期の西暦六年に、大阪府の大和川支川西除川上流に「狭山池」というため池がつくられたという記録があり、我が国最初の貯水池とされる。大和時代に入って、貯水池は西日本で盛んに造られるようになった。西暦一六二年に大和川の「蛙股池」（奈良市）、三二三年に仁徳天皇による「茨田堤」の築造など。七五〇年（孝謙二）に弘法大師が造ったと伝えられる金倉川の「満濃池」（高松市）などは、その後に修復されたが、現在でも立派にその機能をはたしている。安土・桃山時代から江戸時代にかけては、宇治川、釜無川、木曽三川、利根川などで、洪水防御のための治水工事や、かんがい用水として利用するための利水工事がおこなわれている。当時の土木、建築などの技術は、過去の経験を積みかさね、改良された実証的経験の範ちゅうの域で、その手法や方法論は工学的に確立されたものではなかった。

明治時代にはいると近代国家建設のため、国家の骨格となる社会基盤整備として、あらたな港湾整備や河川改修の必要性が求められ、欧米諸国の先進技術を学び導入することになる。明治政府は、お雇い外国人を招聘して高等教育や技術指導と、科学、技術の先進諸国に留学生を派遣して学ばさせる二つのみちを選択した。一八七二年（明治五）二月からオランダ人のファン・ドールンやデ・レーケなど一〇名の技師団が来日し、教育や技術指導などをおこない、河川技術の向上に貢献し、その後の水理学発展の基礎をきりひらいた。

ファン・ドールンが来日する前年に、熱海貞爾による『治水摘要』『治水学主河篇』が刊行されている。その内容は、オランダで刊行された土木技術書の水工学の和訳であった。これが、明治初頭に西洋近代土木技術書で、我が国ではじめて紹介された。

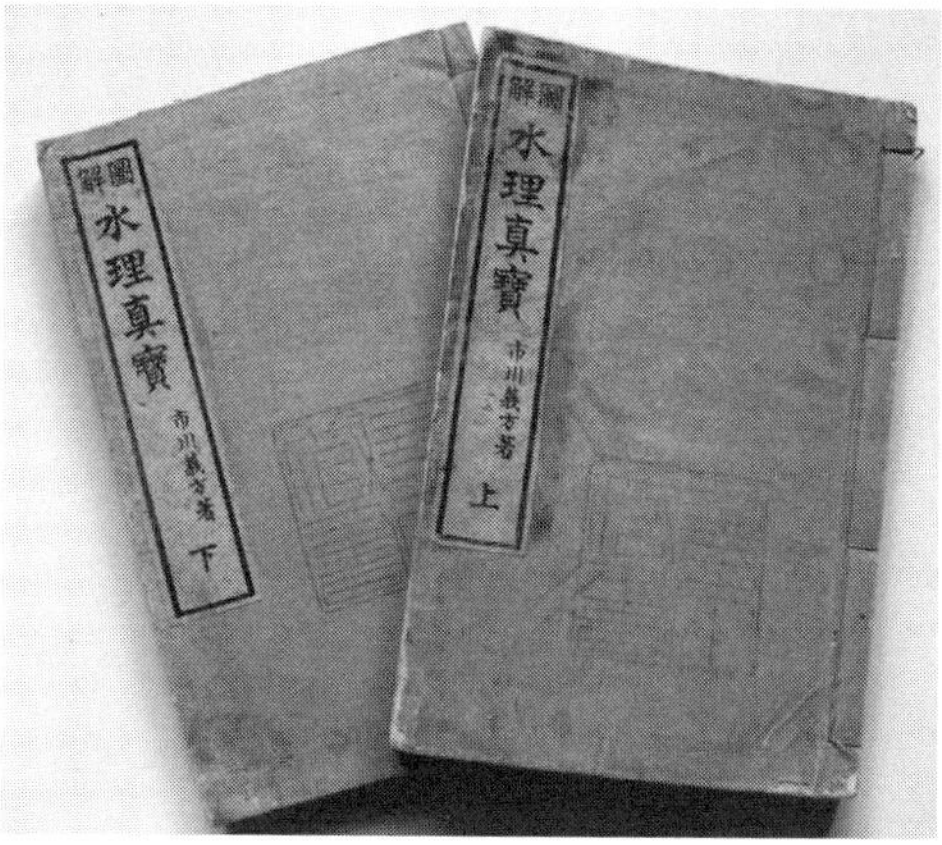
市川義方著『水理真寶』

一八九七年（明治三〇）五月、市川義方は『水理真寶』上・下巻を博文館から発刊している。市川は、山城国伏見に住み、一八六八年（明治元）から官命により治水、砂防工事に従事する。宇治川、淀川、桂川、木津川の治水、デ・レーケの指導によるオランダ工法の芝工、土砂留工などを施工し、これらの工事結果を紹介した内容。

しかし、水理学という、その体系が確立するには、一九二六年（大正一五）に創立した内務省土木試験所の本格的な水理実験施設である岩淵分室の施設が完成する一九三二年（昭和七）ころまで待たなければならない。日本語による体系だった書籍としては、一九三三年（昭和八）に**物部長穂**の『水理学』（岩波書店）が我が国としては最初である。つまり、物部長穂は、我が国において水理学という新しい学問分野を体系づけた草分け的な存在の先覚者である。また、英語の Hydraulics を日本語で「水理学」と表現したのも長穂であった。

明治四四年洪水

長穂が官立第二高等学校を卒業する前年の一九〇七年（明治四〇）、関東地方一円が大水害にみまわれた。八月二二日から二八日まで大雨が降りつづき、関東地方の大小河川が氾濫した。特に、荒川、利根川、多摩川流域が激しく襲われた。綾瀬川や中川などの何本もの川を集めて東京に流れこむ荒川は、低い土手から水が溢れだし、帝都東京北部一円は泥の海と化した。その地域は、浮間、江北、尾久、三河島など、赤羽の本通りも舟で漕いだという。山谷から今戸町、千束などの町も濁流で海となり、そのなかに新吉原の遊廓が浮かんで見えたという。

その四年後の一九一一年（明治四四）にも、明治四〇年をうわまわる大水害が荒川流域一帯を襲った。長穂が東京帝国大学工科大学を卒業する前年であった。八月二日から降りだした雨は一一日までつづく長雨。晴れたとおもったら一一日の夜半から豪雨となり、一六日になってようやく雨はあがった。荒川源流の甲武信ケ岳の山間部での総雨量は九〇〇〜一二〇〇ミリメートル、平地でも八月二日から六日ころまで七〇〇ミリメートルを記録し、なお降りつづいていた。この大雨で、埼玉県下の荒川の堤防が一三カ所、東京で二カ所、堤防総延長が三〇〇間以上にわたって決壊した。この濁流が流域一帯を襲い、荒川水系の元荒川や綾瀬川、中川なども増水し、氾濫した。被害は、岩淵、王子、日暮里、江北、千住、下谷、浅草、本所、深川、向島、亀戸など。軒先まで水につかり、棟を没するところさえあった。

一九〇七年（明治四〇）の洪水を契機に、翌年に「荒川分水開削に関する建議」が東京府議会に川口弥三郎議員からだされた。また、帝国議会でも、帝都東京東部の被害の深刻さに動きだし、内務省でも荒川放水路の計画が立案された。そして、一九一一年（明治四四）四月五日付けで工事区域が示された。その主な地域は、「荒川左岸は埼玉県北足立郡川口町、右岸は東京府豊島郡岩淵町で、以下海に至る」というもので、岩淵町から砂町までの間の二二キロメートルに放水路を新たに人工河川として開削し、太平洋に流す計画であった。

これが現在の荒川である。この荒川放水路は、計画した一九一一年（明治四四）に着工され、一九二四年（大正一三）には主要な岩淵水門などが完成して通水する。放水路全体が完成したのは一九三〇年（昭和五）であった。荒川改修工事は内務省東京土木出張所（現在の関東地方整備局）の国直轄工事でおこなわれた。

当時、唯一の日本人としてパナマ運河開削工事に従事して帰国した**青山士**（一八七八～一九六三・明治一一～昭和三八）が内務省技師に任官され、一九一二年（明治四五）二月から荒川放水路工事に携わった。そして、一九一五年（大正四）に最も難しい工事であった岩淵水門工事主任となる。一九二七年（昭和二年）に、信濃川の大河津分水自在堰の陥没処理のために新潟土木出張所長（現在の北陸地方整備局長）に転任するまで、その先頭にたって新川放水路工事に奮闘した。

このように、東京都内に流れこんでいる現在の「荒川」は、人工的に開削された放水路の「人工河川」。旧荒川のほうは、岩淵水門から下流の海までを「隅田川」と呼ぶようになった。この荒川放水路や岩淵水門の完成によって、東京東部の流域住民八〇〇万人の命と暮らしを守っている。

長穂は、この洪水の被害状況を目のあたりにし、河川改修や洪水調節用ダムの必要性などを痛感した。

また、何の因縁なのか、この荒川放水路工事でできた土地に土木試験所岩淵分室の水理試験所を設立する。隅田川の最上流部と新河岸川にはさまれ三角形の土地であった。

我が国初の水理実験

一九二六年（大正一五）に土木試験所岩淵分室に水理試験所が設立される。我が国最初の水理実験は、仙台土木出張所（現在の東北地方整備局）から依頼があった、新北上川の飯野川堰に関するもの。荒川放水路とおなじく、北上川を石巻市街地からきりはなして、直接太平洋に流しこむように計画（新北上川）された防潮堰である。

この水理実験の成果は、一九三〇年（昭和五）二月に「土木試験所報告第十五號」の『北上川降開式轉動堰模型實驗』としてまとめられている。この水理実験の総括指導は**物部長穂**所長、主務が**青木楠男**技師、担当は**伊藤令二**技師であった。水理実験は、ゲートが川底に潜りこむ方式のローリングゲートで、当時としては大変珍しい構造。この降開式転動堰の構造について、

降開式轉動堰は仙臺土木出張所の考案設計にして、世上未だ類例を見ざる所なり。現今普通用ひらるゝ轉動堰即ち昇開式は、高水時開放の際堰體を高水位以上に捲揚げ、河水を自由に流過せしむる様式にして堰體は堅剛にして、而も成る可く重量を小ならしむる必要上凡て鋼構造を用ふるものとす。

然るに降開式轉動堰は開閉の運動、昇開式と全く反對にして、出水の際堰體は自重によりて轉下し、河床に設けたる堰室内に入り河水は其上を流過するものとす。

と、所報で説明している。また、河川の砂の移動や堆積について、模型の縮尺を一〇分の一と四〇分の

一の二種類で実験している。さらに堰体からの流水降下時の水理特性や堰体起立時の上下流の水位変化、巻き揚げ力の測定などを実施。なお、冒頭には、水理実験設備に関しての説明が加えられている。この報告書の序文で、長穂はその研究成果を次のように評価している。

北上川轉動堰に關する試驗は昭和四年七月より同十一月に亘り本所岩淵分室内に設置せる河川試驗假設備を用ひて行ひたる最初の試みにして、本邦に於て模型に依て實際の河川工作物の作用を実験せるは、實に本試驗を以て嚆矢となす。設備、用具等頗る不完全なりしに拘らず豫期以上の

北上川降開式轉動堰模型試驗

内務技師　物　部　長　穂
内務技師　青　木　楠　男
伊　藤　令　二

本試驗は内務省仙臺土木出張所の依頼により本所岩淵分室の水理試驗假設備に依て行ひたるものにして、本報告はこの試驗設備の大略と、其の最初の事業たる北上川、飯野川町地先に新設せらるゝ降開式轉動堰に關する模型試驗の結果とを記述せるものなり。

第一章　水理試驗設備

第一節　實驗設備

實驗設備の主なるものは、河川港灣一局部の模型を作り、流水、風波等の作用を試驗するための工法試驗樋と、水流現象の試驗を行ふための水理試驗樋と、實驗用水を供給するための低水槽、高水槽、其他の給水裝置とにして、このほかに沈砂槽、貯砂室、排水裝置等の附屬設備を有し、之等は凡て採光充分なる木造バラック内に裝置され、天候の如何に拘らず實驗に支障なき程度に準備せり。

1. 給水裝置　實驗用水の供給は内務省東京土木出張所岩淵工場構内に設けられたる堀拔井戸により、地下埋設管によつて實驗室の低水槽に導きこれを循環使用せり。

實驗用水の貯溜並に循環使用のための裝置を大別するに、低水槽、高水槽、樋頭水槽、及ポンプ裝置の四となる、各々の構造は附圖第一及第二に示せるが如くにして、各水槽とも鐵筋コンクリート造にして將來本所河川及水理試驗本設備の一部をなすものなり。

低水槽は實驗用水の貯溜槽にして、工法試驗樋の下部に位し、地表面下約一米の深さを有す、幅員2米、長さ約22米、高さ1.6米にして、其の一端に設けられたる吸水室を加ふれば約80立方米の總貯水量を有す。

高水槽は試驗水樋へ一定水頭の水を一定量づゝ供給せんがために設けられたるものにして、地表面上約3.7米の高さを有し、8本の鐵筋混凝土柱によつて支持せらる。幅3.5米、

（ 1 ）

飯野川大堰水理実験報告書

実験水路

効果を納め、之れを實地に應用して益する所尠なからざりしは、此の種試驗の將來に多大の期待を措き得ることを明かならしめたるものなり。

水理実験設備はすこぶる貧弱なものであったにもかかわかず、予想以上の成果をおさめた。また、我が国で最初の水理実験が実施されたが、今後は、これからの水理実験の亀鑑事例となり、将来、水理学の発展に大いに貢献するだろうと、その意義を強調している。

水理実験施設の計画から、仮の設備が完成し、実験をおこなえるようになった。岩淵分室が設立されてから三年の歳月がたっていた。物部所長にとっては念願かなって、このうえない喜びと充実感であった。たかぶる心をその文書表現から読みとることができる。

飯野川大堰と北上大堰

東北地方は、南北四〇〇キロメートルにわたる奥羽脊梁山脈で東西に分断されている。その山脈の太平洋側流域である東側を、岩手県から宮城県下を南下する東北随一の大河が北上川。その源は、岩手県岩手町の御堂観音境内の湧水（弓弭の泉）で、ここの湧水を起点として、北上川は岩手県を北から南へ向かって貫流し、宮城県に入って仙北平野を縦断して追波湾に注ぐ新北上川と、柳津地点より分派した旧北上川は石巻市で石巻湾に注いでいる。

北上川は、流域面積一万一五〇平方キロメートル。幹線流路延長二四九キロメートル。支川をあわせた総流路延長三七七八キロメートルで、東北一、全国でも第四位の流域面積、第五位の幹線流路延長の大河である。

新北上川は、一九一一年（明治四四）から一九三四年（昭和九）までの二四カ年継続事業として、柳

完成した北上大堰
（写真提供・北上川下流河川事務所）

飯野川大堰の工事状況
（写真提供・北上川下流河川事務所）

津から飯野川に新たに河道が開削されたもの。飯野川町相野谷の新北上川の河口から一四・八キロメートル地点に建設された飯野川大堰は、一九二五年（大正一四）五月に地質調査が開始され着工された。北上川転動堰（飯野川大堰）の水理実験は、一九二九年（昭和四）七月から一一月までの五カ月にわたり、土木試験所岩淵分室の水理実験施設で実施された。

飯野川大堰は、新北上川流量を平水時でも、かんがい用水の確保、塩水遡上の防止、河床保護などを目的としている。具体的には、飯野川地先に可動堰を設置し、これまでの旧北上川の機能の一つである船舶の航行や取水、河道の保全などの機能が、改修したあとも従前どおり維持されるように、放水路を開削して低水分流をおこなうもの。

一九三二年（昭和七）二月に完成したとき、堰長四〇八・九メートルの雄大な姿をあらわした構造物は、当時、東洋一の規模をほこる堰であった。我が国の土木技術の総力を結集して築造され、土木史に輝かしい一ページを飾った。ほぼ同時代に建設された信濃川の大河津分水工事などとともに、我が国における大規模土木工事として、斯界の注目をあつめた。

鋼製ローリングゲートは、塩釜製作所（現在の東北技術事務所の前身）で設計・製作および据え付けが一九二九年（昭和四）一〇月からおこなわれている。

この飯野川大堰の老朽化や計画流量の改訂で、飯野川大堰にかわるものとして、この堰から上流約二一・四キロメートル地点に建設されたのが北上大堰。この北上大堰は、新北上川河口から一七・二キロメートルの地点に建設された総延長三三五・四メートルの可動堰。北上大堰は、一九六八年（昭和四三）に着工し、一九七五年（昭和五〇）一一月に大堰本体工事が完成し、その後、飯野川可動堰撤去や河道掘削などの関連工事を含めて一九八五年（昭和六〇）三月にすべての工事が完成した大規模可動堰である。技術的な特徴としては、我が国では最長径間ゲートへの挑戦であり、メインゲート（ローラーゲート）は五〇メートルにもおよんでいる。当時、四〇メートル以上の長径間ゲートは国内でも前例がなかった。

飯野川大堰は北上大堰にその機能が引き継がれたが、飯野川大堰の撤去は一九八〇年（昭和五五）から一九八三年（昭和五八）にかけておこなわれている。第二次世界大戦末期、当地域はアメリカ軍の空襲をうけた。飯野川大堰の下流に係留してあった石積船をねらっての爆撃。堰周辺には今だに不発弾が埋没しているのではないかと心配されていた。このため、可動堰撤去に際して、工事前に磁気異常値によって金属を探査する起電圧法によって不発弾調査が実施された。探査の結果、ワイヤー屑や針金、鉄筋などは発見されたが、不発弾埋没の可能性がないことが判明し、工事関係者は胸をなでおろしたという。

大河津分水工事

北上川新川開削や分水施設の飯野川大堰建設工事と同時期の一九一一年（明治四四）、新潟県の信濃川開削の大河津分水工事が着手された。

長野県を源流とし、広大な蒲原平野を氾濫原とする信濃川にたいする治水工事を内務省が総力をあげた直轄工事。信濃川の流路が最も日本海に接近する大河津から寺泊海岸へ放水路を開削し、洪水流をはやく日本海に流すための工事。一九二二年（大正一一）に放水路に通水をはじめ、一九二七年（昭和二）に当初計画から若干おくれて一応の完成をみた。一応の完成というのは、この年の六月二四日に分水路の入り口にある自在堰八連中三連が突然陥没する深刻な事態となる。信濃川本流の水は全量放水路に流れこみ、蒲原平野へのかんがい用水と新潟市への水道用水の供給がストップした。

ことの重大さに、この年の一二月に大幅な人事異動がおこなわれる。自在堰補修工事のため、荒川放水路や岩淵水門工事の経験をもつ**青山士**が新潟土木出張所長（現在の北陸地方整備局長）、工事事務所長に**宮本武之輔**が任命される。

自在堰陥没の原因は、分水路に床固めが十分施工されていなかったため河床低下がおこり、自在堰の上流と下流で極端な水位差が生じ、基礎の砂が吸いだされたものであった。そもそも、大河津分水路は、天然の川とは逆に、上流で川幅が広くて流れが緩やかであるのに対して、下流では川幅が狭く流れは速い。それゆえ、堰の計画地点は、河床が固い岩盤でなければ、しっかりとした根固め工事を実施しなければならない。流れが速い洪水になると堰の下流側で河床洗掘がおこり、自在堰は傾斜陥没の要因となる。ところが、最初の工事では、ベアトラップ式の自在堰の製作に予想以上の費用がかかり、床固め工事、自在堰の基礎工事、水叩き工事に十分な費用がかけられなかったことが、最大誘因であるとされた。

補修工事は、すでに自在堰は使用不可能で、これをあらたに可動堰につくりかえること、可動堰工事、分水路床固め工事、付帯低水工事でおこなう四工事でおこなうこととした。

一九三一年（昭和六）四月に四工事が完成し、可動堰仮締め切りをくずして通水し、綱扉の開閉運転をおこない、安全性が確認される。そして、六月二一日に竣工をむかえた。自在堰陥没から四年が経過していた。

本間仁（一九〇七〜二〇一〇・明治四〇〜平成二二）は、大学時代に物部長穂の「河川工学」の講義を受講していたが、卒業研究のテーマの選択に迷っていた。当時、父親の本間源兵衛は東京土木出張所の技師で、物部所長に根回しをしている。父から土木試験所を訪ね、卒業研究の指示をうけるようにと言われる。物部所長は、本間に「ローリングダムの堰體設計法」と題する文献を手わたし、この論文を読み、その設計法をつかって現地にそくした設計をおこなう、ということを卒業研究のテーマとした。現地は信濃川分水路の可動堰である。

新潟土木出張所長の青山士、工事事務所長の宮本武之輔というメンバーで、新たに昇降扉型式の可動堰の計画があった。本間は一九二九年（昭和四）の大学三年生の夏に現場におもむき、現地調査や資料を収集する。卒業研究として、この可動堰の設計を『ローリングダムの堰體設計法』を参考に、現地調査で得られたデータをもとに設計図を作成し、見事、新たな可動堰を完成させた。

著書『水理学』

本間仁は、大学卒業と同時に一九三〇年（昭和五）、内務省土木試験所に勤務する。長穂は、本間を将来、「水理学」研究分野を発展させる後継者として才覚ある人物として見抜いていた。最初の一年間は文京区本駒込上富士にあった本所で、長穂が準備していた『水理学』の原稿整理やグラフの作成の手伝いをした。水理学、図表学の勉強のほか、長穂の配慮で週二日、東京帝国大学数学科に通い、高等数理学の基礎を修得した。二年目から赤羽の分室である水理実験施設で『水理学』の原稿整理をしながら水理実験をおこなっている。

当時、土木試験所では、アメリカ、イギリス、フランス、ドイツ、イタリア、スイス、スエーデンなど各国の学術、技術雑誌を取りよせていた。長穂は、これらの雑誌のなかから水理学関係の研究論文、実験報告、調査資料を書きとどめた資料集をつくり、それを取りいれた本の原稿を作成していた。水理学関係の本といえば、ドイツ・フランス・オーストリアで出版されていたが、その取りあげられているテーマの範囲は限られていた。

長穂は、自分は「河川の改修などの仕事を本業としている」と語っている。そのかたわら耐震工学の研究も同時並行して手がけていたが、長年の研究成果を蓄積し集大成した『水理学』の書が、一九三三年（昭和八）年三月に岩波書店から工学書として刊行された。

この『水理学』は、全二四章五八〇ページにおよぶ大冊。当時の世界中のあらゆる関連文献が整理して網羅されて掲載されている。また、岩淵分室の水理試験所で、必要なものは水理実験などで検証し補足している。

包含範囲やその内容は諸外国のものを凌ぐもの。世界的にも最高水準の内容であり、我が国でははじめての「水理学」という新しい学問が体系づけられた著書であった。この著著は逆に諸外国から手本とされ、背水の物部理論などが世界的に広まっていった。現在も不朽の土木工学の古典名著として、学界のなかも圧倒的な支持がある。土木研究所ダム部で勤務した**松本徳久**が一九九九年（平成一一）、韓国水資源公社を訪問したとき、背水計算は物部の式でおこなっており、物部の理論を超えられないのが残念であると聞いている。諸外国でも、その業績が現在でも高く評価されている。

岩波書店では、この『水理学』を定価二〇円で販売する予定であった。しかし、長穂は、学生や若い研究者にとっては高かすぎて入手できない、と再三出版社と交渉している。しかし、折りあいがつかず、ついに原稿引きあげという決裂寸前の事態となってしまったが、一九三三年（昭和八）三月初版として発刊された。

当時、岩波書店の顧問をしていた物理学者の**稲沼瑞穂**（一九〇八〜一九六五・明治四一〜昭和四〇）の調停によって、本の定価は五円八〇銭で販売されることで決着した。後年、稲沼が長穂のことを

　ずい分変わった人だ。お金の入るのを嫌がっているのか、と書店でもいぶかしがっていた

と評している。

その後、この『水理学』は、一九三八年（昭和一三）五月までに第七刷発行され、専門書としては異例の部数を記録している。一九三九年（昭和一四）九月には改訂第一刷が発刊される。改訂版の発刊にあったて、長穂は自序で次のように記載している。

　本書は一九二一年起稿以来十餘年の歳月を閲し、その間稿を改むる事三、四回に及び、一九三一年末迄の各國文献より資料を撰擇し、その足らざる所は自己の研究を以て之を補いひ實用竝に研學上重要なるものは殆んど網羅した積りであり、特に歐州の學理と米國の實用を兼ねしむる爲に少なからぬ勞力を費した。

　尚、本書の著作に當て從來未解決の水理學

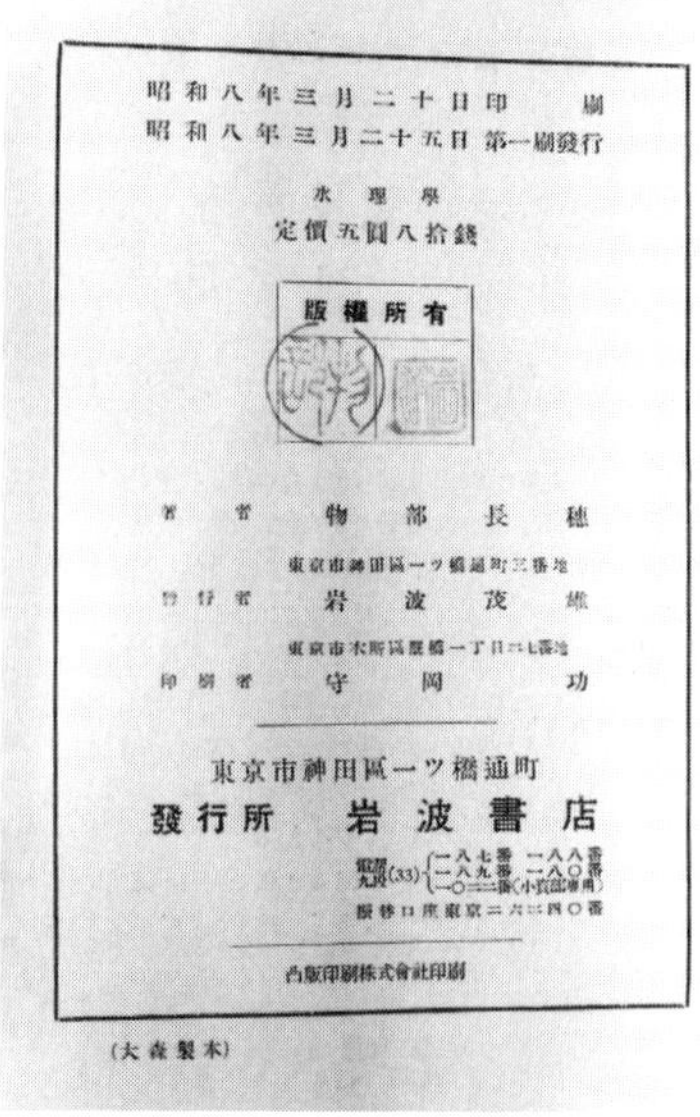
昭和八年三月二十日印刷
昭和八年三月二十五日第一刷發行

水理學
定價五圓八拾錢

版權所有

著者　物部長穗
東京市神田區一ツ橋通町三番地
發行者　岩波茂雄
東京市本所區厩橋一丁目二七番地
印刷者　守岡功

東京市神田區一ツ橋通町
發行所　岩波書店

凸版印刷株式會社印刷

（大森製本）

『水理学』の奥付

上の諸問題の研究に伊藤令二、中野稔、本間仁氏の援助を煩はす大にして、本書公刊に際して著者の深く感謝する所である。

一九二一年（大正一〇）といえば、長穂は欧米の海外出張から帰国した翌年で、その年がら原稿執筆にとりかかり、公刊される一九三三年（昭和八）までの一二年間の多大な歳月をついやした大著であった。

一九五〇年（昭和二五）一一月には、本間仁によって第三刷増補改訂版が公刊された。本間は補遺について

一九三〇年の春、私が大學を出て當時物部先生が所長であった内務省土木試験所に入った頃には、この「水理學」の原稿は既に大半出來上ってゐた。その後原稿の整理やつけ加えるべき計算例などでお手伝いしたゐいたが、その間にも第十三章その他比較的新しく書かれた部分が出來て、本になったのが一九三三年であった。

先生はこの本をポケットブックのつもりで書くと言って居られたが、やはりその意味で非常に受け入れられたようである。一九三九年に極く僅かの書き加えをしたとは言え、大部分は二〇年まそのまゝの状態であるから、この度その後の研究について紹介を主とした補遺を巻末につけ加えることにした。讀者の参考になれば幸いである。

と、その経緯について記述している。第一三章は背水で、不等速定流の一般的性質、広矩形水路とそれ以外の水路の背水曲線、低下背水曲線、背水の合理的解法より構成されている。補遺には、各章のさらなる詳しい説明がくわえられて記載されている。

そして、初版から三〇年後、**本間仁・安芸皎一**によって『物部水理学』（岩波書店）として、一九六

二年（昭和三七）に改訂された。販売価格は七〇〇〇円。その編者序で、本間は、長穂の著書『水理学』の歴史的意義について、次のように記載している。

物部長穂博士は大正の末から昭和初期にかけて、長く内務省土木試験所の所長の職にあって、研究所の今日の発展については大きな貢献をされたのであるが、その間の研究業績は水理学ばかりでなく、広く各方面に亙ったものであった。特に耐震構造や重力ダムに関する研究は、技術界に長くその影響を与えたものであった。

著書の点から見ると、昭和八年に出版された「水理学」が最大である。これは先生が水理学に寄せていた関心の極めて深いものであったことを示すものであって、当時日本語で書かれた水理学の本としては見るべきものの殆どなかった時代に、このような大著が現れたのであるから、その技術界に与えた影響の大きかったことは言うまでもない所である。先生がこの本のために費された時間も大変なものであった思われる。土木試験所にはかなり多くの外国文献が来ていたが、その中から新しい資料を抜き書きし、古い資料を整理して、足りない所は自ら補い、この大著をまとめるのに恐らく一〇年くらいかかっていると思う。先生はこの本を出すことについて、何でも書いてあるポケッ

改訂版『水理学』

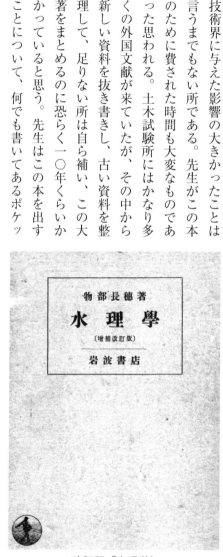

トブックを作り度いと言っておられたが、この本はその意味で広く技術者に受け入れられることになった。

本間は、我が国における水理学の創始者である物部長穂の後継者として、東京帝国大学工学部第六講座、土木工学第二講座を担当する。この分野において、おおくの指導的研究者、技術者を指導・育成し、水理学や水工学の発展に貢献した。

物部『水理学』が「古典水理学」といわれるのに対して、本間は、あらたに近代流体力学を基礎に理論体系化し、世界にさきがけて「近代水理学」に発展させた。この書は、講義用のテキストとして使用され、何度も改訂され、最終的に一九六二年（昭和三七）に丸善から『標準水理学』が決定稿として出版された。

改訂にあたっては、大学で長穂の教えを受けた人や土木試験所に奉職した研究者で執筆を分担している。そのなかには、その後の水理学の発展に大きく貢献した**佐藤清一**、**吉川秀夫**、**岸力**、**高橋裕**など、そうそうたるメンバーが顔をそろえている。

水系一貫の河川計画管理

明治時代初期の河川改修は低水事が重点的にすすめられた。幕藩時代の交通運輸体系は、街道が整備されたものの、大量輸送手段は陸上の牛馬車運搬より、舟運がよりおおくの物資を遠くまで運ぶのに好都合だった。海路や河川舟運の航路網も整備され、それが継承されていく。

海上輸送と連結した河川舟運の機能を有効に発揮させるように、低水路の河身を安定させて川舟のおおきさに応じた航路を確保する。当時、三〇石程度の帆船しか航行できないようなものを蒸気船でも航行できるよう川底の浚渫や川路開削、障害物の除去など、水害防除とともに各地の主要河川で低水路工事が実施される。低水工事の特徴は、河口部に位置する港湾整備と一体となった河川改修事業で、河口部に堆積する土砂対策の浚渫工事や、供給源の土砂流出抑制の砂防ダム工事などとともに洪水の疎通能力の向上もはかる、上流から河口まで水系を一体的にとらえている。

一八九二年（明治二五）に「鉄道敷設法」が成立すると、内陸の運輸、輸送体制は、海上輸送、河川舟運から陸上の鉄道におおきく舵をきり、内陸の鉄道網が整備される。舟運は、舟から舟への積荷積おろしに時間がかかり、気象条件にも左右され定時性に難がある。それにたいして鉄道は短時間で大量輸送が可能で定時性にも有利である。

河川事業は、河身改修などの低水工事から、築堤による洪水防御の高水工事へとおおきく転換する。築堤工事は府県の負担による府県事業。洪水防御の築堤は、堤防の左岸と右岸で高さが異なれば、当然ながら利害関係が対立する。上流と下流でも同じである。治水事業を国直轄施工するようもとめられた。当時、帝国議会で多数をしめていた大地主層、地方の自作農を中心とする豪農議員の存在がおおきな影響をあたえた。米を中心とした農業生産の向上をはかろうと、国土経営面から河川が出水したとき、流水を堤防のなかに封じこめ、できるだけはやく海に流そうとする、農業基盤整備を前提とした治水中心主義の考えかたであった。

このような背景もあり、一八九六年（明治二九）四月に「河川法」が制定された。我が国の近代治水事業は、この河川法の成立によって国直轄事業の制度がととのえられ、本格的な出発点となる法律であった。大河川は直轄で、中小河川は府県で実施する仕分けがなされる。大正時代末まで、全国河川の統一管理が第一で、水を封じこめる治水一辺倒の考えかたが長くつづく。

河川法が制定された翌年の一八九七年（明治三〇）に「砂防法」と「森林法」が制定された。この法律も、山林を所有する大地主層や地方の自作豪農の影響がおおきかった。

一九〇七年（明治四〇）アメリカでは、ルーズベルト大統領の要請によって政府内に「内陸水路委員会」が設置され、資源保護と利水の考えかたが提唱されている。この動きに着目し、一九一〇年（明治四三）夏、逓信次官（臨時水力発電調査局長官を歴任）の仲小路廉は、欧米へ視察出張する。帰国後、

水の調整は、即堰堤を設け、または貯水池を造り、剰つたる水は之を蓄へ不足の際に於て補足する等の方法を講ずるにある事は勿論であって、独り発電水力の利便に供するのみならず、洪水の氾濫を防ぎ、森林経営の基盤となるべきものである

と報告している。河川開発の思想の芽生えといえる。

国土基盤の治水事業が進展するとともに、近代工業の発展、社会状況や国民生活はおおきく変化する。産業の動力源として水力発電を目的とした河川開発がおこなわれる。最初は石炭による火力発電が中心であったが、水力発電に移行しつつあった。一九一一年（明治四四）に「電気事業法」が制定される。ここに、我が国でも河川の流水を資源として利用する「利水」の考えかたが登場する。

河川水をがんがい用水に利用していた慣行水利権者や電気事業者のダム建設など、資源としての河川利用の多様性がもとめられた。新しい国土経営思想が動きだす。ダムによる治水と利水の組みあわせ、という理念に発展していく。

このような社会経済情勢を敏感に感じとった長穂は、一九二五年（大正一四）一〇月、土木学会誌（第一一巻五号）に論説報告として、『貯水用重力堰堤の特性並に其合理的設計方法』と題する大論文を発表。この論文で、「多目的ダム論」を展開している。さらに翌年に『我が国に於る河川水量の調節並に貯水

事業に就て』という論文で「水系一貫の河川計画管理」を提唱した。

河川法が制定されて大河川治水を中心とする河川改修から、本流をふくめて中小河川の支流まで、上流の水源から河口まで河川に降水が集まる流域の水系全体でバランスのとれた河川開発、河川管理を一元化にすべき、という転換の考えかたである。

これらの論文を要約すると、

而して此種の計畫は稍長期に亘りて各種の調査を爲し、上は水源より下は海口に至る迄、全川に亘り砂防、治水、利水等の諸問題を一括し愼重なる考究を爲して始めて計畫の誤りなきを期し、利用の全きを計る事を得べし。

余は以上に於て本邦貯水事業の特質を極めて概括的に陳述せしが貯水事業の成否は一に懸りて其工費の如何に存し、貯水事業の工費の大半を占むるものは實に堰堤築造費なり、而して河水調節池にありては可及的大なる堰堤を設け一擧に大池積と高落差とを得るを以て利とし、從て事業それ自身の健不健は一に係りて堰堤の安危如何に存す、當に河水調節の爲のみならず、砂防工事、發電用調整池と云ひ、漑漑、水道用貯水と云ひ將來堰堤の用途愈々廣かるべし、事情然るが故に堰堤の設計、材料施工法等に關し今一層の注意を拂ひ、本邦の如き風土にありて、如何にして至健至廉の堰堤を築造すべきかに就き充分なる研究を要するものと信ず。

とある。この水系一貫の河川計画管理の理念と多目的ダム論が新しい治水原理と河川開発が融合した「河水統制」に発展する。

秋田県大仙市協和町の「まほろば唐松公園」の一角に「物部長穂記念館」がある。この記念館内に刻板が展示されている。『我国ニオケル河川水量ノ調節ナラビニ貯水事業』に河川に対する基本理念が、簡潔明瞭ではあるがその考え方が示されている。

河川ト言フモノハ、
ソノ水源ヨリ河口マデ一個ノ
有機体ヲ成シテオリ、
ソノ一部ノ状況変化ハ直チニ
全部ニ影響ヲ及ボスノデアル

多目的ダム論

長穂は、水理学の関連で、とりわけ河川の改修とともにダムの計画論や設計論に意を注いでいる。前掲の『貯水用重力堰堤の特性並に其合理的設計方法』のなかで多目的ダム論も展開している。水理学の分野でダム設計など基礎理論のみならず、国家的視野で国土開発をおこなう、新たな視点の政策理念を提言しているのである。

この研究の概要として、次ぎのように紹介している。

内容梗概
本研究は前後兩編より成り、前編に於ては先づ各國に於ける貯水事業の發達並に其現況を述べ、特に本邦に於ける該事業の特徴を論じ、次で各國に於ける貯水用重力堰堤の設計に關する學説を論評し、進んで本邦の國状に適切なる設計方針を提案し、更に重力堰堤に對する地震力の影響を研究せり。
後編に於ては著者の提案せる設計方針に則り、従來の如き試算的方法を用ひずして簡單なる計算

論說報告

土木學會誌　第十一卷第五號　大正十四年十月

貯水用重力堰堤の特性 並に 其合理的設計方法

會員 工學博士 物部長穗

內容梗概

本研究は前後兩編より成り，前編に於ては先づ各國に於ける貯水事業の發達並に其現況を述べ，特に本邦に於ける該事業の特徵を論じ，次で各國に於ける貯水用重力堰堤の設計に關する學說を論評し，進んで本邦の國狀に適切なる設計方針を提案し，更に重力堰堤に對する地震力の影響を研究せり。

後編に於ては著者の提案せる設計方針に則り，從來の如き試算的方法を用ひずして簡單なる計算に依り一擧に斷面形を決定するの新設計方法を提案せるものにして先づ外力に對する安定條件を滿足する如き基本形狀を定め，之に實用上必要なる修補を加へ，次に溢流堤の理想的形狀を理論上より決定し，更に進んで高堰堤の下部に於て直應力又は主應力を許容限度以下に止めんが爲に必要なる斷面形を理論上より決定し，最後に提案せる新方法に依りて決定せる斷面が必要なる安定條件の凡てを滿足し得る事を實例に就て算證せるものなり。

前編

目次

土木学会誌への招待論文

に依り一擧に斷面形を決定するの新設計方法を提案せるものにして先づ外力に對する安定條件を滿足する如き基本形狀を定め、之に實用上必要なる修補を加へ、次に溢流堤の理想的形狀を理論上より決定し、更に進んで高堰堤の下部に於て直壓力又は主應力を許容限度以下に止めんが爲に必要なる斷面形を理論上より決定し、最後に提案せる新方法に依りて決定せる斷面が必要なる安定條件の凡てを滿足し得る事を實例に就て算證せるものなり。

そして、我が国における貯水事業の特性について、次ぎのように考察している。

而て我國に於ては渴水の最も惧るべきものは冬季に起るを以て九月下半より十一月に至る降雨稍豊かなる季節に池積を滿たし、僅かに不時の豪雨に對する餘地を止め、其貯水は之を擧げて以て冬季の渴水を補給し得べく夏季に於ても時々出水の間に旱魃起り、水田の害を爲す事大なるも其期間長からざるを以て、爲に補給すべき總水量は大ならず、而て此季節に於ては不斷に大洪水の襲來を豫期せざるべからざるを以て渴水補給に要する池積は別に之を具へざるべからず、即ち洪水調節、渴水補給の兩目的を兼有する貯水池にありては若干の堆砂、夏季渴水の補給、大洪水の調節等に要する容積の和以上の池積を有せしむべきものにして、斯の如き池積を有するに於ては冬季渴水量を倍加する事さして困難ならざるべし。

この論文を要約すると、

一、河道が全能力を発揮する期間は極めて短いので、貯水による河川水量の調節は洪水防御上有利である。

二、発電が渴水に苦しむのは冬期であり、その季節には大洪水の心配がないので、洪水調節容量は発電に利用できる。夏期渴水に対しては多目的として貯水池を多少大きくしておけばよい。

三、貯水池地点は、我が国では一般に有利なところが少ないので多目的に利用すべきである。治水、潅漑用水のものはなるべく平地の近くに設けるべきであり、発電用には上流部のものが有利である点から、水系的に効率的・有機的に運用すべきである。
四、大規模貯水池の下流には小規模貯水池（逆調整池）を設けるべきである。
五、貯水池埋没対策として、将来、砂防工事を大規模に施工する必要がある。
六、計画については、河川全般に通暁した人々によって計画すべきである。
七、耐震的設計法によれば、地震にも心配する必要はないと思う。

などのことを考察し提案している。また、我が国としては、一刻も早く各河川・湖沼について水量調節による治水上の効果、種々の利水の増進などを調査して、これに関する大体の方針を定め、今後実施されるべき治水及び利水事業において、河川水量に関しては事情の許す限りこの方針に則り、また、私企業の建造する単独目的の貯水池を設置する場合も、治水又は他の水利事業にも有益なよう工事をさせるようにし、これに対して何らかの補助の方策を講じなければならない、と政策提言している。

砂防工事の必要性、ダムの耐震設計方法など、総合的な治水・利水計画を推進するための基本的事項が網羅されている。この思想は、新しい治水原理「河水統制」として具体化される。

一九三一年（昭和六）の満州事変ころから、予算事情などで、治水事業は衰退期をむかえる。一九三四年（昭和九）九月の室戸台風による全国的に未曾有の水害を契機に「土木会議」が開催される。同年九月に「水害防備策の確立に関する件」としてまとめられ、

近時全国各地に頻発する水害は、以　下　中　略

水源山地、渓流の荒廃並に未改修河川の多きに因ること亦大なるものあり

という前文とともに、次の五項目の政策が提言される。
一、河川改修及砂防事業の促進
二、荒廃地復旧事業の促進
三、河川の維持管理の充実
四、水防の強化、河川愛護の普及徹底
五、河水統制の調査並に施行
このなかの「河水統制」については、
河川の上流に洪水を貯留し水害を軽減すると共に各種の河川利用を増進する方策を講ずるは治水政策は勿論国策上最も有効適切なるを以て速に之が調査に着手し河水統制の実現を期すること
という説明が補足されている。
この「河水統制」の理念は、まさに長穂が提唱した「水系一貫の河川計画管理」と「多目的ダム論」にほかならない。
河水統制事業は、「土木会議」の決議をうけて「水防協議会」が設置される。委員長は内務技監**青山士**、委員幹事長に**宮本武之輔**、各省技術官の全八一名の委員で構成された。内務省土木局から**富永正義**ほか一六名、衛生局、土木試験所。ほかに農商務省、逓信省、商工省などが参加している。
この事業は一九三六年（昭和一一）に決定され、翌年には予算化され、正式な国策として、全国六四河川について調査が開始された。
河川行政は、当初は農業基盤整備のための治水を重点にすすめられたが、河川事業の中心が治水と利水を組み合わせた工業基盤整備という方向に動きだした転換点でもあった。

河水統制事業が策定された時代は、一九一四年～一九年（昭和三～同八）の第一次世界大戦により工業を著しく進展させ、特に重化学、機械工業が発達した。その産業をもととする都市人口が増大する。第二次産業の発達によって工業用水、生活用水の安定的供給が課題となる。

河水統制事業の緊急性について、内務省技師高橋嘉一郎技師は、土木学会の河川講習会（一九三九年）で、次のような認識をしめしている。

灌漑用水は今日迄自由気儘に取りいれて来たのであるが、今や人口の増加、工業の発達に伴って他に用水の需要が次第に多くなり、水の使い方を最も有効適切にし、以て天然資源に恵まれている事の少ない我が国に於て少しでも多く役立つ様に開発せねばならぬと言ふ情勢に到った

『貯水用重力堰堤の特性並に其合理的設計方法』を発表した翌年（一九二六）には、多目的ダム論の具体的展開として、五十里ダム（栃木県）を鬼怒川改修計画のなかにおりこまれ、長穂自らが五十里ダムの設計をおこなった。このダムは、計画直後から地質調査が開始されたが、地質条件が悪く戦前は実現しなかった。同ダムは、ダムサイトを変更して一九五〇年（昭和二五）から工事に着工。長穂が提唱したモニュメントである、高さ一一二メートルの重力式コンクリートダムが昭和三一年（一九五六）にその雄姿をあらわした。

特筆すべきは、北上川河水統制事業である。この計画は、内務省技師の**富永正義**が北上川治水計画として策定された。我が国のT・V・Aといわれる事業。北上川の最もおおきな課題は、狭窄部との関連を含めて一関市周辺の平地をどのように処理するのか。中流狭窄部から上流部の改修計画について、治水と発電を結びつけて五つのダム群が計画された。上流から本川の四十四田ダム、右支川雫石川の御所ダム、左支川猿ケ石川の田瀬ダム、右支川和賀川の湯田ダム、右支川胆沢川の石淵ダム。

河水統制事業は、そのうちの一つ、北上川の最大左支川の猿ケ石川上流渓谷の田瀬ダムを対象とした。山間地に貯水池を設け洪水調節をおこなう方式。この計画は、北上川上流改修計画を満足させるだけでなく、多大な電力も獲得でき、海軍の要望にも応じられる、と利水開発は水力が中心であった。水力発電は、海軍の人造ガソリン製造と結びついていた。

田瀬ダムは、一九四二年（昭和一七）に着工し、太平洋戦争激化で一時中断する。戦後の一九四七年（昭和二二）のカスリン台風、翌年のアイオン台風により、改修計画が改定され、ダムの規模をおおきくして工事は再開され、一九五四年（昭和二九）に重力式コンクリートが完成した。同時期、表面遮水型ロックフイルムの石淵ダムも建設され、一九五三年（昭和二八）に建設省直轄として北上川五大ダムのトップをきって完成した。

多目的ダムとは何か

それでは、長穂が提唱した「多目的ダム」とは、どのようなものであろうか。玉川ダムを例に、多目的ダムの貯水池の運用方法をみてみよう。

玉川ダムは、秋田県南部を流れている雄物川水系右支川玉川に建設された重力式コンクリートダム。一九七五年（昭和五〇）に着手され、一九九〇年（平成二）三月に完成。調査のための事務所が開設されたのが一九七三年（昭和四八）であるから、一七年の歳月をかけ総事業費一二二〇億円の巨費を投じて完成した。

河川での右岸・左岸とか右支川・左支川とかは、上流側を背にして上流から下流を見て、右側かそれとも左側かで、そう呼んでいる。つまり、右支川とは、下流に向かって流れている雄物川本流に対して、右側から合流する支流が玉川であるので、右支川玉川ということになる。

玉川ダムは、秋田県大仙市田沢湖町に建設省（現国土交通省）直轄で建設された高さ約一〇〇メートルの多目的ダム。国が自ら建設することを直轄事業といい、県などの地方自治体が建設することを補助事業という。

そのダムが一つの目的で建設されたのが専用ダム。例えば、電力会社で発電だけを目的としたもの、ため池のように利水事業者のがんがい用水を貯留するダムなどがある。それに対して、二つ以上の目的をもつものが多目的ダムと呼ばれる。

玉川ダムの場合、多目的で、次のとおり計画された。

完成した玉川ダム
（写真提供・玉川ダム管理所）

一、洪水調節
ダムが建設される地点における計画高水流量毎秒二八〇〇立方メートルのうち、毎秒二六〇〇立方メートルの洪水調節を行う。
二、流水の正常な機能の維持下流のかんがいなど既得用水や動植物や魚類の生息環境、景観など、川が本来もっている機能を維持するために、必要な水量を補給する。
三、かんがい用水の供給
雄物川や玉川沿岸の約一万二〇〇〇ヘクタールの農地に対して、かんがい用水の補給を行う。この用水の補給は、専用の施設を新設・拡張して行う。

流　域　面　積	287　km²	洪水調節容量	107,000,000　㎥
計画高水流量	2,800㎥／sec	湛　水　面　積	8.3　km²
計画放流量	200㎥／sec	湛　水　延　長	9.3　km
調　節　流　量	2,600㎥／sec	サーチャージ水位	EL.402.4　m
ダム設計洪水流量	3,500㎥／sec	常時満水位	EL.397.4　m
総貯水容量	254,000,000　㎥	洪水期制限水位	EL.387.2　m
有効貯水量	229,000,000　㎥	最　低　水　位	EL.353.7　m
堆　砂　容　量	25,000,000　㎥	設計洪水位	EL.404.1　m

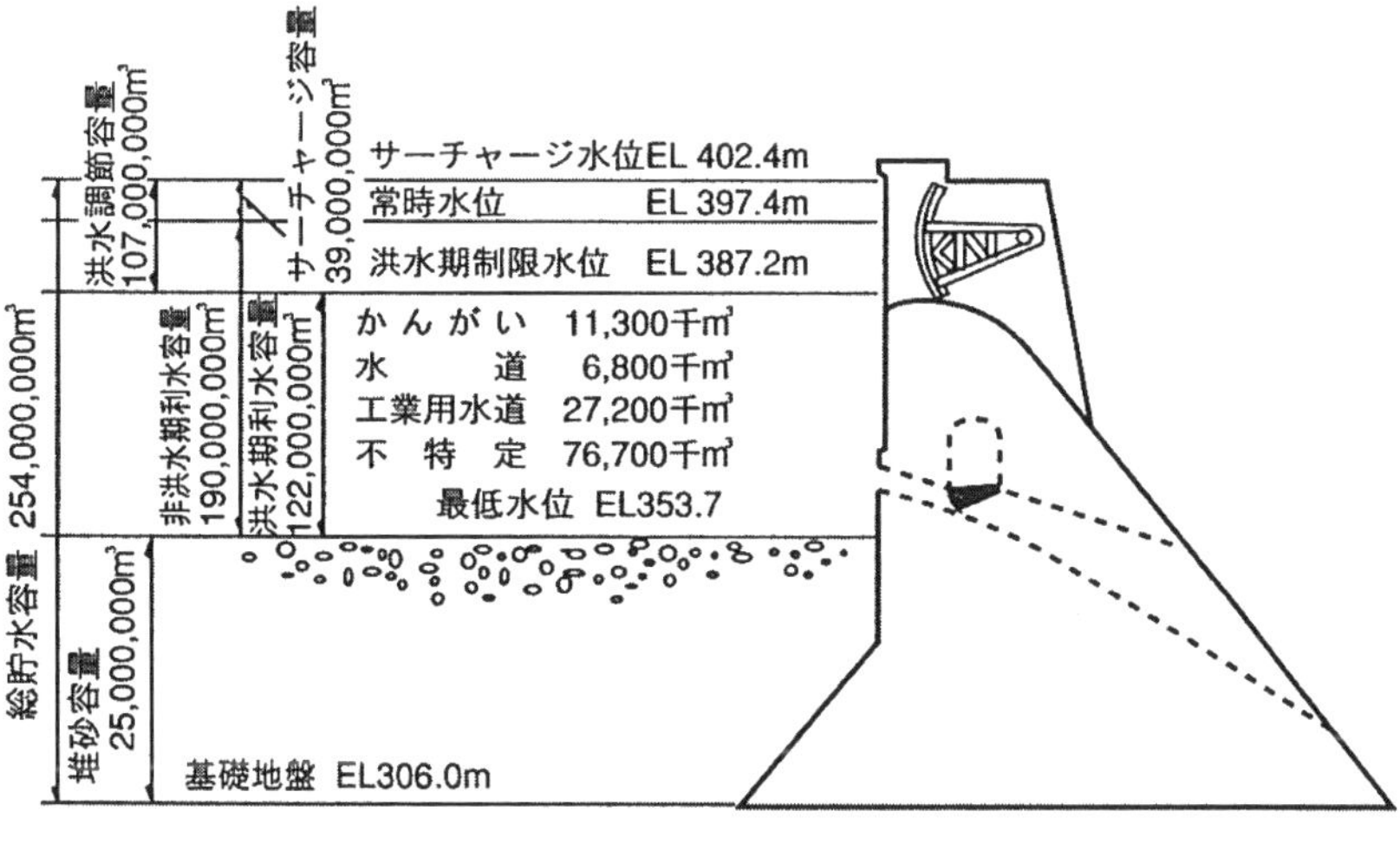

玉川ダム貯水池容量配分図

四、水道用水の供給

秋田市に対して新たに一日最大一一万六〇〇立方メートル、雄和町に対して二三〇〇立方メートルの水道用水の取水が可能なようにダムから放流する。

五、工業用水の供給

秋田県に対して、新たに一日最大四五万二五〇〇立方メートルの工業用水の取水が可能なようにダムから放流する。

六、発電

玉川ダム建設にともなって新設される玉川発電所で、最大出力二万三六〇〇キロワットの電と、下流の二つの発電所で電力量の増加を図る。

つまり、六つの目的をもった多目的ダム。洪水調節と流水の正常な機能の維持は河川管理者の国である建設省（現在の国土交通省）、かんがい用水の供給は農林水産省と受益者の農家、水道用水の供給は秋田市と旧雄和町、工業用水の供給は秋田県、発電は秋田県企業局。これらの国・県・市・町などが事業参加者の共同事業として、国の河川管理者である建設省がダム建設事業を実施する。それぞれの機関が応分の建設の費用を負担（アロケーション）する。それぞれ個別にダムを建設すると高価となるばかりでなく、技術的に多くの問題をかかえたり、また、ダム建設地の敵地も限られている。

このため、共同事業でおこなわれる。ダムが完成すればダム構造物は河川管理者の財産となるが、ダム事業参加者は、ダム使用権が設定されて貯留水を利用できる。ダムでの貯留水の利用状況の模式を前掲に図示した。

いちばん下にあるのが堆砂容量。ダムの上流から土砂が貯水池に流れこむ。ダムが完成して一〇〇年間に堆積する土砂の容量を見積もっている。よく、砂がたまってダムが機能しないのではないか、と心配する声を聞くが、その分は見こんで計画されている。その容量は二五〇〇万立方メートル。

洪水調節は、洪水期制限水位からサーチャージ水位までの区間の一億七〇〇〇万立方メートルの容量を利用して調節される。大出水の頻度が大きい時期が洪水期間で、六月一六日から九月三〇日までとしている。対象とする洪水は、一〇〇年間に一回の割合で発生する大洪水を想定し、ダム地点で毎秒二八〇〇立方メートルとしている。現在では電子計算機が発達して、雨量から複雑な計算で流出量を算定しているが、それ以前は、物部公式を基本として、雨量から洪水の流出量を求めていた。

この一〇〇年に一回の割合で発生する大洪水を計画高水流量といい、このうち毎秒二六〇〇立方メートルをダムに貯留して洪水調節をおこない、毎秒二〇〇立方メートルだけをダムから下流に放流する。なお、洪水調節容量は、不測の事態も想定して、二〇〇年間に一回の割合で発生する基本高水流量に相当する容量を確保している。洪水調節容量／流域面積＝三七三ミリメートル。これを相当雨量と呼んでいる。雨がダムに集まる面積に、一様に三七三ミリメートルの雨が降ったとき、一滴の水ももらさずダムに集まっても、この洪水調節容量で貯留できる実力をもっている。

このため、洪水期間は、貯水池の水位を洪水期制限水位まであらかじめ下げておく。夏場にダムを訪れて、水位が下がっているのをみて、渇水で水不足ではないかと心配する人がよくいるが、洪水の調節容量を確保しておくために、貯水池の水位を制限水位まで、あらかじめ低下させているのである。

出水は洪水期間ばかり発生するとは限らない。気温があがる春先の融雪などでも出水がある。非洪水期間の洪水調節容量のサーチャージ容量を利用する。したがって、非洪水期間には、貯水池の水位は常時満水位まで上げておけば、より有効に水利用ができる。

洪水調節計画は一〇〇年間で一回の割合で発生する確率で計画しているが、流水の正常な機能の維持やかんがい、水道、工業用水などの貯留水を利用する容量は、一〇年間で一回の割合で発生する確率の渇水流量で計画されている。異常渇水で水不足する場合、みんなで節水して事態に対処しようとするもの。渇水確率を高めた計画では、ダムの規模が大きくなり過ぎる。

洪水期間にこれらの水量が不足すれば、最低水位から洪水期制限水位の区間の容量が利用され、不足量はダムから放流される。その容量は全体で一億二二〇〇万立方メートル。洪水期間でないときは、その容量は一億九〇〇〇万立方メートル。

火力発電や原子力発電は、二酸化炭素や核廃棄物が発生する。それに対して水力発電は、無尽蔵の無公害クリーンエネルギーである。ダムの落差を利用した位置エネルギーで発電され、その後、発電で利用された水は下流へ流れ、かんがい用水や水道用水などのために取水される。また、余分な水量がダムに貯留させることによって流況が平準化されるので、より水の有効利用ができる。このため、発電では特に貯水池での利用する容量はもっていない。貯水池の有効利用や発電効率を高めるために、非洪水期間は常時満水位に保たれている。発電が特別に容量をもっていないので、従属式発電といわれる。

このように、一つのダムで多数の目的のために利用されるのが多目的ダム。長穂は、『貯水用重力堰堤の特性並に其合理的設計方法』や『我が国に於る河川水量の調節並に貯水事業に就て』などで、多目的ダム論を提唱した。その提唱した物部理論の先見性は、今日の河川行政の政策として、全国各地で実施されている。国土の保全や開発として重要な根幹施設をにない、水害の防御、地域経済の発展におおきく寄与している。

第四章　耐震工学の功績

研究の目標

秋草勲（のちの第一〇代土木研究所長・一九五八〜一九五九）が長穂に、どういうことを目的にして研究しておられるのか、研究の目標についてたずねたところ、

世界中のいろんな文献を読んで、世界中の誰れにもできないことを私は研究しておるんだ

と答えている。

そのへんの真意を、一九三一年（昭和六）一二月発行の土木試験所報告第二一号の『背水曲線の一般的解法』（物部長穂、伊藤令二共著）の試験研究結果の成果の冒頭で、以下のように記載している。

背水曲線の一般的解法は、數十年來歐米諸學者に依て考案されたる一般水路の背水計算法が其數二〇種に庶からんとするに拘らず何れも架空的不完全なるものにして實用に適せざる事に着眼し全く新なる考案を以て一般的合理的なる計算法を完成し、更に短小なる水路に依て長區域に亘る背水を測定し得る方法を創案して種々の場合に對し著者の計算結果を實驗に依て證明せるもので

ある。

同論文は、物部の水理公式として現在もつかわれ、代表的な功績の一つである。背水とは、水路などで流れる水面がせき上げられる現象のことで、その水面形追跡の研究である。土木試験所の水理実験関係では『北上川降開式轉動堰模型実驗』『岩淵水門に關する水理試驗』の次に古いのが、この論文であり、背水曲線の水理的解法について、なみなみならぬ興味をしめしている。水理実験の黎明期にあっても、基礎的研究を視座しており、長穂の研究目標に対する姿勢をみることができる。そして、提案する理論を検証するため、海外のあらゆる関連文献を読んで矛盾点を調べている。また、水理実験の実施によってその提案する理論を数理的に解析し、実証している。

また、**本間仁**は、一九三〇年（昭和五）から一九三六年（昭和一一）土木試験所に勤務し、長穂の指導のもとで、水理実験など調査研究生活をおくり、その後、下関土木出張所下関港改築事務所に異動。異動のまえ、長穂は本間に、

　　自分は色々な事をやってきたが、これはそうせざるを得なかったのだ。お陰で自分には何も専門といえるものがない。

と、当時の心境をしんみり語っている。まだまだやるべき課題が山積していた。

耐震工学への傾倒

長穂の主著といえば、一九三三年（昭和八）に出版された『水理学』（岩波書店・一九六二年・昭和三七年に『物部水理学』として改訂）と『土木耐震学』（常盤書房・長穂没後の一九五二年・昭和二七年に長男物部長興によって再刊された）を同時に出版したことが挙げられよう。両書とも長穂の研究成

果の集大成。その後ながいあいだ、これらに記載された研究成果は、土木技術者のあいだで公式、設計基準にように取りあつかわれた。

『土木耐震学』のなかに、なぜ地震に興味をもち、振動論、耐震論に傾倒し、耐震工学を系統づけたのか、その一面をうかがい知ることができる。

第三章一四節で「地盤と地震の強さ」が記述されている。この節が本書の核心部分であり、今日の耐震設計理論の基本をなすもの。その考え方は変わることなく現在まで脈々と受け継がれている。この節で、地震による家屋倒壊率から「設計震度」の前提条件を整理した。対象地震として

濃尾大地震	一八九一年（明治二四）	一〇月二八日	M八・四
秋田仙北地震	一八九六年（明治二九）	八月三一日	M七・五
〃	一九一四年（大正三年）	三月一五日	M六・四
関東大震災	一九二三年（大正一二年）	九月　一日	M七・九

の四つを選定した。これらの地震の生起と長穂の年齢の関係をみると、濃尾地震のときが三歳。一八九六年（明治二九）の秋田仙北地震（「陸羽地震」）が八歳。一九一四年（大正三）の秋田仙北地震（「強首地震」）が二六歳。そして関東大震災が三五歳。特に、「陸羽地震」のときは長穂は幼少期で、その体験がながく記憶に残り強烈であったろう。

「陸羽地震」は、秋田・岩手県境付近が震源。秋田県仙北・平鹿郡、岩手県西和賀・稗貫郡で被害がおおきかった。震央は長穂の生家から三〇キロメートルの距離。この震災で家屋全壊五七九二戸、死者は二〇九人。大地が前ぶれもなく突然、突き上げるように揺れた体験は強烈であったろう。

「強首地震」は、生家から震央までの距離はわずか八キロメートル。震害は生家の仙北郡で最も激しく、

強首地震の被災状況（強首村役場）
（強首村・小山喜助の土蔵から発見）
（撮影・細谷譽治）（所蔵・大仙アーカイブズ）

家屋全壊六四〇戸、死者九四人。長穂はこの地震のときは東京に在住している。

前年（一九一三）、東北地方一帯は大冷害に襲われている。米作地秋田も大打撃をうけた。五月、六月の低温と暴風雨がつづき、秋田県南の山間部では雪が舞っている。七月、八月にも低温はつづき、そのうえ長雨で、雄物川流域は大洪水に見舞われた。特に、仙北郡は平年の二分作で、被害は悲惨をきわめたという。大減収のため、食事を一日一食に減らした農家や、絶食せざるをえない者、一家全員が動かないでじっとしていたという。

冷害よる大打撃を受けた翌年の地震である。その地震の有り様は、震源の大沢郷（秋田県大仙市西仙北町）と隣接している雄物川南岸の新波地区では、「激震でとっさに突き上がり、直ちに落下し、家屋は現位置のまま、鴨居と敷居が重なり、ほとんど寸尺の差がなく、倒壊は柱から切断された」ほどであったという。

この時代、長穂六歳のとき、一八九四年（明治二七）八月二五日、秋田県は大水害に見舞われた。特に雄物川水系が甚大で、浸水家屋一八九四七戸、荒廃田二〇二九町歩。さらに追いうちをかけて、同年（明治二七）一〇月二二日には、山形県庄内地方を中心にM七・三の大きな地震があった。「酒田地震」である。酒田市付近で被害が著しく、山形県下で家屋全壊三八五八戸、半壊二三九七戸、焼失二一四八戸、死者七二六人など大きな被害の地震があった。また、一八九六年（明治二九）六月一五日に三陸沖を震源とするM八・二のプレート境界型低角度逆断層の巨大地震が発生した。のちに「明治三陸地震津波」として語られている。津波による被害は、北は北海道から南は宮城県牡鹿半島まで広い範囲にわたっている。家屋流失全半壊八八九一戸、船の被害七〇三二艘、死者二一九五九人であった。波の高さは三陸の大船渡綾里でその痕跡から三八・二メートル。田老で一四・六メートルを記録し、津波はハワイ島やカリフォルニアにまで達している。この地震はマグニチュード（M）があまり大きくなかったにもかかわらず、津波が極めて大きい地震。この要因は、太平洋プレートと北米プレートの境界に厚く堆積した土砂が長い周期で陥没したからではないかと考えられている。

このような、歴史的に著名な地震があったにもかかわらず、濃尾地震、関東大震災は別として、二つの秋田仙北地震（「陸羽地震」と「強首地震」）を選んだのは何故だろうか。この二つの地震は、長穂の故郷・大仙市協和町境の唐松神社の生家から極めて近いところが震源となっている。

幼少のころに体験した大地が底から突き上げるように揺れた強烈な印象の記憶や、冷害や大洪水による悲惨さにくわえ、地震よる打撃など故郷への哀愁や望郷、執着から、この四つの地震から震度を算定したのではないだろうか。

長穂は理論的な人で、もともと関東大震災以前から振動論そのものに興味をもっており、数理解析などに精通し計算にたけていた。しかし、振動と同種の津波のような波動については、直接手がけていない。土木試験所として、津波の研究が開始されたのは、一九三三年（昭和八）三月三日に発生した「昭和三陸沖地震」（三陸沖を震源するM八・一）の現地調査を**松尾春雄**が『三陸津浪調査報告』（土木試験所報告 第二四号 一九三三年六月）としてとりまとめたのが初めて。その翌年六月に松尾春雄が『三陸津浪調査報告（追加）』『津浪の災害軽減に関する模型実験』、**本間仁**が『津浪の変形の理論』を同所報第二七号で発表し、本格的に調査、研究がスタートした。

この時期、長穂は『地震に因る動水圧を考慮せる重力堰堤の断面決定法』（同所報第二六号・一九三四年三月）を発表している。

長穂が六歳で「酒田地震」、八歳で「陸羽地震」を体験した。そのとき激しく大地が揺れる恐怖を感じただろう。倒壊した家屋を目のありにした強烈な記憶がある。地震と振動、家屋など構造物の倒壊で圧死した村人など、幼少のころの忘れられない深層意識が耐震工学へ傾倒していった心情を察することができる。

長穂の論文のなかに、大変興味ある記述がある一九二五年（大正一四）一〇月に発表した『貯水用重力堰堤の特性並に其合理的設計方法』（土木学会誌一一巻五号）の冒頭で次のように述べている。

人類の文化史は之を一面より窺へば即ち人類の自然界征服史たり。吾人の祖先は創生の太古より其生活の向上に適應せしむるの目的を以て不斷の努力に依り原始自然の改造、修補を行ひ、假令其一歩一歩は之を大自然の鴻大無邊なるに比すれば渺として擧ぐるに足らずと雖も其數千載に亘る蓄積は遂に能く現今文化の素因を形成するに到れり。今日吾人の名づけて土木事業となすは凡て此大目的の下に自然界の形状、作用を改補し、其利用効率を高むるものにして、實に萬般文化事業の根底をなせるものなり。而て本章に於て説かんとする貯水事業の如きは最も巧妙にして有効なる自然征服事業の一にして往古人類文化の發祥地たりし中部亞細亞、印度、埃及等に於ては旱湿の變宣しきを得ず、旱期用水の枯渇の困憊せしかば　以下略

とある。長穂の自然界に対する認識をみることができる。明治時代末ころから昭和時代初期にかけては、地震や洪水などの自然の大災害が頻繁に襲っている。幼少のころ、大自然の猛威に対して人間の無力さを強烈に印象づけられ、身をもって教えこまれた。人類に対する自然界の冷厳な仕打ちにたいし、脳裏

に生涯忘れがたい体験として刻まれたのだろう。

二〇一一年（平成二三）三月の「東北地方太平洋沖地震」（東日本大震災）は別として、今でこそ地震や洪水による被害で壊滅的な打撃をうけることは少なくなったが、当時の社会的な状況は、ひとたび被害に遭遇すれば死活問題となる。このため、自然界の法則を知ったうえで克服する必要があった。それらが、洪水防御など多目的ダム論や耐震工学へと行きつくこととなる。大自然の猛威は、自然現象を理解し、折り合いをつけ、うまくつきあうこと。その基層には、長穂の出自、神道の精神が関係している。神道は、自然界は何にも意味があり、森羅万象に神々を見いだすことになる。生あるものは、滅びても、また生をうむ循環、人びとの安寧と平和を願うう思想。みずからの立場を理解し、生命を脅かす災害のない穏やかな平和を願う。人間の存在は自然物の一部でしかない。自然と共生する思想で、自然を理解し、そのうえで国土に働きかけることを説いている。

また、長穂著の『土木耐震学』のなかで、第二章の震害のところで次のように述べている。

著者は秋田仙北地方の出身にして幼年期二回の大地震に遭遇し、幸い家屋、家族共に無事なりしが此地方の古き慣習として地震の際主人は老幼の避難を助け、火氣あれば主婦は先づ大鍋に水を滿たして之を火上に載せ然る後に脱出した。

とある。幼少の実体験が脳裏から離れていない。

前掲の『貯水用重力堰堤の特性並に其合理的設計方法』の後編では、重力式コンクリートダムの地震力を考慮した耐震設計について論じている。基本断面形状の決定方法（上下流面の形状）、堤長幅や越流堤長の断面形状など。数式と図表をふんだんに掲載されている。実務上、この図表を参考にすれば、設計できる実用的な内容で論述している。この設計方法によれば、流心部に三角形で単位幅の堤体を仮定し、外力として最大水圧、水平および地震力による荷重を算定し、自重とのあいだで安定を保持するような基本三角形を設定する。そのうえで越流部、非越流部ごとに堤長部のかたちを補正する。そして、あらためて安定と許容応力の条件を照査する、と設計理論を提案している。

この発表された内容は、河川技術の発展や行政施策の転換など、その後の進むべき方向性を示唆するもっとも大きな影響をあたえた物部論文の一つといえる。

震度法の考案

長穂が『土木耐震学』などで提案した「震度法」が提案されるまでの歴史を簡単に振り返ってみよう。我が国の地震学に関する調査研究は、明治初期にはじまる。明治政府の招きで来日したイギリス人の地震学、地球物理学を専門とするチャップリン（Chaplin）、ミルン（J.Milne）などによって初期の地震観測が一八七三年（明治六）六月一日から開始され、震害調査も本格的に実施される。

一八八〇年（明治一三）二月、M五・五～六・〇の「横浜地震」では横浜で煙突の倒潰や破損がおおく、家屋の壁の剥がれ落ちる被害が発生。一八九四年（明治二七）六月、M七・〇の「明治東京地震」では東京付近で大きな揺れがあり、多数の煙突が倒れ、煉瓦造りの壁に亀裂がはいる。神田・本所・深川で全半潰の家屋がおおく、柱時計の七〇～八〇パーセントがとまった、という記録が残っている。

明治二三年（一八九〇）から地震観測が本格的にはじまる。一八九一年（明治二四）一〇月、我が国で内陸地震としては最大のM八・〇の「濃尾地震」が発生。岐阜県の根尾谷で被害が甚大で家屋は一〇〇パーセント倒潰。煉瓦造り建物の名古屋郵便電話局が瞬時に崩壊。同じ煉瓦造りの尾張紡績工場でも崩れおちた。東海道線の長良川鉄橋は大半が落橋。各地で火災が発生し岐阜・大垣・笠松・竹鼻など合わせて四〇〇〇戸以上が被災する大火となった。

一八九六年（明治二九）年六月、M八・二、最大震度Ⅳ（推定）の「明治三陸沖地震津波」が発生。揺れは小さかった。「津波地震」である。巨大津波が三陸沿岸を中心に襲い、岩手県大船渡綾里村では三八・二メートルを記録し、死者総数二一九五九人が犠牲となった。

同年（一八九六）八月、M七・二の「陸羽地震」が発生。横手盆地東縁断層帯の活動にともなう内陸型地震で、秋田県東部の仙北郡・平鹿郡を中心に、震源付近では震度Ⅶ相当の揺れがあり、家屋の全潰五七九二戸、死者二〇九人。この地震で長さ五〇キロメートルの千屋断層が出現し、東側が最大三・五メートル隆起した。

一九〇六年（明治三九）、アメリカのサンフランシスコで大地震が発生。我が国の地震研究者で組織された「震災予防調査会」のメンバーが現地調査団として派遣される。その一員に佐野利器（建築学）も同行した。被災調査の結果、煉瓦造りの建物は破損が多数みられ耐震性に劣る。鉄骨構造物は一般的に耐震的であり、鉄筋コンクリート造りで剛節（ラーメン）構造として設計されたものは耐震的であり、かつ耐火性のも優れていた。

佐野利器（一八八〇〜一九五六・明治一三〜昭和三一）は、山形県西置賜郡荒砥村に生まれる。一九〇〇年（明治三三）に東京帝国大学工科大学建築学科に入学。一九一〇年（明治四三）にドイツに留学し、西欧各国の現場を視察し一九一四年（大正三）に帰国。『家屋耐震構造論』をまとめ、一九一五年（大正四）に工学博士の学位が授与され、一九一八年（大正七）に東京帝国大学の教授を歴任。のちに、日本大学高等工学校の設立に尽力し初代校長をつとめ、私学教育の発展に貢献したことで広く知られている。

地震の揺れと、家屋被害の関係が次第に明らかとなる。大森式地震計を考案した**大森房吉**（一八六八〜一九二三・明治元〜大正一二）は、濃尾地震と陸羽地震の発生直後、木造家屋の倒潰と観測された地震波の加速度の大きさの関係を見いだした。明治から大正時代、西欧文明を取りいれた象徴の一つとして、西欧風の煉瓦造りのモダンな建築物や、レンガ製造窯業工場や製鉄業の塔状構造物の煙突などが盛んに築造された。大きな地震では煉瓦造りの構造物は壊滅的被害をうけて耐震性が極端に劣る。木造家屋の倒潰で大規模な火災が発生する。被害状況も地盤種別でことなり、地盤のやわらかい沖積層など、軟弱地盤でおおい。土木関係では、斜面や石垣の崩壊、細長い橋脚などで落橋したり、擁壁など構造物の転倒。地震による津波被害も甚大である。

地震の動的な揺れに対して、構造物に作用する水平力をどのように評価するのか、当時、未解明で耐震設計のうえで大きな課題であった。

一九一六〜一七年（大正五〜六）、佐野利器は『家屋耐震構造論上篇・下篇』を震災予防調査会報告に発表し、地震の作用をあらわすファクターとして「震度」の概念を提唱する。これは、柱状体の構造物を転倒させるための必要な横力の大きさを、重力に対する比率で示したもので、kを「震度」と称した。

地震で転倒する構造物の幅bと高さhの比率で求め、その最大のもので地震の強さをあらわすこととした。重心に作用する水平力と鉛直力の比が幅と高さとの比幅b／hが等しいとき、合成力が底辺を過ぎることで転倒すると仮定すれば、比幅は直接水平力と鉛直力の比が震度となる。転倒する構造物の最大比幅が最大震度をあらわすこととなる。

同構造論で、建物の設計に際しては震度〇・一を考慮すべきこと、そうすれば材料安全率三によって

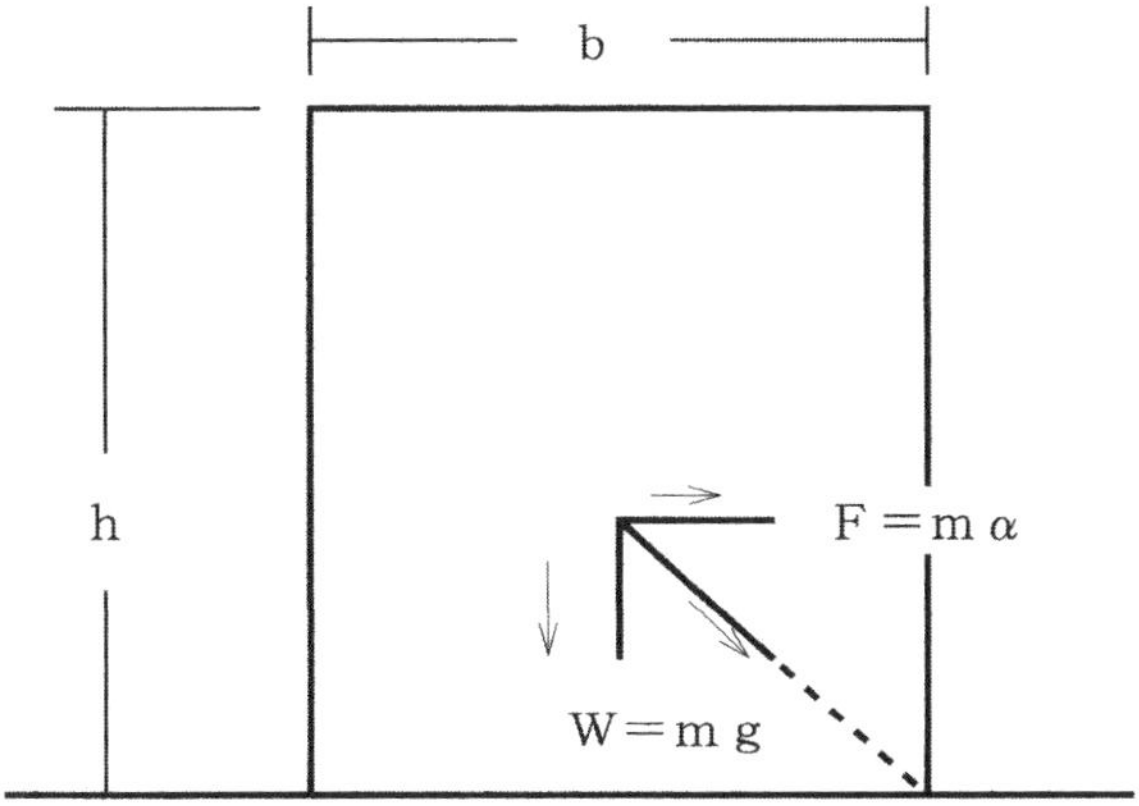

柱状体の転倒模式

$$k = \frac{F}{W} = \frac{m\alpha}{mg} = \frac{b}{h}$$

ここで、mは構造物の重量でW＝mgの鉛直力、Fは構造物に作用する水平力でF＝mα、gは重力加速度、αは水平加速度、bは構造物の幅、hは構造物の高さ。

佐野利器の「震度」の概念

震度Ⅲの地震まで耐え得ることができる。さらに、過去の大地震における震度はおおむね○・五以下と推定できることなどを論述した。

このように、地震力に対する各種構造物の耐震設計について、置き換えられた地震力に抵抗させるためには水平抵抗力の大きい「剛」な構造となるように推奨している。これは、世界ではじめての耐震構造論でその実用性から、当時耐震設計法の基本的理念とされていた。

明治二四年（一八九一）一〇月に発生した「濃尾地震」の被害があまりに大きかったため、翌年（一八九二）、「震災予防調査会」（一九二五が廃止され、のちの東京帝国大学地震研究所となる）が発足した。我が国の地震対策と耐震理論の研究が本格的にスタートする。当時は、建物の揺れと倒壊について地震力をどのように評価するのかが大問題であった。

長穂は、精力的に一九一九年（大正八）『塔状構造物の振動並に其耐震性に就て』（土木学会誌五巻三号）で構造物の振動理論と耐震規定を、翌二〇年（大正九）には『載荷せる構造物の振動並に其耐震性に就て』（土木学会誌六巻四号）を発表。さらに、一九二五年（大正一四）に『貯水用重力堰堤の特性並に其合理的設計方法』（土木学会誌一一巻五号）と『構造物の振動殊に其の耐震性に就いて』（学位論文）などを発表。これらの論文で「震度法」の基礎理論を提案し、一九二四年（大正一三）に『構造物の振動殊に其耐震性に就て』（帝国学士院恩賜賞受賞）で完結した設計体系となった。耐震論の集大成として一九三三年（昭和八）、『土木耐震学』が常盤書房から公刊される。

一九三二年（昭和七）松尾春雄が『地震時土圧の実験的研究』、一九三四年（昭和九）長穂が『地震に因る動水圧を考慮せる重力堰堤の断面決定法に就て』を発表し、ハイダム建設の幕開けとなった。また、長穂は、一九二四年（大正一三）に地震研究所所員として『神戸市上水道堰堤耐振性調査』や関東大震災の土木工事震害調査として『煙突並ニ塔状構造物震害調査』（横浜市内道路調査報告）など、耐震に関する調査研究を精力的におこなっている。

佐野利器が「震度」という概念で、水平力と鉛直力の比や幅と高さの比で構造物の転倒から地震力を横力に置き換えた「建築震度」導入を提案。耐震設計について論じた。長穂は、地震時の構造物の安定性については、転倒のほか、滑動、回転についても考慮しなければならないと論じ、佐野利器の「震度」をさらに発展させ、設計に用いる「設計震度」を提案した。

このなかで、地震力は、水平・鉛直の両方向の加速度を考慮しなければならない。地震の破壊力の尺度として「合震度」という概念を提唱し、震度推定法の理論を展開した。地震力には水平成分の加速度

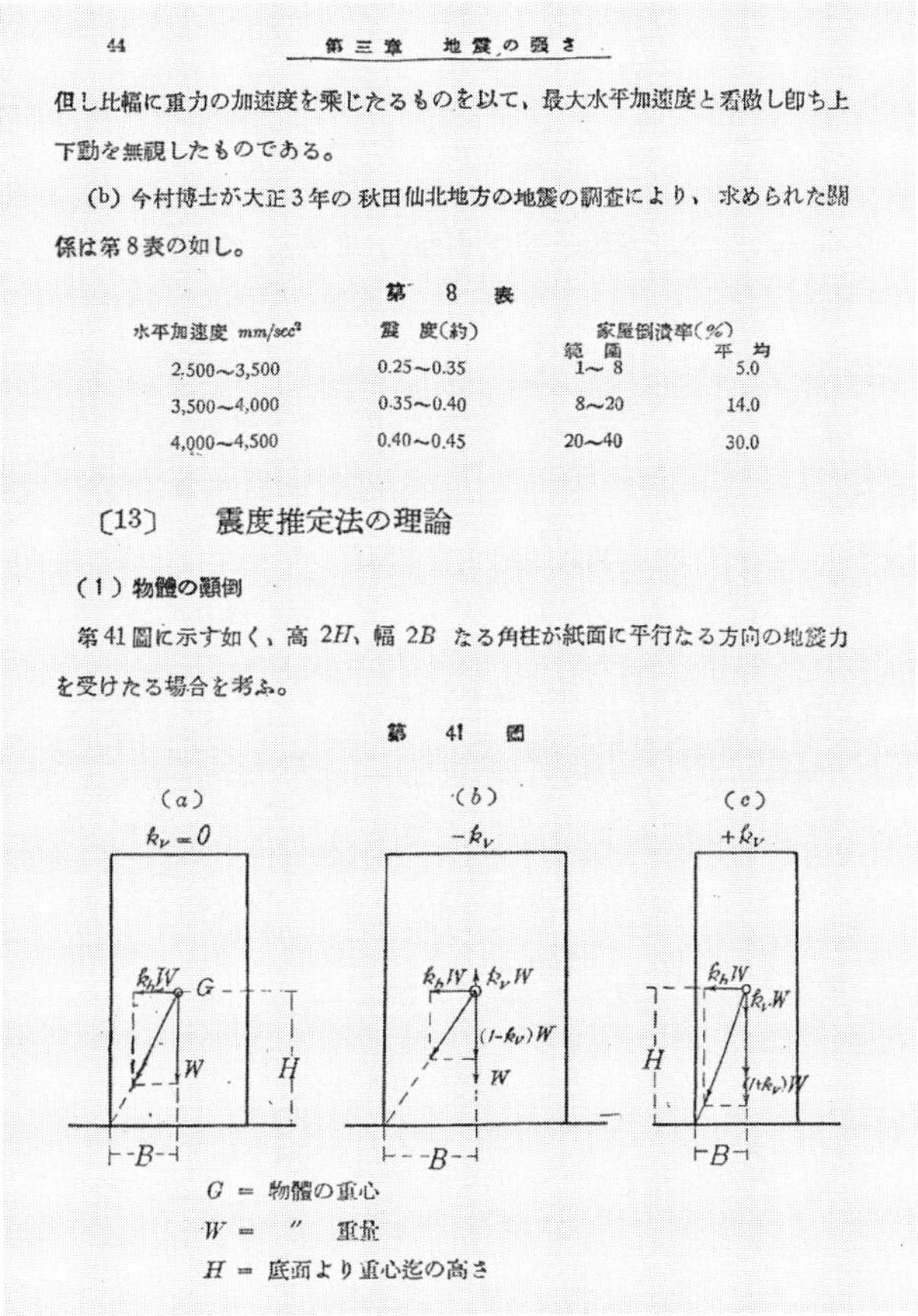

但し比幅に重力の加速度を乘じたるものを以て、最大水平加速度と看做し卽ち上下動を無視したものである。

(b) 今村博士が大正３年の秋田仙北地方の地震の調査により，求められた關係は第８表の如し。

第　８　表

水平加速度 mm/sec²	震度(約)	家屋倒潰率(%) 範圍	平均
2,500～3,500	0.25～0.35	1～8	5.0
3,500～4,000	0.35～0.40	8～20	14.0
4,000～4,500	0.40～0.45	20～40	30.0

〔13〕　震度推定法の理論

(１) 物體の顚倒

第41圖に示す如く、高 2H、幅 2B なる角柱が紙面に平行なる方向の地震力を受けたる場合を考ふ。

第　41　圖

G ＝ 物體の重心
W ＝ 〃 重量
H ＝ 底面より重心迄の高さ

「合震度」理論を展開

のほか、上下方向の鉛直成分もあり、これらを合成して考える必要がある。これが「合震度」の概念である。

佐野利器は最大水平加速度と重力加速度のと比を震度としたが、合震度Kと加速度の関係は次頁の式のおりとした。

また、地震の際、構造物は水平力が作用すると底面において滑動しようとする。滑動に抵抗する力は底面と地盤の摩擦力である。摩擦抵抗のみが作用する場合は、構造物は比幅が大きい場合は転倒しにくいが、ある程度の大きさになると転倒せずに滑動する。

つまり、摩擦係数fがk_h／(1±k_v)、合震度より少なる構造物は滑動しにくく、鉛直震度の大なるときは容易に滑動を起こす。言いかえれば、b／h＜fのときは転倒し、b／h＞fのときは滑動しやすい。

佐野利器は最大水平加速度と重力加速度のと比α_h／gを震度としたが、合震度Kと加速度の関係は以下のとおりとなる。

$$K_h = \frac{\alpha_h}{g} \qquad K = \frac{\alpha_h}{g \pm \alpha_v}$$

ここで、α_hは最大水平加速度、α_vは最大鉛直加速度

底面の摩擦力は構造物に作用する下方鉛直力に接触面の摩擦係数fを乗じたものに等しい。釣り合いの方程式から

$$k_h W = f(1 \pm k_v)W \qquad \therefore \; f = \frac{k_h}{1 \pm k_v}$$

構造物の回転についても、墓石、書籍箱、鏡樓、錘樓卓子等の基礎面上の廻轉現象から論じた。当時、地震発生地域での最大加速度を正確に知るほどの地震計は配置されていない。既設構造物の転倒、滑動、損傷などは、震度または最大加速度より推定するもので、震度推定として家屋の被災は、地方により、建築工法が伝統的に異なり一様でない。新旧家屋や筋交いの有無によっても耐震性は異なる。

そのため

一、いたるところで存在する

二、単純な柱状体のようなもので地震動に対して単純な挙動を示す

三、種々の寸法を有し、小さな地震から大きな地震まで推定できる

の観点から、「墓石」に着眼した。我が国の墓石は全国各地に極めて一様に多数存在する。その形状は多くは矩形で、その高さは幅の二〜五倍である。このため、大地震の推定に極めて便利である。

そして、墓石に着眼したが注意点は

一、墓石は埋め戻しの土の上に設置されているため不等沈下等が生じやすく、支持面が小さいときは周囲の地山より転倒しやすく、過大評価となる。

二、震度が比幅に等しいとき、傾斜しようとする状態にあるが、転倒するには一層大きな震度が相当時間継続する必要がある。転倒墓石の比幅は最大震度より著しく小さい。しかし、一、及び二、は誤差を消しあう性質がある。

三、地震動の方向によって転倒に難易がある。

四、墓石の底幅は慣例と体裁上、高さの二五パーセントより四〇パーセントが一般的である。四五パーセントを超えることは稀有であり、その転倒によって〇・二五以下または〇・四五以上の震度は推定できない。

五、比幅は震度または合震度を示すが、著しい上下動をともなう場合、水平、上下の加速度を個別に知ることはできない。

としている。

そこで、地震時の加速度と家屋の被災率と墓石の転倒、合震度との関係を解析し、「設計震度」を論じた。具体的に一八九一年（明治二四）の「濃尾地震」、一八九六年（明治二九）の「陸羽地震」、一九一四年（大正三）の「強首地震」、一九二三年（大正一二）「関東大震災」での震度と家屋倒潰との関係や地震波の周期、合震度Kのk_hとk_vの関係、家屋倒潰率と合震度の関係、家屋倒潰率と墓石の転倒のデータで解析した。

これらの解析によれば、日本各家屋の耐震力を数字的には評価できない。従来の大地震において調査された墓石による合震度Kと家屋倒壊率の関係では、濃尾地震でK≒〇・四、仙北地震で〇・四七、関東地震で〇・四五～〇・五であるとしている。

なお、長穂は地震時の震動解析で、発表論文の経緯からみると細長い塔状構造体の煙突の着目していたようだ。煙突の自由振動と強制振動からアプローチしようとしたが、構造体の材質により振動特性や倒壊の仕方が極端にことなるため、シンプルな矩体構造である「墓石」を選定したと推察される。

耐震設計で使用すべき設計震度

長穂の著書『土木耐震学』では、耐震設計の際しての「設計震度」を次のように提案した。

土木工事の多くは、其使命殆んど永久的にして、少なくも数十年、時として数百年の耐久を全うしなければならぬ。従て工作物の壽命中必ず大地震の襲来を豫期せねばならぬ。然し總ての工作物に最大地震に抵抗し得る強度を與ふるは、經済上極めて困難なるを以て夫等の使命に依り二種に區分する。

大きな地震の揺れにより土木、建築構造物のおおくが被災をうけた。地震波の観測と解析、その被災状況調査から墓石の転倒をファクターとして、家屋倒壊率と合震度の関係から設計震度を導きだした。耐震設計にあたっては、地震動の水平力をどの程度見積もれば構造物の安全性を確保できるのか、設計条件の基本事項であるが、それまでは確立されていなかった。

長穂によって、構造物の耐震設計で使用すべき「設計震度」が提案されたのである。

地震時の動的な水平力を等価な静的な横力として置きかえる。構造物の鉛直力に設計震度を乗じたものを静的水平力として与えることにより、安全性は確保できる。その際、地盤条件、地震の生起頻度の大小、構造物の重要度を総合的に考慮しなければならない、としている。

日本列島の地図上に震源地をプロットすると、真っ黒になるほどの地震大国である。世界の一パーセントに満たない国土面積で、世界で発生する地震の一〇パーセントが日本列島付近で発生している。地

耐震設計で使用すべき設計震度

地　方	従来屢々大地震ありし地方		大地震の殆どなかりし地方	
地　質	冲積層	硬地盤	冲積層	硬地盤
（a）	0.25 ～ 0．30	0．10 ～ 0．15	0．10 ～ 0．15	0．10
（b）	0．15	0．075	0．075	0．05

（a）公共的工作物にして其破壊に因り公共に重大なる危険を及ぼすもの、家屋等の如く直接人命に係はるもの等は、其地方に於て将来豫期せねばならぬ最強の地震例へば 0.10 ～ 0.3 以上の震度に抵抗せしめねばならぬ。

（b）震害が単に經濟的損失に過ぎざるもの、公共的工作物にても人命に関係なく容易に應急の修理を爲し得るもの、又は假工事の如きものは（a）の 1/2 程度の地震に耐えう得れば充分である。

地震帯は地殻構造の比較的弱點を示すものなれば、之に近き地方は将来も強大なる地震を豫期せざるべからず、且つ冲積地は附近の良地盤に比し、震度著しく高きを常とするを以て是等を適當に考慮し、土木の耐震の使用すべき震度の私案を表示する。

震対策は各国より、より一層の配慮が必要となる。物部長穂が提案した「設計震度」は、各国との比較でどの程度になっているのか。我が国は全国平均の「設計震度」ｋは〇・二二。それに対して、アメリカで〇・〇八、フランスで〇・〇三、ドイツでは〇・〇〇である。アメリカは西海岸のカリフォルニア地方に集中している。ドイツ、フランスに行ったとき、高層ビル建設用のクレーンの骨組み部材が異常に細いのに気づいた。水平荷重は風荷重のみで、地震力は考慮しなくてよい。逆にいうと、我が国の構造物は、諸外国に較べて頑丈にする必要があり、コスト高となる。諸外国では前例のない耐震という分野に着目した先見性と着想に感服する。近代科学、技術思想、技術のあり方の原点を見ることができる。

さらに、前掲の地盤条件を沖積層、硬地盤に分類した。ダムは一般に硬地盤に基礎を求めるが、土木構造物のおおくは平地部の軟岩層、冲積層、洪積層に建設される。地盤を強固にすれば、耐震性の向上に寄与することを意味している。言いかえれば、軟弱地盤は、杭基礎や地盤改良すれば、耐荷性とともに耐震性能の向上をはかれることを予見している。現在実施されている軟弱地盤改良の方向性の萌芽を大正・昭和時代初期に提起し、耐震性とともに耐荷性についても示唆している。

この耐震理論は、「防災基本計画」、「河川管理施設等構造令」や「河川構造物の耐震性能照査指針・解説」など細分化されてはいるが、その基本理念は現在も変わることなく継承されている。

土木学会賞の受賞

長穂の構造物の振動理論の出発点は、当時東洋一といわれていた大分県の久原鉱業佐賀関精錬所の煙突の振動がヒントであった。この大煙突は海風によって振動していたが、その振動は高さに応じて規則性があった。長穂は、この現象はどの構造物にもみられる現象ではないかと、構造物の振動について調査・研究をすすめる契機となった。当時、長穂は内務省土木局の技師で、また、東京帝国大学助教授を兼務。激務のかたわら、水理学と並行して、耐震構造設計論について深夜や土曜日・日曜日をさいての調査・研究の日々を送っている。

一九二〇年（大正九）、これまでの研究成果を取りまとめて『載荷せる構造物の振動並に其耐震性に就て』を土木学会誌上（六巻四号）に発表。この論文は耐震設計の発展に大きく貢献すると高く評価され、創設されたばかりの第一回土木学会賞を受賞する。

土木学会は、一九一四年（大正三）九月に設立発起人総会を開催。翌四年一月に第一総会を東京市で開催して発足する。初代土木学会会長に**古市公威**が会長に就任。現在の土木学会は二〇二二年（令和四）四月現在で、個人・法人・学生会員全体で三万八三四三名をようする我が国最大の土木工学界の法人組織。土木工学の進歩、土木事業の発展を図り、学術文化に寄与している。

現在、土木学会の表彰規定には次のような賞がある。

功労賞　土木工学の進歩、土木事業の発展、土木学会の運営に顕著な貢献があった

技術賞　土木事業の計画・設計・施工に関し、土木技術に画期的な業績があった

論文賞　土木学会誌等に論文を発表し、学術・技術の進歩発展に独創的な業績があった

吉田賞　コンクリート構造物関係の研究論文・設計施工等が対象。

田中賞　橋梁関係で、論文と作品部門がある

技術開発賞　創意工夫に富む技術開発や実用化に功績があり、土木技術の発展を通して社会に貢献があった

著作賞　学問分野の体系化や新しい学問分野の開拓、土木技術者の活躍を広報に貢献があった

の七部門の賞があり、これらの賞を総称して「土木学会賞」と呼ばれている。長穂が受賞したときは、まだこのように部門別に分類されていない。確証はないが、この賞は長穂を顕彰するためにもうけられたと言われている。

また、長穂は同年（一九二〇）これらの調査研究した資料を整理し、構造物の振動理論や耐震性についての数理学的研究としてまとめて、学位論文を母校の東京帝国大学にも提出。論文名は、『構造物の振動並に其耐震性に就て』と題するもので、

第一章　載荷せざる塔状構造物の振動並に耐震性に就て
第二章　載荷せる構造物の振動並に耐震性に就て
第三章　橋梁の振動並にその衝撃作用
第四章　吊橋の振動並にその衝撃作用

という四章六三節からなる。構造・耐震工学に多大の貢献があると認められ、一九二〇年（大正九）四月二七日、工学博士の学位が授与された。長穂、三二歳の若さであった。この工学博士の学位は旧学位令によるもの。当時、工学博士は一二名しかいなかった。卒業年次が明治四〇年代（長穂は四四年卒業）で学位を取得したのは長穂一人。翌一〇年からは新学位令によって博士が急増している。つまり、当時長穂は最年少の学位取得の工学博士であった。

関東大震災

一九二三年（大正一二）九月一日、関東一円は夜明けから南風をともなう激しい雨が降りつづいていたが、午前一〇時ころには降りやんだ。雨あがりのあと、残暑のむし暑い夏の日盛りで、正午少し前、正確には午前一一時五八分四四秒、北緯三五度一二分、東経一三九度一八分を震源とするM七・九の地震が関東南部を襲った。「関東地震」（関東大震災）である。

この大震災が襲った九月一日は、政変の真っただなかにあった。八月二四日に加藤友三郎首相が死去。加藤内閣は総辞職し、八月二八日に後継首班の「大命」が海軍大将山本権兵衛に降下していたとき。しかし、九月一日現在、第二次山本内閣は成立しておらず、山本内閣に事務引き継ぎをするため、内田康哉前外務大臣が臨時首相代理をつとめていた。

東京で観測された最大振幅は一四～二〇センチメートル。ちょうど昼の炊事の支度時を襲った地震は、一瞬のうちに木造家屋を倒壊させた。このため、東京だけでも火事の火元は一八七カ所にもおよび、おりからの強い南風にあおられ、五八もの火流となって、毎時八〇〇メートルもの速さで、町は火の海と化してなめつくしていった。特に、東京下町は悲惨きわまりないものであった。

このように、地震後に発生した火災が被害を増大させた。『理科年表』（東京天文台編纂、丸善）によれば、死者九万九三三一人、行方不明者四万三四七六人、家屋全壊一二万八二六六戸、半壊一二万六二三三戸、焼失家屋四四万七一二八戸とその被害は未曾有の甚大なものであった。

最近の研究で、死者数のカウントに重複があり、一〇万五〇〇〇人余とされている。

被害調査の写真帳
（所蔵・大仙市アーカイブズ）

長穂は、地震の揺れによる構造物の耐震理論をライフワークにして、調査・研究をすすめていた。その一定の成果として、あいついで論文を発表。そして、これらの研究成果を整理して集大成して、一九二〇年（大正九）『構造物の振動並に其耐震性に就て』の論文名で工学博士の学位を取得した。関東大震災は、その三年後の出来事であった。

実際の地震という荷重（外力）によって、実構造物がどのような挙動を呈し、被災するのか。そのメカニズムを解明する絶好の機会でもあり、逆に長穂の耐震理論が試される機会でもあった。余震がまだつづき、火災の煙でむせかえり、瓦礫が山のようにあるなか、何かにとりつかれたかのような眼をいきいきと輝かした長穂の姿が被災地にあった。被災後、不逞朝鮮人や社会主義者が放火の犯人であり、暴動を企てているという流言蜚語で市中は騒然とし、身の危険さえあった。そんな危険もかえりみず、綿密で科学的な被害調査や、膨大な数の写真撮影におわれる毎日であった。のちに、長穂が作成した詳細な被害報告書は、その後の地震被害調査書の手本となる。従来までの構造理論によれば、地震の揺れによって六階程度の高層ビルは、一階部分のところが大打撃をうけるものと考えられていた。しかし、崩壊したビルは、一階ではなく中層部の三、四階である。ほとんど全てのビルは同じように崩壊しいる。また、塔状構造物の煙突も下端ばかりでなく、上部の三分の一のところで破折している。橋梁の基礎である高く造られた橋台や橋脚もまたおなじである。

これはいかなる現象なのか。耐震構造理論が問いなおされる被害状況であった。

帝国学士院恩賜賞の受賞

長穂は、土木構造物の振動や耐震設計の論文を次々の発表し、名実ともに耐震研究の第一人者の指導的地位の権威者となる。これらの耐震理論が公表された三年後に巨大地震が関東一円を襲った。

一八九一年（明治二四）一〇月二八日に発生したM八・〇の我が国で最大の内陸地震である「濃尾地震」の教訓から、「震災予防に関する事項を攻究し、其の施行法を審議する」ため、翌年「震災予防調査会」が設立された。未曾有の震災であったにもかかわらず、被害を最小限にくいとめるために有効な対策をうちだせなかったとする反省から、抜本的な転換にせまられた。

関東地震の被災調査終了を契機に、地震対策をより充実させるため、震災予防調査会の調査研究方法を見なおす必要にせまられた。地震をもっと物理学的、理論的に研究する必要がある、との理念から、

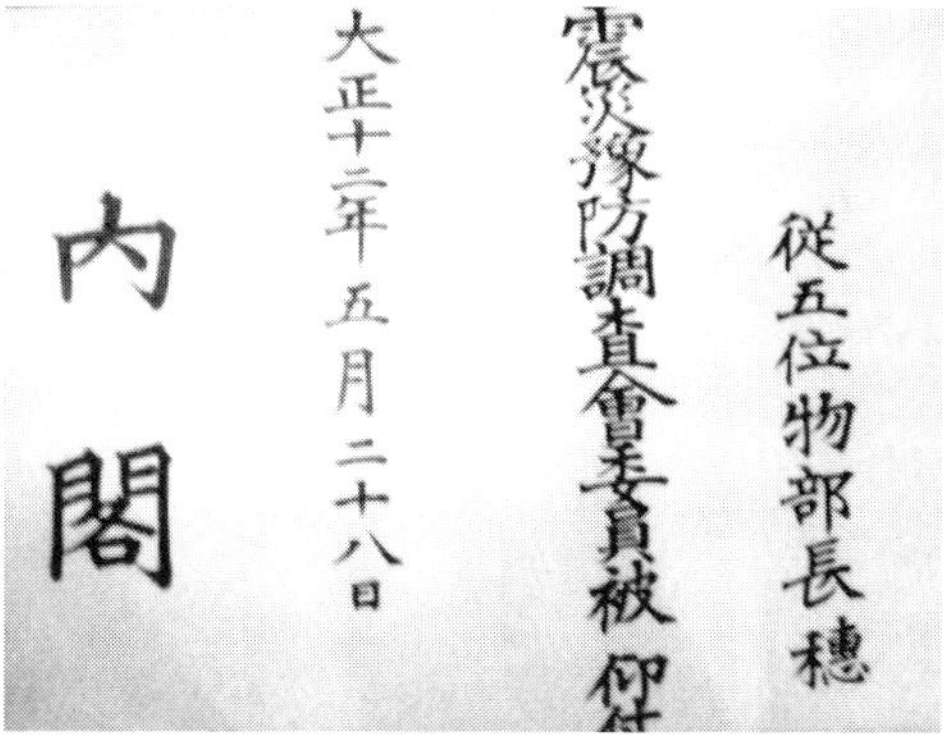

委員委嘱状
（所蔵・大仙市アーカイブズ）

一九二三年（大正一二）に「震災予防評議会」の設置とともに震災予防調査会は廃止される。

一九二五年（大正一四）一一月、震災予防調査会の業務を引き継ぐようなかたちで東京帝国大学に地震研究所が設立される。**長岡半太郎**（一八六五〜一九五〇・慶応元〜昭和二五）、**寺田寅彦**（一八七八〜一九三五・明治一四〜昭和一〇）など我が国を代表する物理学者や地震研究者、地震学をはじめ、地質学、岩石学、土木、建築工学、船舶の震動論や音響学の波動論を専門とする若手研究者などで構成され、我が国の地震学の新しい局面をひらく組織として出発する。

当時、長穂は、一九二三年（大正一二）五月二八日、内閣から震災予防調査会の委員、一九二五年（大正一四）一一月四日、震災予防評議会の評議委員に任命され、地震学や耐震技術に深くかかわっており、東京帝国大学地震研究所の所員にも所属していた。その研究成果は世界的に誇りうる高い水準に達している。耐震工学の設計体系が完結したと考えていた矢先の「濃尾地震」以来の巨大地震が帝都東京一円が甚大な被災をうけた。

地震は、はじめはごくありふれた普通の揺れであったが、次第に強くなり、外に飛びだした人びとは激しい揺れに立っていられないほど。関東南部の広い範囲で震度Ⅵが記録され、その揺れは相模湾沿岸や房総半島南端では現在の震度Ⅶ相当する。

揺れによる被害が最も激しかったのは神奈川県小田原市付近で木造家屋の全壊率は五〇パーセントを

こえ、東京市内でも家屋被害率は約一一パーセント。特に隅田川以東で全半壊がおおかった。鉄筋コンクリート造の被害率は約八・五パーセント、煉瓦造で八五パーセント、石造で八三・五パーセント。浅草の「十二階」（高さ五二メートル）のビルが八階の床上から折れ崩れたのは有名な被災として知られている。

長穂は、余震がまだつづき、火災で焼け野原となり瓦礫が山のようにあるなか、科学的で緻密な被害調査をおこなう。調査区域は東京府、神奈川全域におよび、塔状構造物の煙突や高層ビル、煉瓦造りや木造の建物、橋梁、崖崩れ、津波など広範囲にわたりくまなく調査し、写真帳としてまとめられている。たとえば、煙突、塔などの塔状構造物は、東京・横浜・横須賀地方二四三カ所の煙突について、構造材料と被害状況について調べあげている。震央の方向と倒壊の関係に着目していたようだ。

震源に最も近き横須賀市附近に於ては大多数は震央に向ひて倒れ、それより稍遠ざかりたる横浜市附近に於ても震央に向ふもの大多数であって、煙突の大部分は既に縦波に依て倒壊せる事を示し、東京に於ては震央方向に直角に倒れたるものが大多数であるが、震央の反對向きに倒れたものも多く明に横波主要動に因る事を示すものである。

九月二六日には『震害報告書』を短期間で作成し土木学会に報告。河川・かんがい・砂防・運河・港湾之部と電気関係・土木工事之部から構成される内容。構造物や家屋被災と墓石の転倒などから、地震による破壊または転倒その他の原因は三つ要因が考えられるとし

一、直接地震の震動による
二、地震によって誘起されるその箇所における地震の副震動又はその変形によるもの
三、構造物自身の震動又は変形によるもの

と、まとめられている。煙突や高層建築物の被害は、その根元や最下層の一階が被災を受けると考えられていた。しかし、被災後の調査によれば、煙突の塔状構造物や高い橋梁の基礎構造物では、その根元で切断されているものもあるが、上部一／三のところで多く破折している。高層建築物の多くは中層階で倒潰している。特に煙突と橋梁の高い橋脚の被災は入念に調査されている。八王子の大阪窯業の煉瓦造りの煙突は、高さ一二〇尺のうち鉄骨造りでない上部一〇尺が落下したなど、写真のわきに構造や被災状況が詳細に記述されている。自身の目で確認された被災状況から、従来の耐震設計理論の不足を解明し、修正する必要にせまられ、全精力をそそいだ。

一九二四年（大正一三）に『地震上下動ニ関スル考察並ニ震動雑論』を土木学会誌上（第一〇巻第五号）に発表。関東大地震で得られたデータや被害実態調査結果などから、従来は水平動の加速度のみに着目していたが、上下動の鉛直加速度も考慮しなければならず、耐震設計は動力学的に考えるべきである、とした内容。

各構造物には固有の振動周期がある。地震の際、その固有振動周期と地震動との関係で複雑な振動がおこる。両者の周期が接近するほど振幅の増加が認めら、被害をおおきくする。構造物の振動周期と地震動による地盤の振動周期と上下動に着目して、構造物を弾性体として動力学的に取り扱って設計すれば、地震対して強い構造物を設計できるというもの。その着眼点は、従来まで地震動による複雑な振動を静的に評価し、剛構造物を推奨していたが、それを動力学的に弾性論として取り扱うよう発展させた。高層建築物などは柔構造とすれば地震に対して粘り強い構造物となるというもので、それまでの剛構造物の考え方を根本的にくつがえすものであった。のちに、この耐震設計理論は、我が国初の高層建築の霞ケ関ビルの設計に応用されていく。

弾性体とはゴムのような構造。力が作用したときは変形するが、力を取りのぞけば元の状態にもどる挙動を呈する。その反対が塑性体で、粘土のようなもの。力を取り除いても元の状態にはもどらない。剛構造は力が作用しても変形しなことを前提としているが、耐力をこえると破損する。柔構造はその反対で、荷重に追随した弾性体のような粘り強い構造となる。

この研究成果がまとまったのは、関東大地震から一年後の一九二四年（大正一三）。論文の草稿には、自大正六年（一九一七）至大正十三年（一九二四）と、自身の耐震研究の集大成として七年間の研究期間の意味がこめられている。『構造物ノ振動殊ニ其耐震性に就て』と題するもので、全体で七〇〇余ページの大論文。

同論文が発表されたのは、関東大震災後の帝都復興が槌音高く鳴り響く時期。この研究論文は、構造物を力学的に弾性論で取り扱い、動力学的に数理解析する理論である。従来の耐震工学を根本的に変えるものであった。

学界では、震災後の復興の途にあった土木構造物や建築設計に一大変革をもたらし、コペルニクス的転換であると高く評価された。日本学士院八十年誌によれば「地震学上先人未踏ノ地域ヲ開拓セシモノ」と高く評価された。翌年（一九二五）三月一二日、帝国学士院会は、会長の穂積陣重の司会によって定例会議を開催。議題は学士院恩賜賞と学士院賞の選考であった。数おおくの論文の中から物部長穂の「構造物ノ振動殊ニ其耐震性の研究」と東京帝国大学助教授矢吹慶輝の「三階教の研究」が選定された。

ここに、物部長穂は科学、技術学界の最高栄誉である恩賜賞が授与された。これは土木工学界では初めての栄誉であった。受賞に際して

あんな論文が恩賜賞を受けるとは思ってもみませんでした。内務省土木課では河川改修の仕事を

本業としていますので、十分な研究もできず、公務の余暇や土曜、日曜を利用してやってみました

と湧きでる喜びをかみしめながら謙虚に語っている。土木試験所長に勅任される半年前であった。

この恩賜賞が授与された研究論文は、のちに著書『土木耐震学』として常磐書房から一九三三年（昭和八）に集大成し公刊される。

長穂は、耐震設計理論の成果の一つとして、一九二八年（昭和三）八月一五日付けで「耐震池壁」で特許を取得する。この耐震理論を駆使して、群馬県北部、利根川水系片品川左支川、大滝川の最上流に計画された発電専用の丸沼ダムの基本設計をおこなった。

192　第九章　柱狀構造物の自由振動

第九章　柱狀構造物の自由振動

〔36〕 柱體の自由振動週期

（1）断面一樣なる柱體の自由振動週期

先づ塔狀構造物中最も簡單なる斷面一樣の柱體に於て、下端が地面に固定さるる場合に對し自由振動週期を計算する。

高さに比し斷面小なるを以て彎曲振動（Bending vibration）のみを考慮し、原點を地表に採り、柱軸上に上向に x 軸を採る。

y = x 斷面に於ける柱軸の水平撓度　　A = 柱の斷面積

I = 柱の斷面の慣性能率　　E = 材料の彈性係數

l = 柱體の高さ　　ρ = 材料の單位體積の質量

變形に對する內部摩擦の影響を無視すれば y は次の偏微分方程式より求め得る。

$$EI\frac{\partial^4 y}{\partial x^4}+\rho A\frac{\partial^2 y}{\partial t^2}=0 \cdots\cdots(118)$$

而て水平斷面に作用する彎曲力率 M, 剪力 S は次の如し。

$$M=-EI\frac{\partial^2 y}{\partial x^2} \quad S=EI\frac{\partial^3 y}{\partial x^3} \cdots\cdots(119)$$

從て（118）式より y の値を得れば（119）式に依り M, S を求め得る。

（118）式を解くに當り y は週期的に變化するを以て次の如く置く。

$$y=u\cos pt \cdots\cdots(120)$$

玆に u は x のみの函數にして、（120）式を（118）式に代入して

$$\frac{d^4 u}{dx^4}-m^4 u=0 \quad 玆に \quad m^4=\frac{\rho A}{EI}p^2,\ p=\frac{2\pi}{T} \cdots\cdots(121)$$

上の微分方程式を解きて u を求むれば

$$u=C_1\cosh mx+C_2\sinh mx+C_3\cos mx+C_4\sin mx \cdots\cdots(122)$$

著書『土木耐震学』の一部

一九三一年（昭和六）に東京電燈の建設によって完成し、国内で現存する六基のバットレスダムのうち最高の堤高三二メートルをほこる。発電専

用ダムとしては唯一国の重要文化財（建造物）として、二〇〇三年（平成一五）一二月二五日に指定された。現在、東京電力リニュアルパワーが管理している。

貯留水の水圧の横荷重をダム堤体自身の重量でなく、前面の支壁のスラブで支える構造。重力式コンクリートダムよりコンクリート打設量が少ないため、建設費や工期ですぐれている。さらに重力式にはむかない軟弱地盤でも建設が可能という利点がある。

建設現場は積雪寒冷地であり、作業期間が限られ、軟弱地盤であり、バットレスダムの適地であった。長穂は、このバットレスダムの構造を、薄い平板のスラブと支壁を梁と水平材で支える壁構造として設計。完成から九〇年以上経過した。竣工時の建造美の姿を現在にとどめ、物部耐震理論のモニュメントが重要文化財として、その存在を後世に伝承しつづけている。

断層と地震

長穂が耐震工学の傾倒した背景には、自然界の脅威である地震そのものに興味があったのではないだろうか。地震発生のメカニズムの考え方について、当時と現在の考え方を整理してみたい。

再び、長穂著の『土木耐震学』のなかで、地震とその原因について、

地震の起る原因に就ては未だ明確に説明されては居らぬが、從來の簡單なる考察に豫れば地球が冷却するに伴ひ地殼の内部が漸次収縮し、その結果既に冷却凝固せる外側の地殼に作用する横壓力の集積に依て斷層、褶曲等の急激なる地變を生じ、之に伴ふて地震が發生するものと看做された。　中　略

地殼が凝結して以來極て長き間に侵食堆積其他の自然作用に依り、極めて除々ではあるが、而も

絶え間なく壓力の平衡は失はれつゝあるを以つて、我等の大地は其内部に於て常に壓力の偏倚集積が進行し、大小の變位破壊を起しつゝありと想像さるゝを以て、地震は夫等の急激なる場合に伴ふ現象であると考へらるゝ。

と、その認識を示している。

火山性地震は別として、地震の発生メカニズムが明確にわかったのは一九六〇年代にはいってからの、いわゆる「プレートテクトニクス」が提唱されてから。この着想は、地球物理学、地史学、古地磁気学、測地学、地震学など、地球科学全般の研究成果を俯瞰して体系化された。

それまでは、「地球収縮説」が指導的原理とされていた。この理論は、地球が冷却とともに収縮していく。あるところでは陥没して海洋となり、陥没しなかったところが大陸で、収縮による横圧力によって山脈が形成された。この収縮にともなう断層や褶曲の急激な地変が地震の発生原因である、と考えられていた。長穂の記述の前半部分は、この「地球収縮説」の立場にほかならない。

一九一一年（明治四四）、米国のリード（H.F.Rrid）による地震発生に関する「弾性反発説」が提唱される。これは、「弾性ひずみによる弾性変形から塑性変形、そして破棄」というメカニズムと考えられていたが、仮説の域をでていない。

現在では、プレートテクトニクスによって地震活動が説明されている。大陸や海底の動きは、いくつかのブロックに分かれており、その各々はあたかも硬い板（プレート）のように動いている。この現象は、一九一五年（大正四）、アルフレッド・ウェゲーナー（Alfred Lothar Wegener・一八八〇～一九三〇）が『大陸と海洋の起源』で提唱した「大陸移動説」を、大陸を水平方向に移動させる原動力までは物理学的に説明できなかった。地球の地殻を構成するプレートは、一〇数枚の部分に分かれており、毎年一～一〇センチメートル程度の速さで水平方向に相対運動している。太平洋の中央海嶺で生成されたこれらのプレートは、深海底の日本海溝やマリアナ海溝、南海トラフといったところで、地球の内部に斜めに沈みこんでいく。このように、プレートの沈みこみにともなう海洋プレートと陸側のプレートの境界面にひずみが蓄積する。このひずみが限界に達して破壊が生じ、エネルギーが解放される。これが現在定説となっている地震の発生メカニズム。また、プレート内断層に蓄積されたひずみが、せん断破壊により解放され、地震が発生する。言い換えれば、プレート間で固着したひずみや、断層活動にともなうエネルギーの解放が地震である。

長穂は、「我等の大地は其内部に於て常に壓力の偏倚集積が進行し」と地球収縮以外の活動で地球内部の地殼にエネルギーが蓄積するのではないのかと考えている。その洞察力は、将来の科学が発展する方向性が示唆され、その先見性が発揮されている。

地震による地盤の揺れかたには独特の振動がある。一般に、まずはじめにカタカタと細かく揺れ動く。やがて大きな振動がはじまり、そしてユルユルと大きな揺れなって次第に減衰していく。これらの振動は、P波、S波、表面波と呼ばれるものが、波速の違いにより順次到達するために揺れる。

P波は、音波などのように、震源から伸び縮みの状態で地球内部を伝搬する縦波。その振動方向は波の進行方向とおなじ。地震波のなかで最も速い波で、最初に到達する波という意味で、P波（Primary wave）と呼ばれる。P波は震源の情報を運んでくる波形。地下でどのような現象がおきているのか、断層がどのようにズレているのか。P波の波形の継続時間は断層破壊（ズレ）と一致する。波形の立ちあがりパルスは三角波形となる。三角形の底辺の幅は、震源での地震継続時間に比例し、三角形の面積は断層面の大きさとズレの大きさに比例する。断層が速くズレたのか、ゆっくりズレたのか、その情報を与えてくれる。速度は、地殻でおよそ一秒間に六〜七キロメートル。

S波（Secondary wave）は、第二番目に到達する波という意味で、震源からねじれの状態で地球内部を伝搬する横波。その振動方向は波の進行方向と直角で、波速はおよそ一秒間三〜三・五キロメートル。地震波の主要動である。

表面波（Surface wave）とは、地表面に沿ってだけ伝わる波。P波やS波は地球内部にまで振動状態を伝える実体波であるのに対して、ちょうど水の波のように表面近くの部分だけが運動し、水深の深い内部のほうは静止しているような振動で、ある速さで移っていく。

表面波のうち、波の進行方向を含む垂直面内で振動するものをレイリー波（一八八五年に発見、発見者のL.Rayleighにちなんで名付けられた）、その表面に直角な面内で振動する波をラブ波（一九一一年に発見、発見者H.Loveにちなんで名付けられた）と呼ばれる。波速は、およそ一秒間に三・三キロメートル。

長穂著の『土木耐震学』では、「地震動及び震源」の項で、地殻を構成する岩石の弾性係数、ポアソン比、密度から、岩石の種類ごとに縦波、横波、表面波を算定している。これらによれば、その波速は、

縦波の伝搬速度　　五・八キロメートル／秒
横波の伝搬速度　　三・五キロメートル／秒
表面波の伝搬速度　三・三キロメートル／秒

と算出されている。長穂が、岩石の物性値から算出した地震波の伝搬速度は、現在最新機器で観測されたものとほぼ同値であり、その非凡さの一端をみることができる。

第五章　近代化への行政組織と高等教育

明治時代の高等教育

明治維新は我が国の近代国家の出発点。一六〇三年（慶長八）徳川家康からつづいた第一五代徳川慶喜が大政奉還する一八六七年（慶応三）八月まで、二六五年間つづいた封建体制が、江戸幕藩の崩壊で終焉をむかえ、日本が明治維新へとつきすすんでいった。封建制度の幕藩体制から廃藩置県の中央集権へ、鎖国から開国へ、身分制度は「士農工商」から「四民平等」へと、統一国家の社会体制の確立が急がれた。激変する政治経済体制を前進させるため、欧米諸国の先進事例を学び、次代をになう人材の養成が急務であった。

国家としての人材養成は、幕臣の子弟を対象に江戸幕府が蘭学、英学、翻訳事業など洋学を研究する機関として一八六三年（文久三）一〇月、「開成所」が設置される。開成の名は、「開物成務」、あらゆる物事の開拓、啓発、あれゆる務めを成就するという中国の『易経』から命名され、神田錦町にあった。教授科目は、語学として、オランダ語、英語、ドイツ語、フランス語、ロシア語、諸科として人文、地理、窮理、数学、物産、化学、器械、画学、活字など、洋学が中心。その源流は、外国の文献を研究・翻訳し、それを教育するため一八五七年（安政四）に開設された「開成学校」までさかのぼる。

一八六八年（明治元）一〇月、明治新政府が「開成所」を接収し、官立の組織として「開成学校」として再興。この学校は、現在の東京大学の源流とみなされている。明治初年以降、幕府や各藩は、きそって給費留学生を欧米各国に派遣する。留学生の選考基準はあいまいで、派遣先からの苦情や退学の申し出など、弊害があいついだ。その後、学校制度も改正され、大学南校、医学校に分割し、修学年齢を一六歳以上二〇歳未満とした。知事が証明をあたえて貢進するものを大学生として修学させた。各藩一人を原則とし、禄高により大藩は複数人。学科は、教科、法科、理科、医科、文科の五科。教育の進歩をはかり、人材養成の途をきりひらくには、優秀な人材を海外に留学させ、先進学術を習得させることが急務の課題となった。

一八七一年（明治四）九月、学制が改正される。旧藩の貢進制度が廃止され、三〇〇余名の貢進生がいったん退学を命じられる。入学規則が改正され、旧藩貢進生と一般からの募集によって優秀な人材を選抜する。文部省は一八七三年（明治六）一一月、給費留学生制度を廃止し、いったんすべての留学生の帰国を命じる。人物、学力の選考や身体検査の不備、派遣先の苦情や退学など、おおくの問題が発生したことによる。

一八七四年（明治七）五月、「開成学校」は文部省所管の「東京開成学校」と改称する。法学、化学、工業学、諸芸学、鉱山学の五科で構成され、学生を教育する官立大学校とさだめ、当時、我が国における最高学府として再編される。のちの帝国大学の基礎となった。同年七月、学力優秀、品行方正などの基準で、学生一一名が選抜され、文部省第一回給費留学生として欧米先進諸国に派遣される。

工部大学校の設立

明治維新は、欧米先進諸国においつくため、「富国強兵」、「殖産興業」、「文明開化」を合い言葉に、国づくりがすすめられた。国づくりの基本は、その基礎となる交通施設（鉄道、道路、港湾など）、情報伝達施設（電気、電信、郵便など）、生活基盤施設（電力、水道、ガスなど）、防災施設（河川や海岸の堤防、砂防ダムなど）など。いわゆる社会資本の形成、整備が近代国家経営の出発点となった。国土計画は、時間軸としての鉄道、電信などとともに、空間軸として生活、防災などに分類されるだろう。

この政策をおしすすめるため、担当する行政組織の体制確立が急がれた。一八七〇年（明治三）閏一〇月、大蔵省から分離された民部省の鉱山、鉄道、製鉄、燈明台、電信機の五掛が移管されるかたちで工部省が発足。翌年には、一等寮として工学、勧工、鉱山、鉄道。二等寮として土木、燈台、造船、電信、製鉄、製作の一〇寮と測量司をもって陣容がととのえられた。

一八七二年（明治五）に制定された工部省事務章程には「工部ハ工業ニ関スル一切ノ事務ヲ総管ス」とあり、英語表記では、Publis Works Department となっている。社会資本形成のための一大公共事業組織として、あわせて新しい重工業を直営する政府機関として創設される。

工部省内に近代的エンジニアリングを担当できる技術官僚を養成する高等教育機関が設置される。工学寮である。一八七四年（明治七）には官費入校生をうけいれ、卒業後七年間は工部省奉職が義務づけられた。工学寮は「工部ニ奉職スル工業士官ヲ教育スル学校」。専門科は、土木、機械、造家、電信、化学、冶金、鉱山の七科で構成され、修業年限は予科二カ年、専門科二カ年、実地科二カ年の六年間であった。

一八七七年（明治一〇）、専門高等教育のための校舎が完成し、一月に工学寮は廃止され、工作寮所管になると、工部大学校に改称した。これが、現在の東京大学工学部の前身。工部大学校は、近代国家に移行す段階での、公共事業にたずさわる技術官僚、Sivil Engineering の養成が開始される。

予科の二カ年間は、基礎科目として、英学、数学、理学、化学、書房、本朝学など。専門科の二カ年間は、測量、土木図学、地質学、実地野業など。実地科の二カ年間は、「専ヲ実地ニ就テ事業ヲ修ル」と卒業論文の作成。

技術の基礎となる理学の重視、理論と実践の調和という先進的で総合的な教育理念のもとに、近代日本をになう技術者の養成にあたった。

内務省土木局の発足

明治新政府は、古代律令官制を参考に政府職制を定めたが、大号令、政体書、職員令、太政官制など、初期はめまぐるしく改定される。一八六九年（明治二）二月、府県にたいする国内行政を専管する民部省を設置。戸籍、租税、駅逓、鉱山、経貧、養老を所管する。わずか一カ月後には金穀、出納、秩禄、造幣、営繕、用度を担当する大蔵省と民部省が第一次併合される。財政機能をあわせもつ内政担当の大蔵省の誕生である。

封建体制を打破し、近代化政策を推進する過程において、士族層の不満を背景とした不安定な国内情勢から、統治優先の政策がもとめられた。このため、一八七三年（明治六）一〇月、民部省にかわる強力な内政を担当する内務省が発足した。

一八七六年（明治九）には、各地で不平士族の武力的な反乱がおきている。神風連の乱（熊本市）、萩の乱（山口県萩市）、秋月の乱（福岡県朝倉市秋月）。翌年二月から九月まで、明治維新最後の内戦である西南戦争がおこり、政府軍が勝利した。統治には警察権力を重点をおく、殖産興業のため民生安定をはかる重要性から、司法省から警保寮を移管、大蔵省から勧業寮を移管して、ともに一等寮として内務省の中心組織にすえた。ここに、大蔵省にかわる中央集権的国家統治機構の中枢組織として、内務省がその役割をになうことになる。

ここから、近代土木行政の組織の変遷をたどってみたい。明治新政府が樹立された当時、行政機構確立までは目まぐるしい変革がなされた。公共事業をになう土木行政機構についても同様であった。

一八六八年（明治元）一〇月、河川改修事業を所管する機関として、会計事務局のなかの営繕司に治河使がおかれる。それと同時に治河掛として大阪府知事の後藤象二郎ほか一名が任命されている。一一月、「大阪ノ埠頭ヲ築造シ淀川ノ堤防ヲ修理スル材料ノ木石ヲ運搬セシム」とある。東京遷都前で、大阪湾の埠頭と淀川が物資の運輸上、最も重要な河川として、河川の水運を重視した。同年、治河掛は「今度治河掛被仰付候ニ付テハ全権委任相成候事」と治河使の業務は全権委任され、後藤とおなじ土佐藩出身の岡本健三郎がその役に任命される。岡本は、かつて坂本龍馬が率いる海援隊のメンバーであった。

一八六九年（明治二）八月、民部省は大蔵省と合併され、その一一カ月後の翌年三月、大蔵省と民部省は分離され、大蔵省から移管された営繕司が民部省土木司の事務を分割して、再度設置された。

一八七一年（明治四）七月、民部省土木司は工部省に移管される。工部省は、工学、勧工、鉱山、鉄道、土木、燈台、造船、電信、製鉄、製作の一〇寮と測量司がおかれた。土木事務は民部省土木寮が所管することになる。同年一〇月八日に民部省土木寮が大蔵省にのこることになる。

一八七三年（明治六）一一月、内務省設置が布告され、翌年一月に大蔵省土木寮は内務省に移管される。さらに、一八七七年（明治一〇）一月、土木寮は土木局に改称。内務省土木局の発足である。土木局は戦時下の一九四一年（昭和一六）に国土局に改称されるまで六五年間つづき、一九四七年（昭和二二）一二月、GHQによる内務省解体まで、近代国家への基礎となる社会資本整備の土木事業をになう行政機関として、その重要性は不変であった。

内務省の戦略

次に、ではなぜ、社会資本整備をになう公共土木事業を所管する土木局が、内務省の組織として存在しつづけたのか、その理由を考えてみたい。

一八六七年（慶応三）一二月、王政復古の大号令により、翌年一月に三職七科制が発せられ、会計事務課が創設された。これが大蔵省の前身である。会計事務課の会計事務掛が「営繕」を所管する。その後、会計官のもとに営繕司がおかれる。一八六九年（明治二）八月、営繕司の事務が民部省土木寮に転属。一八七〇年（明治三）七月、営繕司は公共建築の事務を所掌する。翌年三月には橋梁事務の業務はすべて大蔵省営繕寮が担当する。当時、橋梁は木製で造られ、建築物と同等にあつかわれた。同年一〇月には、大蔵省土木寮のもとで営繕寮の事務もおこなうことになる。県庁建物の大きさを定める県庁定制、治水方規、官費支弁の神社・仏寺、官舎の修繕工事の方規などが制定される。一八七一年（明治四）七月、廃藩置県にともない民部省は廃止され、工部省土木寮にうつされる。一八七三年（明治六）の土木寮の職務は、全国の河流、溝洫及び水利、港津、道路、堤防、神社、宮殿、官舎、邸舎、倉庫等の一切の工事を総管するとし、各官庁の修繕は権限外であった。一八八一年（明治一四）に農商務省が設置されると、堰樋坡塘溝洫の用水施設、いわゆる農業土木施設は、ここに移管された。一八七一年（明治四)四月、土木寮が民部省にあった時代、大蔵省から太政官の府県への稟議のなかで「土木ヲ興シ貧民ヲ救済スル如キ、稟准ヲ得テ施行スベキノ例規ニ違反シ」とある。新たな土木事業と貧民救済事業が、さだめられた手続きを経ずにおこなわれたことに異議を申したてている。

このように、内務省が創設される以前は、大蔵省土木寮で公共土木施設全般と官庁営繕施設を所掌していた。その後、一八八一年(明治一四)に農商務省が設立され、治山や農業土木施設はここに所管するようにすみわけられる。本質的に、社会資本整備を推進する所管官庁での内政の重視と財政を両輪とする一体的政策としてとらえ、その実施権限は大蔵省がにぎっていた。

一八七三年(明治六)一一月、内務省が発足する。その背景には、士族層の不満からの武力的抵抗、征韓論など、民部省にかわる内治優先の強力な内政を担当し、財政機能をあわせもつ組織がもとめられた。大久保利通が大蔵卿から転じ、有司専制政府の独裁政権として初代内務卿に就任する。

内治政策として、司法省から移管した警保寮と大蔵省から移管した勧業寮を一等寮として内務省の中心にすえた。新政府の行政政策のたいする抵抗勢力に対抗するため、内務省警保局や東京警視庁の警察力により抑圧する一方で、旧士族層の不満にたいする懐柔策は勧業である。その代表例が福島県猪苗代湖からの安積疏水で、没落士族の開墾事業などであった。

板垣退助らを中心とする自由民権運動のたかまりにより、一八八五年(明治一八)一二月、内閣制度が導入され発足する。内閣官制によって行政組織の体制がととのえられた。外務、内務、大蔵、陸軍、海軍、司法、文部、農商務、逓信、宮内の一〇省体制。一八八九年(明治二二)二月に公布された大日本帝国憲法および衆議院選挙法にもとづいて、一八九〇年(明治二三)七月、我が国ではじめて民選選挙がおこなわれた。

明治新政府が財政基盤の安定化をはかるため、一八七三年（明治六）七月、土地の租税改革である地租改正法が公布され、一八八〇年（明治一三）にほぼ完了する。旧来の封建的な田畑貢納法の物納を廃止し、土地ごとに設定された地価にもとづく定額地租、土地価格の三パーセントの金納が義務づけられた。近世の石高制による貢租制度は廃止され、私的土地所有権を前提とした定額金納地租が課せられた。

この衆議院選挙で投票できる人は、「日本臣民ノ男子ニシテ年齢満二五歳以上」とされ「満一年以上直接国税一五円以上ヲ納メル者（ただし、所得税については満三年納めることが必要）」に制限され、全人口の一三パーセントしかいなかった。直接国税は、地租と所得税の合計で、当時、直接国税に占める地租の割合は約六〇パーセント。所得税は一・七パーセント。当時の政府予算規模が約一億円程度で、現在の予算規模約一〇〇兆円の一〇〇万分の一であるから、現在で換算すると一五〇〇万円以上を納税している人しか選挙に投票できなかった。

地主を納税者とすることは、参政権を付与することを意味し、地主階級にたいして一定の政治的な力をあたえることになる。選挙後に帝国議会が開かれ、貴族院議員に多額納税者を議員として資格をあたえたのは、そのおおくはこうした地主層であった。

内務省設置時の職制及事務章程には「内務省ハ国内安寧保護ノ事務ヲ管理スル所」とある。警察権力と殖産興業を中心にすえ、国内の政情安定をはかる。そのために、強力な権限の行使と経済力向上による民生安定、アメとムチの両輪、二頭だて馬車の手綱でつきすすんでいった。経済の発展や民生安定のためには、生活基盤の安全の確保が必須条件となる。このため、国土の保全と開発をするため、社会資本を整備する公共土木施設の施策を展開する強力な権限が必要となる。土木局の所掌事務の所掌を、内務省が離さなかった理由はここにある。

明治一〇代末から明治二〇年代にかけて、全国各地でおおきな水害が頻発した。開設されたばかりの帝国議会において、地主系議員から、治水政策の要望が強くもとめられた。地主は、自分の土地や地方が有利になるよう、治水事業の直轄化によって国からのおおくの補助金を拠出してもらうことに腐心する。これに成功すれば、豪農地主層はみずからの負担を軽減できる経済的利益とともに、地方住民に感謝され、みずからの政治的地位が向上するという利害がむすびついた。

これが結実して、一八九六（明治二九）四月に制定された「河川法」、翌年には「砂防法」と「森林法」が制定さていく。いわゆる治水三法である。ここにも山林所有地主系議員の存在が深く関係していた。これらの法律が、民生安定のため、治山治水が主要課題として認識され、内務行政らしく展開されていく。

古市公威と沖野忠雄

明治維新の近代化政策のなかで最も重要な課題は、欧米先進諸国の科学、技術を学び導入することにあった。人材養成の途をひらくには、優秀な人材を海外に派遣し欧米の最先端科学、技術を学ばせることが急務となる。

一八七四年（明治七）五月、文部省令によって、幕臣の子弟を教育する機関の開成学校が東京開成学校に改称され、法学、化学、諸芸学など五科の官立大学校として再編成して我が国最高学府として、次代をになう人材を養成する組織として出発した。

同年七月、東京開成学校のなかから一一名の学生が文部省第一回給付留学生として選抜され、翌年七月に欧米諸国に派遣される。このなかに、**小村寿太郎**（一八五五〜一九一一・安政二〜明治四四）などがいた。小村は日向国（宮崎県）出身で、米国ハーバード・ロースクールの法学部に留学し、のちに外交官、外務大臣を歴任する。

諸芸学科に在籍していた**古市公威**（一八五四〜一九三四・安政元〜昭和九）もその一人として選抜される。フランス留学生としてエコール・サントラル大学を受験するため、同校の予備科の高等学校であるエコール・モンジュに入学し、諸芸学を一年間学んだ。諸芸学は、数学、物理学などの基礎知識を必要とする土木事業をめざす青年のために設立された無料で学べる教育機関。予科の学科は、算術、幾何、代数、物理、化学、博物、製図、さらに歴史、地理、文典、作文など、教養科目であった。

一八七六年（明治九）九月に同校を卒業し、大学を受験する。志願者約千名のうち合格者三〇〇名の一〇番以内の優秀な成績で合格。一八七九年（明治一二）八月、三カ年の課程を修了してトップクラスの成績で卒業し、工学士の学位が授与される。さらに、同年一一月にはソルボンヌ大学の理科に入学し、数学と天文学を学んだ。一八八〇年（明治一三）七月に卒業し、理学士の学位が授与される。

公威は同年一〇月にフランス留学から帰国し、一二月、内務省土木雇に就任。翌年六月には内務省準奏任御用掛土木局事務取扱を拝命する。初任月俸が一二〇円であったといわれ、破格の高額であったという。お雇い外国人のファン・ドールン（長工師）の来日当初の月俸が五〇〇円、デ・レーケ（四等工師）が三〇〇円、工手で一〇〇円。その優遇措置が特別であった。翌一八八一年（明治一四）六月に内務省準奏任御用掛に任じられ、同年一〇月に文部省御用掛を兼任し、東京大学理学部講師として数学を担任する。内務省勤務では、地方土木工事の指導監督をつとめ、一八八六年（明治一九）五月に工科大学教授兼工科大学長に任じられ、河川運河、港湾工学の講座を担当。一八九〇年（明治二三）六月に内務省第六代土木局長に就任する。はじめての土木技術官僚の就任であった。内務省土木局では、土木局長を九カ年間、土木技監を四カ年間在任した技術官僚であり、教育者であった。

一八七九年（明治一二）に工部大学校第一回卒業生二三名によって、我が国ではじめての工学系学術団体で、親睦、情報交換を目的とする「日本工学会」が創設されるが、その初代会長に古市が就任する。また、一九一五年（大正四）一月、創設された「土木学会」の初代会長に、一九一七年（大正六）六月に再編された「日本工学会」の会長に就任している。

日本の工学教育、土木行政の中心的な人物となり、のちにお雇い外国人からの技術的独立をなし，新たな土木行政が展開され、近代日本発展の基礎をきづいた。

三島由紀夫（一九二五～一九七〇・大正一四～昭和四五）の本名は**平岡公威**。一九七〇年（昭和四五）一一月、陸上自衛隊市ケ谷駐屯地内の東部方面総監部の総監室で割腹自決した有名作家。内務官僚であった祖父の平岡定太郎は、親交があり同郷で恩顧をうけた古市の名にあやたって公威と名づけたといわれる。

沖野忠雄（一八五四～一九二一・安政元～大正一〇）は、文部省第二回留学生一〇名の一人として、古市公威のあとをおうようにフランスに留学する。このなかに、**桜井錠二**（一八五八～一九三九・安政五～昭和一四）などがいた。桜井は金沢市出身で、イギリスロンドン大学で化学を学ぶ。のちに東京帝国大学の教授、学長をつとめた日本化学の先覚者。一九一七年（大正六）年に設立された理化学研究所の初代副所長を歴任した。

沖野は東京開成学校で物理学を学び、一八七六（明治九）六月、アメリカを経由して八月、パリに到着し、古市公威が居住しているおなじ地区のホテルに逗留する。同年一〇月、エコール・サントラル・パリ（パリ中央諸芸学校）に入学。この学校は、国の各分野（教育、行政、軍、商業など）の幹部要員を養成することを教育理念として設立された学校で、一八二九年（文政一二）に創立された古い歴史をもつ。一八七九年（明治一二）四月に卒業し、土木建築工師の免許を得る。

その後、一年間パリにとどまり、実地での研修や調査研究をこない、一八八一年（明治一四）五月に帰国。同年七月に文部省御用掛東京職工学校（東京工業大学の前身）雇いとして教鞭をとった。一八八三年（明治一六）八月に内務省御用掛と文部省御用掛を兼務し、同校の教授となる。

沖野は、内務省に一八八三～一九一八（明治一六～大正七）の二五年間長きにわたって勤務し、全国各地の現場の指揮監督を経験し、近代治水、港湾技術の統括者となる。大型機械施工やおおくの新工法の導入、全国の主要河川の長期的な治水計画の立案に尽力し、指導的役割を果たした。沖野は金銭や名誉には極めて淡泊だった。大阪築港の功労に、大阪市が贈った数万円はついに受け取らなかった。一八九八年（明治三一）以来一〇年間、東京帝国大学に資金を献じて育英費にあてたという。

沖野は、なにかにつけて古市と比較される。同時代で同年齢、同郷人である。沖野の出身地は但馬国城崎郡（兵庫県豊岡市）の豊岡藩。古市は姫路藩の江戸屋敷で生まれる。古市は、教育界や学術界の権威者、土木行政と関連諸法規の制定に尽力した行政官僚、民間人、国際人として活躍の場がひろく、日のあたる場所を歩んだ。公私にわたってその才能を発揮し、我が国の近代化政策に直面した土木工学界のみちを切り開いた最初の人である。一方、沖野は、その一生を一貫して、技術官僚として土木工学の分野に徹し、特に河川事業にたけ、古市ほどの華やかさはなかったが、真摯堅実な性格とその手腕は、その後の技術官僚の気風として継承されていく。

行政官僚の古市、技術官僚・河川技術者の沖野と呼ばれるゆえんがここにある。

技術官僚の養成

明治維新の近代化をおしすすめるため、お雇い外国人を官立学校の講師や政府関係機関の技術顧問として招聘し、教育や技術指導にあたらせた。それと並行して、高等教育制度の改革もすすめられた。お雇い外国人を最もおおく擁していたのが工部省で、設置全期間にわたって五八〇人が在籍していた。工部省は「工部ニ奉職スル工業士官」の養成、公共事業にたずさわる技術官僚（Civil Engineering）の養成機関となる。これが工部大学校へと継承されていく。

一八八五年（明治一八）一二月、内閣制度の発足にともなって、政府機関では、おおくの有能な行政官僚が必要とされた。そのため、文部省が中心となって高等教育の一元化をはかる養成機関が整備され、併合されていく。一八七七年（明治一〇）四月に設立された東京大学（法学部、文学部、理学部、医学部の四学部）と工部省の技術官僚を養成する工部大学校が統合される。一八八六年（明治一九）に法科大学、文科大学、医科大学、理科大学、工科大学の五科の分科大学、帝国大学が発足。翌年、一年おくれて農科大学が分科大学として発足。一八九七年（明治三〇）に東京帝国大学に改称される。社会資本整備の事業をになう技術者を養成する土木工学は、東京帝国大学工科大学に属していた。

行政官僚のおもな供給源は法科大学で、特別に重視されていた。帝国大学の総長は法科大学学長が兼任し、他の分科大学にたいして一段高い位置におかれ、特別な存在であった。さらに、一八八七年（明治二〇）に公布された文官試験試補及見習規則では、法科大学卒業生は無試験で高等分任官に任用されるばかりでなく、規則を運用する文官試験局の長官も法科大学学長兼帝国大学総長。法科大学には特別な位置づけがなされ、卒業生には行政官として特権化がはかられた。一八九三年（明治二六）になると、総長の法科大学学長の兼任制度は廃止される。この年に定められた分官任用令と文官試験規則により、法科大学卒業生は高等文官試験に合格する必要があり、高等行政官に任用されるようになる。ただ、予備試験の免除という特例がはかられていた。

また、新たに「特別ノ学術技芸ヲ要スル行政官」という役職が位置づけられる。この官は「教官・技術官」を銓衡をもって任用される。銓衡採用は、大学時代の成績と面談できめられる。法科大学の卒業生が有資格者であったのにたいして、技術官はヤミ採用と陰口をたたかれていた。しかも、この教官・技術官は、法学官僚のような法律の立案、運用などの管理的地位から遠ざけるものであった。

一八九四年（明治二七）の卒業者をみると、法科大学（法律、経済）が七八名にたいし、工科大学（土木、機械、造船、電気、製造、応用化学など九科）四二名、うち土木工学科は一五名。一九一二年（明治四五）には、法科大学四三四名、工科大学一七五名、うち土木工学科は二九名であった。卒業生の約四割が官僚のみちを選択したが、いかにおおくの行政官が法科出身者でしめられていたのか、うかがい知ることができる。

工科大学出身者が各省の技術員となるのにたいして、法科大学出身者は行政官吏となり、その後、行政官僚としてエリート中のエリートとしての道を歩むことが約束される。技術官僚が、法律の立案や政策の運用など、行政運営の中枢から遠ざけられた背景には、いったい何があるだろうか。その背景は、明治初期の教育体制の基本的な認識から理解できる。

一八七九年（明治一二）九月、「自由教育令」が公布される。自由民権運動の台頭によって学制を廃し、区市町村の学校設置単位としてさだめた。これは、教育の権限を大幅に地方にゆだね、自主性の尊重を容認する穏健なもの。翌年一二月、第二次教育令により、一転して地方官の管理権限を強化するため、教育令が改正される。自由民権運動に対峙した国家主導による公教育の再編がはかられた。このとき、高等教育をどのように導いていくのか、一大論争となる。儒教道徳の教育こそが本義であり、知識才芸は末とし、祖宗の訓典を本源として国民を教育によって教化すべしである、と主張する。近年の反政府運動のたかまりを、欧米先進諸国の知識が広く国民が獲得してしまったことにあるとし、国教として儒教で国民を教化し、そのあとで欧米の学術を教育すべきであるとした。一方、政治的混乱は「政談ノ徒」がおおすぎ、漢学選考の学生が、とかく政治論にのめりやすい、と主張し儒教主導の教育を否定する勢力がいた。結局のところ、教育勅語を主軸とした修身教育を国民の主要テーマとすることにより、国民意識の関心を政治からを遠ざけるという配慮により、高等教育がすすめられた。

法科政学を学ぶ学生はごく少数の優秀な人のみにかぎり、あとの大部分は、科学や工芸技術の学ぶ方向に導くべしと、高等教育の方向性がもくろまれた。科学、技術の学習がさかんになれば、政治に関心をもつ人はおのずと少なくなるというもの。政治や行政など国家の意思決定と、科学、技術の発展は個別のものとみなされ、分離された。

国家の基盤形成にかかわる公共事業や公益事業は、法律を駆使しして行政上の管理的、指導的役割をはたす必要がある。さらに、公共事業そのものが、政党政治のなかで選挙民を政治的に誘導するための手段、道具としてとらえられ、政治的に有利となるという選択であった。

明治初期に、お雇い外国人が教師、顧問であっても官職にはついていない。近代化政策の立案、決定は日本人の行政官僚でおこない、お雇い外国人はあくまで助言者、脇役の地位にとどめておく。破格な報酬で雇っているものの、国家意思決定の過程には参画させない。この方針は、お雇い外国人と交代する日本人技術官僚、古市公威や沖野忠雄が登場しても、行政機構のなかで保持された。日本人技術官僚は、あくまでお雇い外国人の交代者であって、助言者、脇役の地位にとどめておいた。

このように、技術官僚の養成は、教育制度、官僚組織、任用制度という、三つのいびつな政策によっておこなわれた。その一方で、民生安定上のおおきな課題である社会資本の形成をになう公共事業が、行政運営の政治の手段、道具として位置づけられた理由はここにあり、権限や機能の強化であった。

その一例が、一八八六(明治一九)七月、土木監督区署官制の公布である。最終的に全国七区にわけた。第一区東京、第二区仙台、第三区新潟、第四区名古屋、第五区大阪、第六区広島、第七区久留米(のちに福岡に移転)。この監督区署制は、内務省直轄工事の施行および府県の土木事業監督をおこなう制度。署長は、直接内務大臣の指揮監督によって、土木監督署は地方工事の監督をおこなう。署内に監督部などをおき、土木巡視長などの官職で権限を強化した。一九〇五年(明治三八)四月に、土木監督署は土木出張所に改称される。現在の警察署、消防署、税務署、営林署、労働基準監督署の「署」は「所」ではない。特定の任務をもち、法令行為によって取り締まる権限や告発権をもつ組織である。内務省時代の初期、土木監督署もおなじ組織運営の姿勢でのぞんでいた。

土木行政は、明治初期に民部省、大蔵省、工部省、そして最終的に内務省がそれを所管した。これらが、土木行政の政策展開におおきな影響をおよぼす要因となった。

明治時代初期は、欧米先進諸国の科学、技術を学ぶ大学での高等教育がおこなわれる。一八七八年(明治一一)に東京大学理学部から、翌一八七九年(明治一二)には工部大学校から卒業生を輩出する。一八八〇年(明治一三)、八一年(明治一四)には、フランスに留学していた古市公威、沖野忠雄が帰国する。その後、日本人自らがお雇い外国人技術者からの指導からはなれ、自立するのは明治二〇年代後半をまたねばならなかった。

第六章　河川行政の整備

歴史から読み解く土木の用語

英語では、土木工学をCivil Engineering、土木技術者をCivil Engineerとしている。市民にかかわる工学、技術ということになる。産業革命以降のMilitary Engineeringからわかれたエンジニアリングは Civil Engineeringと呼ばれるようになった。エンジニアの語源は、才能、想像力を意味するラテン語のインゲニウム（ingenium）。常人にはできないことをやる特異な想像力、技術に期待された人びと、という意味とされる。現在呼称されている「土木」という用語は、本来の意味とはかけ離れた言葉になっている。どうしてだろうか。

土木学会で発表した『土木技術の発展と社会資本に関する研究』（一九八五年・昭和六〇）という論文のなかで、**佐藤馨一**北海道大学教授（当時）は「土木技術」という言葉について考察し、Civil Engineeringは、「公共事業」という語感がある。それをそのまま和訳すると「普請」がもっとも適切な用語となる。先人はCivil Engineeringを「土木技術」と邦訳したのは、用いる材料、技術の対象、そして目的（公共性）までをその言葉のなかに含めたと論述している。

佐藤教授は、秋田大学の**清水浩志郎**教授（当時）から薫陶をうけ「師匠」とあおぐ仲である。筆者の学位論文の指導教官は清水教授で、土木史の分野を選択した。佐藤教授は土木学会の土木史研究会の設立当初からかかわり、指導的立場の中心にある人。清水教授から、何かと問題があれば、佐藤教授に相談するようアドバイスされ、何度かお会いしている。清水教授の専門分野は、地域計画、交通工学で、「我が国の高齢者、障害者のための社会基盤整備研究の父」と呼ばれた著名な研究者。社会資本整備や地域計画などの政府専門委員を歴任し、活躍した。

土木の語源は「築土構木」という言葉からといわれる。紀元前一五〇年ころ中国の古典『淮南子（えなんじ）』の中巻『一三氾論訓』の一節に、「冬日則不勝霜雪霧露 夏日則不勝暑熱蚊虻 聖人乃作 為之築土構木 以為家屋上棟下宇 以蔽風雨 以避寒暑」とある。劣悪な環境で暮らす困りはてた人びとをみた聖人は、救済するために土を積み（築土）、木を組み（構木）、暑さ寒さ、風雨雪をしのぎ、暮らしの環境をととのえる事業をおこなった、という大意。

八六九年七月一三日（貞観一一年五月二六日）、三陸沖を震源とするM八・三の「貞観の三陸沖地震」が発生。この地震は、二〇一一年（平成二三）三月に発生したM九・〇の「東北地方太平洋沖地震」（東日本大震災）と同規模の巨大地震で津波被害も甚大であった、と最近の津波堆積物の調査研究でわかってきた。地震による津波被害を記述した『日本三大実録』に、朝廷は「検陸奥国地震使」と記されている。中央政府の正使は因幡国権介紀春風という人物。二年前まで造営にかかわる木工寮の木工頭を九年間つとめていた。木工寮は、平安京内の宮廷の造営や土木、建築、建物の建設、修理を一手につかさどる造営事業の技術面での政府の主要機関。古代律令官制の養老律令でその担当任務が定められていた。朝廷は、震災復興のため、このような専門技術をもつ人材を、臨時的に現地に派遣している。人びとの生活環境や安全確保、被災地の復興、整備をおしすすめる公共施設を所管する行政機関は、いつの時代も国家の主要課題であった。

また、『源平盛衰記』に東大寺建立を記述した部分で「土木（ともく）ノ記録」とある。藩政時代には、現在の土木という用語は「普請」、建築は「作事」とよばれ、奉行がその職をつかさ（司）どっていた。

明治新政府になると、古代律令官制を参考に、王政復古の大号令で三職七科制により会計事務課が創設さる。会計事務課の会計事務掛が営繕を所管する。土木事業は会計官事務の一つである営繕にふくまれ営繕司が担当。会計事務課は大蔵省の前身。その後、民部省と大蔵省の設立や併合、分離をへて、土木事業は工部省土木寮が所管するが、土木寮はふたたび大蔵省に移管され、営繕寮を吸収して土木寮が存続した。さらに、内務省が設置されると、土木寮はここに移管される。土木寮は土木局と改称され、さらに国土局に改称されるまで、六五年間つづく。

内務省が設置されてから八年後の一八八一（明治一四）三月、行政機関として土木の名称がついた我が国ではじめての書籍が『土木工要録』である。著者は内務省五等属高津義一。内務省土木局蔵判で、有隣堂から出版されている。

治河から治水へ

明治新政府によって近代国家建設の出発点となる重要政策の一つとして、社会基盤整備として河川改修事業がすすめられた。国土の近代化にむけた河川整備の必要性が強くもとめられる。明治新政府は、近代河川技術に豊富な経験を有するオランダ人技術者の招聘と、人材養成のため先進技術をもつ欧米諸国へ海外留学生を派遣する二本柱の政策でおしすすめた。

オランダは、我が国とおなじような沖積低平野での大規模な河川改修工事の実績をもっていた。海外留学生は、一八七五年（明治八）七月、文部省第一回官費留学生として**古市公威**がフランスに、一年後には**沖野忠雄**もフランスに派遣され、理学、工学を学び、古市は一八八〇年（明治一三）一〇月に、沖野は翌年五月に帰国する。明治二〇年代後半には我が国の土木技術は、お雇い外国人からの技術的な自立をはたし、各種公共土木施設の整備がすすめられた。

明治新政府は一八六八年（明治元）一二月、東京遷都まえのときは物資の集積、交易の中心地が大阪であった。そこに会計官所属の「治河掛」（治河使に改称）をもうけ、日本人技術者による淀川の改修工事に着手する。当時は、大阪が、運輸、集積の中心地で、河川舟運がおおきな役割をになっており、低水路工事を重点的にすすめた。低水路工事は、舟の大きさにもとづき維持すべき水深がさだめられ、舟運用河川路開削などが目的とされた。水害防除とともに、川底の浚渫や開削、障害物の除去などが中心の土木事業。各地の主要河川で低水路工事が実施されたが、その成果があがらずオランダ人技術者の招聘となる。

オランダから、総勢六名（それに職工として工手四名）の技師団が来日。第一陣が来日したのが一八七二年（明治五）三月。滞在の最後は一九〇三年（明治三六）六月までの期間。

特に、指導的な地位で活躍し貢献した人が、オランダ人技師団のリーダー、長工師**ファン・ドールン**（C.J.Van.Doorn 一八三七〜一九〇六・天保八〜明治三九）。一八七二年（明治五）三月に先遣者として来日し、一時帰国するが一八八〇年（明治一三）七月まで滞在。大蔵省土木寮に雇われた。四等工師**デ・**

レーケ（J.de riike 一八四二〜一九一三・天保一三〜大正二）は、最もながく滞在し、一八七三年（明治六）九月から離日する一九〇三年（明治三六）六月まで、三〇年間滞在。一等工師**ムルデル**（A.T.L.R.Mulder 一八四八〜一九〇一・嘉永元〜明治三四）は、一八七九年（明治一二）三月から一時帰国するが一八九〇（明治二三）年五月までの期間。オランダ人技師は、全国の港湾や河川、渓流をとびまわり、計画や設計、工事監督をつとめ、技術指導にあたった。

当時の技術的な課題は、港湾整備と一体となった河川改修。河口部の堆積土砂対策の浚渫工事、舟運を目的に河身を安定させるなどの低水工事、渓流部の土砂流出抑制の砂防ダム工事など。低水路整備による洪水の疎通能力の向上もはかられた。

大久保利通（一八三〇〜一八七八・文政一三〜明治一一）が初代内務卿（参議兼任）となって、東北開発構想の中心となる近代外国貿易港湾とする野蒜港築工が、一八七八年（明治一一）から一八八四年（明治一七）に港湾工事がおこなわれる。ファン・ドールンは、この計画や設計をになった。淀川では、河川改修工事として一八七五年（明治八）から一八八八年（明治二一）まで、砂防工事は一八七八（明治一一）からデ・レーケの指導で政府直轄でおこなわれる。ムルデルは、一八八七年（明治二〇）に竣工した三角港、一八九〇年（明治二三）の利根運河の建設に手腕を発揮した。当時、全国で多数施工した河川工作物のなかに、ケレップ水制、オランダ堰堤、デ・レーケ堰堤などと呼ばれるものが現在までのこっている施設がある。

ファン・ドールンが帰国した一年後の一八八一年（明治一四）三月、内務省土木局から『土木工要録』が発刊された。同書は、天之部、地之部、人之部の分冊三巻と附録として分冊一巻の図集で構成される。図書は和紙製でこよりとじの見開き製本。A四判よりやや小さなおおきさである。

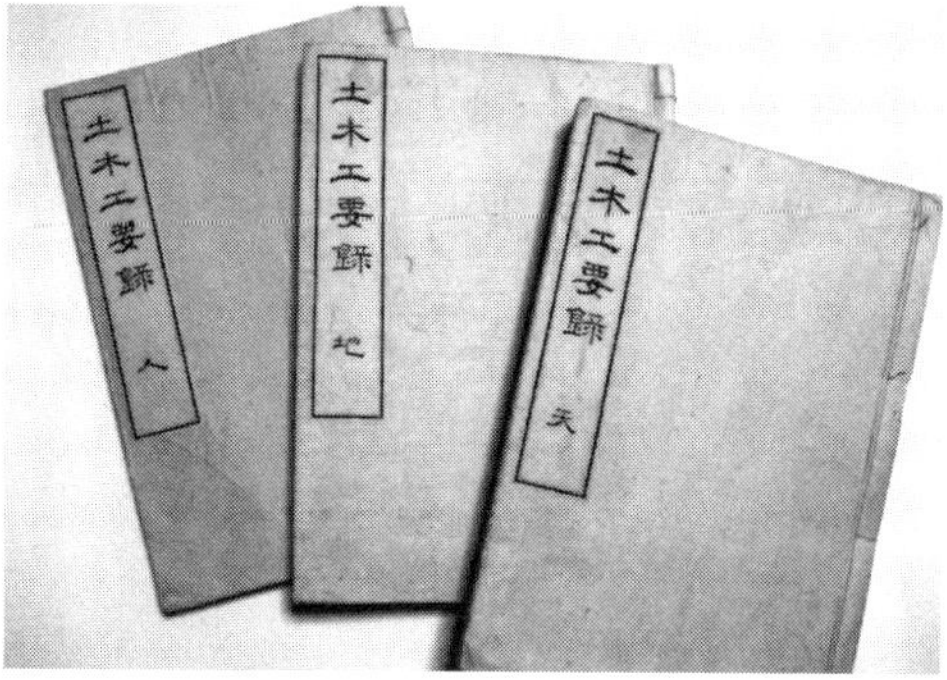

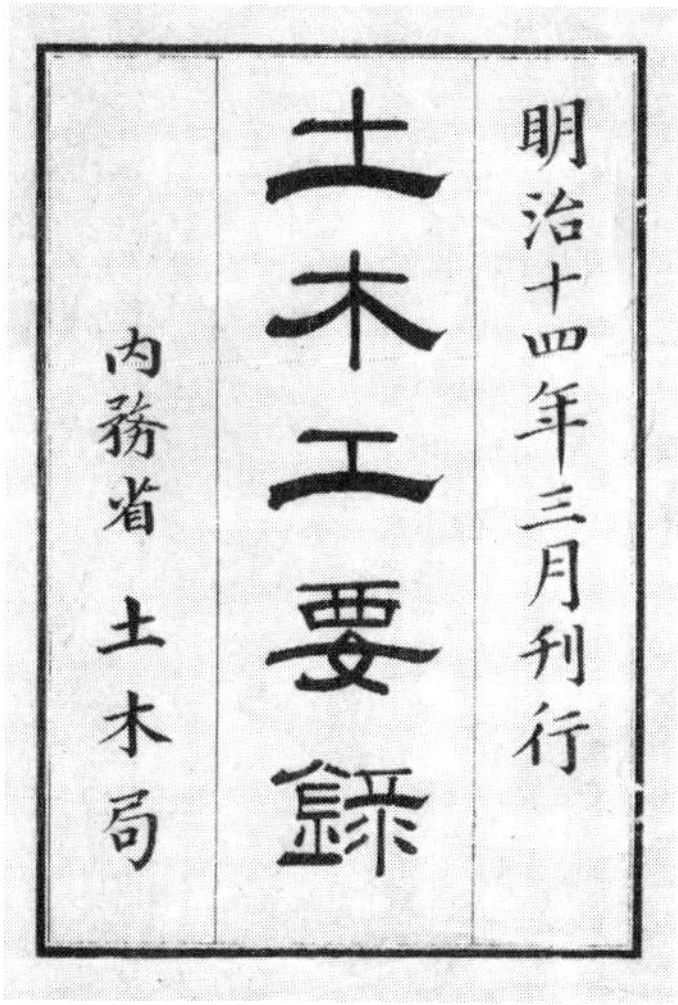
明治十四年三月刊行
土木工要録
内務省土木局

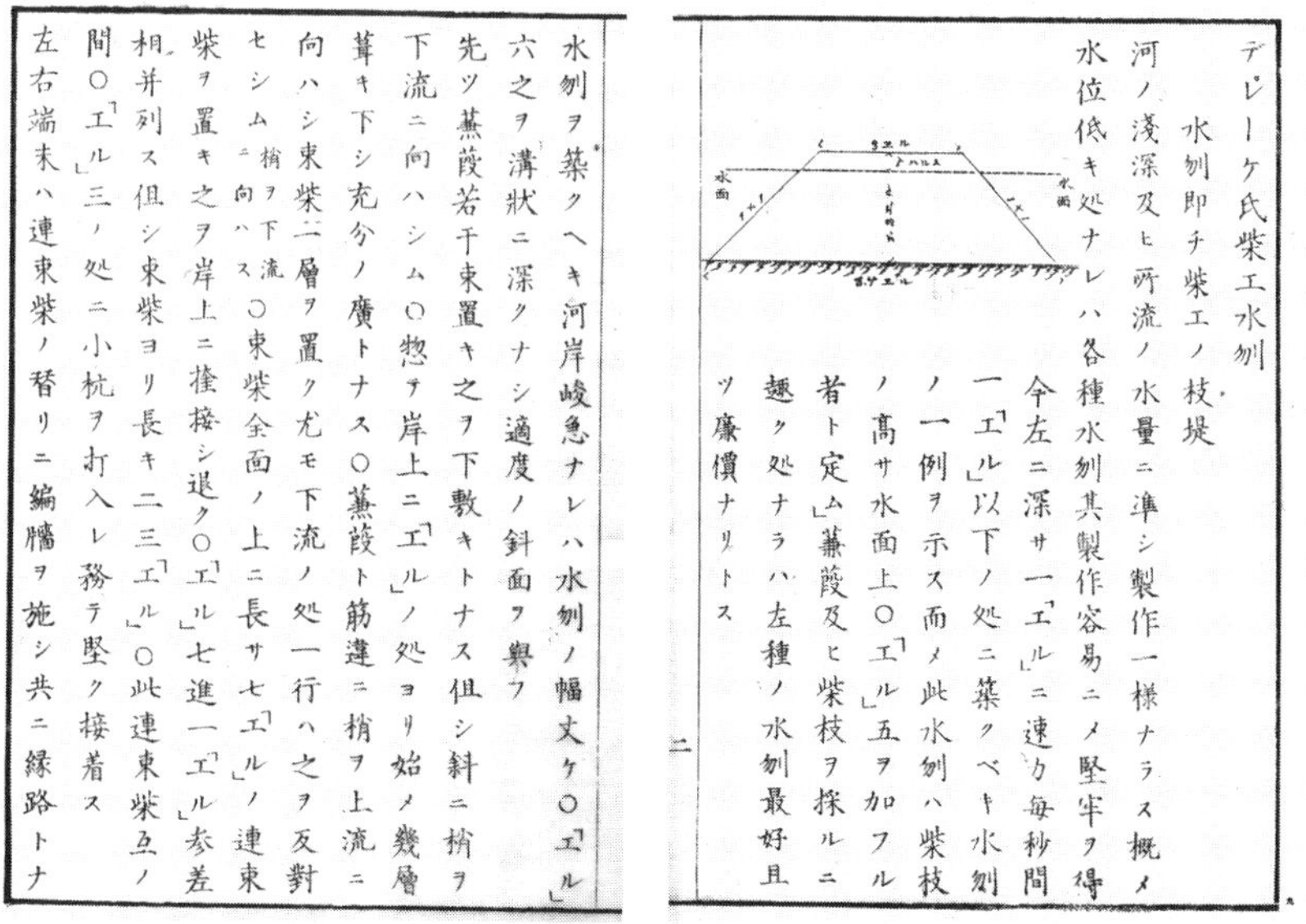
デレーケ氏柴工水刎
水刎即チ柴工ノ枝堤
河ノ淺深及ヒ所流ノ水量ニ準シ製作一様ナラス概メ
水位低キ処ナレハ各種水刎其製作容易ニメ堅牢ヲ得
今左ニ深サ一「エル」ニ速カ毎秒間
一「エル」以下ノ処ニ築クベキ水刎
ノ一例ヲ示ス而メ此水刎ハ柴枝
ノ高サ水面上〇「エル」五ヲ加フル
者ト定ム蕭葭及ヒ柴枝ヲ採ルニ
趣ク処ナラハ左種ノ水刎最好且
ツ廉價ナリトス
二

水刎ヲ築クヘキ河岸峻急ナレハ水刎ノ幅丈ケ〇「エル」
六之ヲ溝狀ニ深クナシ適度ノ斜面ヲ與フ
先ツ蕭葭若干束置キ之ヲ下敷キトナス但シ斜ニ梢ヲ
下流ニ向ハシム〇惣テ岸上ニ「エル」ノ処ヨリ始メ幾層
葺キ下シ充分ノ廣トナス〇蕭葭ト筋違ニ梢ヲ上流ニ
向ハシ束柴二層ヲ置ク尤モ下流ノ処一行ハ之ヲ反對
セシム（梢ヲ下流ニ向ハス）〇束柴全面ノ上ニ長サ七「エル」ノ連束
柴ヲ置キ之ヲ岸上ニ揷接シ退ク〇「エル」七進一「エル」参差
相并列ス但シ束柴ヨリ長キ二三「エル」〇此連束柴互ノ
間〇「エル」三ノ処ニ小杭ヲ打入レ務テ堅ク接着ス
左右端末ハ連束柴ノ晉リニ編牆ヲ施シ共ニ縁路トナ

内務省土木局発行の『土木工要録』

天之部は、江戸時代に各藩で実施されていた河川工事の伝統工法を収録して紹介。淀川、木曽川、利根川、信濃川などで施設した柴工、水制、扞砂など。構造物として、大聖牛、沈枠、合掌枠、紀州流、関東流、美濃流の扒樋、水門、伏越、海面汐除堤切所築立など。地之部では、各工法の材料や工事数量、工事に必要な人工を掲載。人之部では、ファン・ドールンやデ・レーケなどが指導したオランダ式工法についての柴工水制や護岸など、初歩的な水理学の手法での設計の考え方などの説明書から構成。

図面集は、大聖牛や水門、樋門、木橋など、工作物の設計図。紙芝居のような二重、三重の重ね図となっている。基礎部の施工、組み立て順序、土工図、完成図など、段階的にわかりやすく重ね図で製本されている。また、別冊の図面集には、砂防ダムの植栽や砂防ダムの施工順序についても紙芝居式施工図の例を収録している。

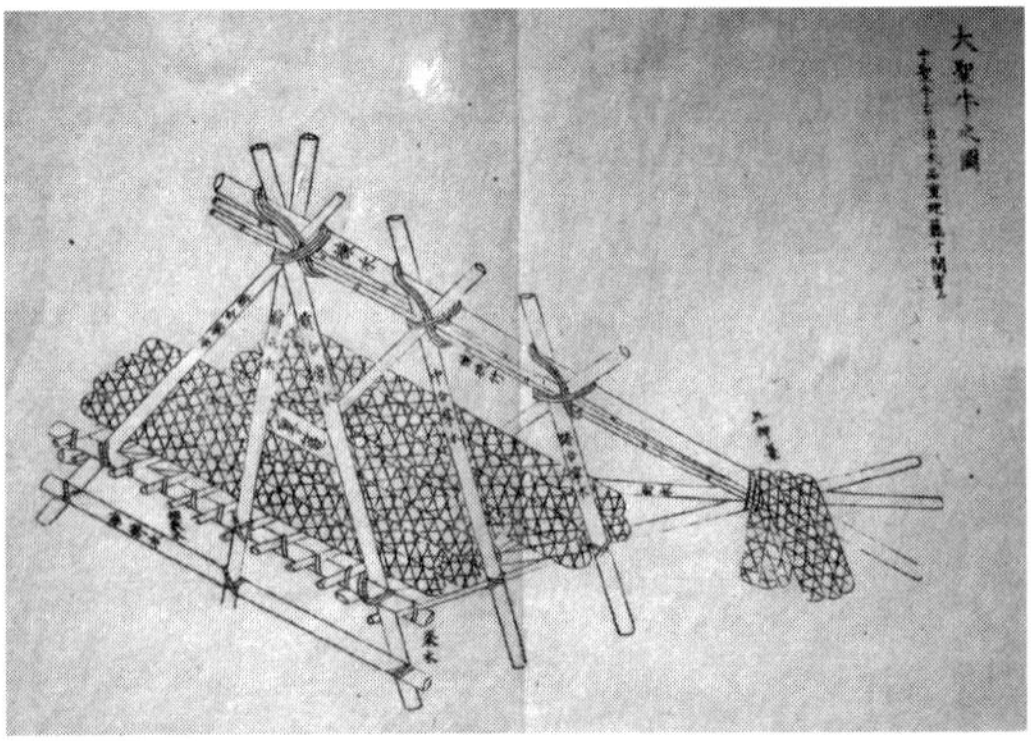

大聖牛組立図

『土木工要録』は、内務省として、従来まで培ってきた我が国の河川構造物の伝統工法を収録し、オランダ人技術者から学んだ新たな設計理論を解説している。各河川の特性に応じた伝統的な構造物工法を継承しつつも、新たなオランダ式技術を導入した中間総括的意味あいがあるものとして内務省が編纂した書籍、といえるだろう。近代河川技術のあゆみを知るうえで、第一級の貴重な文献、といえる史料。

公共土木施設全般の事業を所掌していた組織は、内務省が創設される以前は大蔵省土木寮。一八八五年（明治一八）一二月、内閣官制発足時の内務省土木局は、治水課、道路課、計算課（一八九一年・

明治二四に直轄工事課に改称）の三課の組織で構成された。その中心となった組織が治水課である。治水課は、「本省直轄ノ河川堤防港湾等ノ工事ニ関スル事項」と「府県ノ経営ニ属スル河川堤防港湾等ノ工事ヲ監督事項」とその所掌事務が規定されている。土木局は、国で直接工事を実施する直轄の土木事業と府県で実施する土木事業を、全国画一的、中央集権的に担当する制度をととのえた。さらに、翌一八八六年（明治一九）七月、土木監督区署官制が公布される。全国を六つの土木監督区にわけ、各区に土木監督署をおき、内務省直轄工事と府県の土木事業を監督する体制が発足。さらなる集権的な監督統制の強化であった。

一八九二年（明治二五）六月、「鉄道敷設法」が成立する。これは、国が建設すべき鉄道路線網の調査や敷設をさだめたもの。内陸の運輸、輸送体制は、河川舟運から鉄道におおきく舵をきり転換して整備することが政府によって公式に表明された。鉄道網の発達による時代的な背景から、交通、運輸については鉄道にまかせる。河川事業は、河身改修などの低水工事から、築堤による洪水防御への高水工事へと、おおきく舵をきっていく時代が到来する。

一八八五年（明治一八）六月中旬から七月初旬にかけて淀川は大水害にみまわれた。六月一五日の豪雨で被災した堤防の復旧中に七月一日にふたたび襲い、「明治大水害」と呼ばれた。大阪市内に濁流がおしよせ、橋梁の流失など、都市機能に重大な支障をきたした。この水害を契機に治水運動が本格化する。淀川治水は、流出土砂の抑制、近代大阪港築造とも密接に関連する。大阪の近代都市への脱皮には水害防除の淀川改修工事が不可欠で、その事業規模がおおきいことから国直轄化がもとめられた。

沖野忠雄が近畿地方担当の第五区土木監督署長のとき、内務大臣の命をうけ、一八九四年（明治二七）に「淀川高水防禦工事計画意見書」を策定。これは、我が国ではじめての日本人技術官僚主導による大河川の水害防除のための工事計画であった。土木局は、この計画について「技術官会議」を開催して検討。この会議は、東京大学理学部卒業生、またはその前身校からの海外留学経験者で構成され、技監の**古市公威**、土木監督署技師**石黒五十二**（一八五五～一九二二・安政二～大正一一）、東京帝国大学工科大学教授**田辺朔郎**など、当時、我が国の土木工学の最高学識権威者からなるメンバーで構成された。この計画は、一八九六年（明治二九）四月に制定される「河川法」による我が国のはじめての大工事として実施されることとなる。

このように、内務省土木局による社会資本形成の基盤整備である土木事業は、明治初期は、河川交通に主眼をおいた舟運路を確保する河身改修の低水工事。その後、国内の運輸体系として鉄道の整備網が進展すると、低水工事から水害を防除する築堤など高水工事に転換する。低水から高水へ、治水の方向に大転換した。この当時の河川事業は、築堤工事は府県の負担による府県事業としておこなわれている。治水事業を国直轄でおこなうことが社会的に強く要請された。その結果の法整備が「河川法」の成立であった。

我が国の近代治水事業は、この河川法成立によって国直轄事業の制度がととのえられた。

河川法の制定

河川法の制定以前の河川関連の法制度は、一八七二年（明治五）に大蔵省によって施行された「河港道路修築規則」とされる。築堤など高水工事で水害を防除する治水事業の本格的な出発点となったのが、一八九六年（明治二九）四月に「河川法」が制定された法整備からである。

一八八五年（明治一八）、大阪を襲った「明治大水害」など、その後一〇年間のあいだに全国各地で水害が頻発。帝国議会では、治水事業を国直轄でおこなう運動が活発化する。

その背景には、多数をしめていた大地主層、自作豪農を中心とする帝国国会議員の存在がおおきな影響をあたえた。河口部にひらけた都市や沖積低平地の農地への洪水防御は、生活環境上の民生安定、産業の振興、農業の生産性向上など、おおきく寄与する事業である。大地主層、自作豪農者は、出身地方に有利になるよう直轄事業を誘導し、おおくの国庫補助金を獲得することに腐心した。所有する土地の地価向上、工事にともなう建設業の誘導、経済的利益にくわえ選挙民にたいして政治的利益という三重、四重のメリットのある法案であった。

「河川法」の制定の特徴をまとめると、以下の四点に集約される。

一、治水中心主義で、利水の観点が考慮されていない

二、私権を排除するきわめて中央集権的な法律である

三、大河川中心で、水系一貫の河川計画管理の観点に欠ける

四、事業の受益、利権が見えかくれする

河川法第三条（私権を排除）では、「河川並其ノ敷地若ハ流水ハ私権ノ目的トナルコトヲ得ス」とあり、純粋に河川流水の対象を治水としてとらえ、公物である利水や環境の観点がない。治水法、堤防法、防禦の工と称され揶揄されたゆえんである。

同第二三条（洪水の危険切迫なるときの直接強制権及び下命権等）で「洪水ノ危険切迫ナルトキハ・・・・・家屋其ノ他障害物ヲ毀損スルコトヲ得」とあり、洪水防御のために、必要な土地の使用、土砂や竹木その他材料の採取、馬車等の運搬器具の使用など、強制権を河川管理者にあたえ、私権を排除する中央集権的な法律である。

同第六条（管理主体の原則と例外）では「河川ハ地方行政庁ニ於テ其ノ管内ニ係ル部分ヲ管理スヘシ」とある。大河川中心主義で、国直轄工事で実施しても、必要と認める場合は地方行政庁が管理する。「河水統制」事業などの直轄で建設されたダム（目屋、鎧畑、大倉ダムなど）が県管理に移管されたのは、その例。計画、建設、管理の一貫性がなく、維持管理は直轄でおこなわない。

同第二四条から三四条までは、事業の国庫負担、府県の分担をさだめ、補助金を支弁できるようにした。築堤工事も国直轄で実施できるようになった。

第五七条（河川巡察職員の職務）では「・・・・・河川視察ノ職務ヲ有スル官吏ヲシテ命令ヲ定ムル所ニ従ヒ警察官ノ職権ノ全部若ハ一部ヲ執行セシムコトヲ得」とある。内務省らしい内政安定のため、河川行政を強力な権限を行使できることを法律で明文化した。

さらに、河川法の制定は政治的色彩の濃い法案であった。治水事業によって誘導された権益は、官から民への施しと同時に、大地主層や自作豪農議員は、みずからの土地を守り、政治発言力をたかめ、さらに政府政権の安定基盤勢力の存在となる。

河川法制定による治水行政は、防災の観点から近代国家への国土基盤整備の第一歩であった。その一方で、国内安寧という観点から内務行政らしい性格に位置づけられ展開されていく。

治水の長期計画策定

河川法の制定によって、我が国の治水行政は新たな段階にはいる。一九〇七年（明治四〇）度まで着工された河川は、木曽川、淀川、筑後川、利根川、庄川、九頭竜川、遠賀川、信濃川、吉野川、高梁川の一〇河川。全国を見わたした本格的な河川改修事業は、一九一〇年（明治四三）の第一次治水計画からはじまる。

明治三〇年代後半から四〇年代前半にかけて、全国で甚大な水害が頻発する。特に、明治四三年（一九一〇）七月洪水は、梅雨前線と二つの台風で豪雨となり、関東平野をはじめ、甲信越地方、東北地方の太平洋側を中心に、破堤、氾濫、山崩れなど激甚な水害をもたらした。この水害は、政治、経済に深刻な影響をおよぼし、水害対策の治水事業は国の重要な課題となり、明治政府をうごかす契機となる。

同年、内閣に内務大臣を会長とする「臨時治水調査会」が設置され、「第一次治水計画」の検討がおこなわれる。その結果、全国六五河川を国が工事をおこなう直轄改修河川とし、そのうち二〇河川を第一期施工河川、第二期として四五河川を選定。工期は、第一期河川全体で一八カ年で完成をめざす。のこりの四五河川は、第二期施工河川として、第一期中に調査、着工する計画としてまとめられた。

第一次治水計画により、河川改修工事は継続費制度の予算措置がとられる。当時、工事がおこなわれていた利根川（渡良瀬川をふくむ）、庄川、九頭竜川、遠賀川、信濃川、高梁川、吉野川、淀川下流の八河川。新規着手する荒川、北上川などは、河川ごとに完成年度と事業費が定められる。

河口部に発達した大都市周辺の治水対策は、今日でいう国土総合開発計画の萌芽。地域計画、有効な土地利用という国土づくりの思想がみられる。淀川末流の中津川開削と新大阪海港、荒川（隅田川）と東京港、信濃川と新潟港、北上川と石巻港、庄川と伏木港など、新川の放水路開削と都市部の水害防除、河口港の堆積土砂の抑制による港湾整備というように、都市の近代化にむけて、あらたな国土づくりの基礎となる基盤整備であった。

このように、大河川では国直轄で事業がすすめられたが、国家財政の逼迫により工事は制約され遅延する。さらに、第一次治水計画策定以降、中国、四国地方でも大水害にみまわれ、国が関与せざるをえない河川がふえ、実情にあわなく見なおす必要にせまられた。

一九二一年（大正一〇）、「第二次臨時治水調査会」が設置され、すでに着手していた直轄施工中の河川と新規をあわせて八一河川が対象河川として選定された。「第二次治水計画」である。二〇カ年内（一九四一年・昭和一六）で改修する計画。

第二次治水計画の特徴は、秋田市（雄物川）、酒田市（最上川・赤川）など一〇河川の重要な地方都市の治水対策。新たに主要な地方都市の治水基盤整備で、土地利用の高度化、経済発展と食糧増産などの期待のあらわれである。これらの治水対策は、港湾整備と一体的にとしてすすめられた。また、一九三〇年（昭和五）には、中小河川にたいして、河川改修事業補助の費目をもうけ、国庫補助があたえられるようになる。第二次治水計画発足直後の一九二三年（大正一二）九月、「関東地震」（関東大震災）が関東地方を襲い、経済不況とあいまって財政状況がきびしく、事業の進展は遅延し、計画からおおきく乖離した。

このため、一九三三年（昭和八）に「第三次治水計画」が策定された。当時、工事中の改修工事を継続するとともに、未着手の四一河川のうち、緊急度のたかい二四河川を選定し、今後一〇カ年以内（一九四八・昭和二三）に竣工させ、大河川中心主義を、あらため中小河川改修についても工事費の二分の一の国庫補助をおこない、府県の中小河川改修事業を積極的に推進する計画ものであった。これは、一九三二年（昭和七）以来の府県がおこなう失業対策的な農山魚村振興土木事業などを継続させる意味あいの措置でもあった。

河川関係の法整備

本節では、一八九六年（明治二九）に制定された河川法を「旧河川法」、一九六四年（昭和三九）年に全面改正された法律を「新河川法」、一九九七年にあらたに部分改正された法律を「九七年法改正」と呼ぶ。

旧河川法が制定されて、明治時代末から昭和時代初期にかけて、内務省土木局による治水土木事業は、国土保全の骨格となる社会資本整備として、大河川や地方主要都市の洪水防御など、おおきなスケールで実施される。

治水対策の進展はみるものの、全国各地で整備水準をうわまわる洪水や、未改修区間での氾濫などに見舞われ、一層の対策と法整備がもとめられた。一方、築堤によって治水対策がすすんだ沖積低平地地域でも、洪水氾濫区域内の土地利用の高度化がすすんでいく。

その後、社会経済状況や国民生活はおおきくが変化する。一九一一年（明治四四）に「電気事業法」が施行され、水力発電を目的とした河川開発がおこなわれる。大河川治水主義の旧河川法は、古くから河川水をがんがい用水に利用していた慣行水利権者や電気事業者のダム建設など、利害関係が対立し、紛争の調停に対処できない事態となる。

一九二六年（大正一五）に旧河川法の不備に対処するため、「河川行政監督令」、一九三五年（昭和一〇）に「河川堰堤規則」を施行する。このような背景もあり、**物部長穂**は、『我が国に於る河川水量の調節並に貯水事業に就て』という論文を発表。多目的ダム論と水系一貫の河川計画管理の理念である。その主要な視点は、治水とともに電力、かんがい用水の開発で、河川開発として治水、利水の両面から役だてようというもの。この理念は「河水統制」、「国土総合開発」に引き継がれていく。

終戦直後、全国であいつぐ水害に対処するため、治水対策は河水統制事業として推進された。さらに、食糧増産のため、一九四七年（昭和二二）に「国営農業水利事業」の制度が発足・河川筋の農耕地整理やかんがい排水事業が展開される。主要都市郊外の工業団地や宅地造成など、土地利用の高度化がすすみ、築堤や遊水池だけでは限界となり、ダムによる洪水調節がおおきな役割をになうこととなる。都市化の進行により、水道用水や工業用水の安定的な確保が社会的に要請される。ダムを基軸とする河川の総合開発は、戦後の国土復興のおおきな役割をになうことになる。

一九五〇年（昭和二五）、「国土総合開発法」が制定され、翌年から特定地域総合開発計画が展開される。その事業の重要な柱として多目的ダムの建設がすすめられた。ダムの目的は、治水とともにかんがい、発電、水道、工業用水の開発であった。

また、昭和三〇年（一九五五）代にはいると、経済発展にともない生活用水、工業など都市用水の確保が重要な政策課題となる。経済の高度成長をみすえ、長期的、広域的な水資源の開発を担保するため、一九六一年（昭和三六）に「水資源開発促進法」が制定される。

多目的ダムは、複数の利用者によって共同で建設され、完成後も共同で維持管理をおこなう。建設主体、建設・維持管理費用の分担、管理規定など、旧河川法には規定がなかった。これらに対処するため、一九五七年（昭和三二）に「多目的ダム法」が制定されるが、根本的な解決にはいたらなかった。

一九六〇年（昭和三五）に「治水事業一〇箇年計画」の投資規模がさだめられ、この計画の法律的裏づけとして「治山治水緊急措置法」が成立。別途、治水特別会計法がさだめられ、治水事業の経理が特別会計に勘定される。

旧河川法が制定されて六八年後の一九六四年（昭和三九）、全面改正され「新河川法」が制定される。この間、社会経済情勢、河川をとりまく状況もおおきく変わり、旧河川法の不備を補完し、時代の要請にみあった治水、利水の両面から、全面的に見なおされた。改正の要点は、旧河川法での治水重点主義から利水も重点政策に位置づけ、

一、河川管理の明確化

二、水系一貫の治水計画

三、水系一貫の水利行政

四、ダムの建設と管理

が課題として法案が策定された。

大河川中心主義から、一水系を中小河川までふくめて水系一貫の計画管理し、一級河川（水系）を直轄管理、二級河川を都道府県とし、旧河川法の適用外であった普通河川のうち、市町村が指定したものを準用河川として区分した。また、旧河川法で明確でなかったダムについても明確化された。

新河川法によって、洪水防御の治水とともに、利水として水資源開発を二本柱で事業が展開される。二〇世紀末にはいると、都市用水など水利用の高度化によって、河川環境が著しく損なわれ、河川のとりまく状況がおおきく変化する。

環境保護思想の高揚を契機に、過度な河川開発にたいしての疑問、批判や警鐘など、多様な意見や施策の転換がもとめられた。河川そのものが、観光資源としての価値意識、環境教育や生涯学習の素材、癒やし効果に着目した医療、福祉、水上レジャーの一環として河川の水辺利用なども、その背景にあった。このような社会変化に対応すべく、あらたに一九九七年（平成九）に法整備された。これが「九七年法改正」である。治水と利水、あらたに河川環境を内部目的化し、時代にそくした法律を志向した改正であった。

最大の特徴は、河川環境を維持、保全することが明記された。自然環境を意識してコンクリート製護岸の見なおし、川がもつ本来の正常な機能をはたす河川維持流量の確保など。また、事業の基本となる河川整備計画は、従来の「工事実施基本計画」から、基本となる「河川整備方針」と、当面の具体的な整備内容をさだめた「河川整備計画」の策定。さらに、河川整備計画は、地方自治体の首長や地域住民などの意見を反映する場がもうけられ、議論がおこなわれ、計画が策定されるように改訂された。

一、河川環境を内部目的化した法律
二、河川環境に配慮した河川事業の推進
三、住民参加型の河川事業の志向

以上、旧河川法は大河川中心主義で、初期は河川舟運の重視と港湾を連結する低水工事が主体であったが、その後、洪水防御を目的に築堤など高水工事の国土保全に転換し、社会基盤となる国土形成をおおきなスケールで展開された。社会経済の進展とともにエネルギー開発としての発電用水、食糧増産のかんがい用水の確保、都市部の水道、工業用水の安定的な確保などが要請される。河川開発の視点から河水統制、河川総合開発、国土総合開発に発展する。あらたな利水の概念である。

その利水の基軸は多目的ダムがおおきな役割をはたし、大河川から中小河川まで水系一貫の河川計画管理を理念とする新河川法が改正される。過度な河川開発による河川環境の悪化と環境保護運動の高揚により、環境にも配慮する時代にそくした河川行政が要請され、九七年法改正と変遷していく。

このように、河川法の改定経緯からみても、**物部長穂**が提案した「水系一貫の河川計画管理」、「多目的ダム論」による河川開発など、社会経済の進展や行政政策の転換に大きな影響をあたえた理念であった。

第七章　科学と技術

科学、技術の歴史

科学の語源は、一二世紀の南宋の陳亮という人が「科挙之学」と記述している。官吏登用の試験である「科挙」は、もともと科目の試験によって人材を挙げるという意味。「科挙之学」は「個別学問」を意味する。我が国には、この熟語から伝わったものと考えられている。

「科学」は自然の法則を探求する学術分野。自然の実態がどうなっているのかを認識することにある。自然の循環、構造、機能の相互関連性を解明し、法則性を明らかにする営み、といえる。その成果が科学的真理である。科学的真理とは、自然がどうなっているかを正しくとらえ「知る」こと。宗教的真理とはことなり、認識的意味あいの真理の探究である。

科学の形態は、古代ギリシャ時代までさかのぼる。雨や雪、川や海に流れこむ流水、地震や雷など天変地異は、天に住む龍神や超人的人間のしわざである、というような思考法からきている。言いかえれば、神話的思考、宗教哲学的思考で、科学の出発点は哲学的思考法からきている。

その後、経験主義から納得できる根拠をもとめる思考の習慣から、論理的思考に発展する。その概念は、経験的自然学から論理数学に発展し、命題が真である諸原理の公理、定理として導かれた。自然学は、日常的な経験にもとづく論理的思索といえる。その鍵となる概念は論証あるいは証明となる。

一七世紀にはいると西欧科学は大きな発展をとげる。数学、代数解析学、微分積分など自然の法則を数式で体系化した古典力学として確立する。生物も機械論的モデル、化学は錬金術的伝統から決別し、機械論的、実験的科学となる。体系化された古典力の完成をみた。「近世科学」といわれる。自然観の普遍性の思想的形態の哲学は、西洋の「合理主義」の源流となる。

一八世紀後半には、イギリスからはじまった軽工業の産業革命は、生産過程で動力機関を機械にもとめた。これを契機に自然現象を実験により検証する、科学革命といわれる「近代科学」が発達する。古典力学では解決できない熱力学、電磁気学などが発達し、現代科学の基礎となる分野を開拓する。

一九世紀にはいると、古典力学は目にみえる物体を考察して体系化しものであったが、巨視的な物体を非常に多数の分子や原子の集合体として見なおした。古典力学の諸概念や諸法則がそのまま微視的世界まで拡張される。量子力学、一般相対性理論、原子物理学などへと発展する。「現代科学」が確立される。

そして、現在は「科学テクノロジー」の時代である。一六四四年にデカルト（R.Descurtes・一五九六〜一六五〇）の『哲学の原理』の機械論から派生した「機械的技芸」はテクノロジーの語源とされる。科学と技術が融合し、バイオ、遺伝子、医療など最先端技術は「倫理」が求められる時代となる。さらに、電子機器やコンピューター発達により、情報化が急速に発達。アナログからデジタル社会に変貌する。第五世代移動通信システムの五G、情報通信技術を活用したＩＣＴ、さまざまな情報とモノがインターネットを媒介としてつながっり、情報交換することにより相互に制御するIOT、人工頭脳のAI、ビッグデータの活用など。デジタル社会が到来し、新たな段階に入っている。

技術の語源は、紀元前一世紀以前には存在していた古い言葉。司馬遷の撰のなかの『史記』の「貸殖列伝」に登場している。「技」すなわち「てわざ」と「術」すなわち「道筋」ないし「手段」という二つの漢字の組みあわせでつくられた。一定の手段によってモノを製作する道筋をあらわす語彙ということができる。技術の歴史は人類の誕生からつづいており、一八七〇年代まで「技術」は技芸、「科学」は自然哲学と呼ばれていた。

技術は二つに大別される。一つは、生活のなかの学習によって得られた経験知からあみだされたもので、代表的なものが匠の技（わざ）。あと一つは、科学的知識や科学的方法にもとづいて、人びとの生活に役だてる行為。技術は有史以前から存在し、科学が発達するまえから、科学とは道を分けて発達してきた。科学は「知る」ことであり、それに対して技術は「役立てる」「実現する」「つくる」ことに深く関係する。

技術史観の立場から、思想、文化、人間の生活様式、社会経済の構造は普遍的ではないが、技術は普遍的に進歩し発展をつづける。このへんの事情を「日本学術会議」では、二〇〇〇年（平成一二）の『二一世紀の社会と科学技術を考える懇談会』の中間報告で、

技術（technolgy）は、人類がその生活を利便にし、豊かにするために育ててきたもので、有史以前からの長い歴史を持っており、ヨーロッパのギルドのように師弟間で継承されてきた。

以　下　中　略

科学が変貌を始めるのは一九世紀末からである。技術が軍事力の強化に役立つことから、その基

礎となる科学が有用になるものと考えられるようになった。単なる知的探究心により行われている学問ではなく、科学が国力の増強に使われるようになり、新しい型の科学が発展した。その代表的な例は、原子核物理から原子爆弾への道であろう。

以　下　中　略

今世紀（一九世紀）後半になると科学が経済発展の基礎として注目されるようになり、その傾向は最近とみに顕著となった。

以　下　中　略

一方、今世紀（一九世紀）中葉から科学と技術の融合が始まった。科学が新しい技術を生み、それがまた科学の発展を推進するという現象で、コンピューター科学や分子生物学の領域で顕著であった。

と、科学と技術の関係について述べている。

科学技術と科学・技術

我々が普段つかっている科学技術と科学と技術の用語、言葉の意味はどのような違いがあるだろうか。現在、科学と技術は密接に結びつきながら発展をとげている。この表記の違いは何を意味するのか。我が国では、明治維新の近代化政策の一環として欧米先進諸国の科学、技術の導入の接触をはかった。戦前から「科学技術」として、一般に、一緒にまとめた表記が定着する。学術サイドより政府サイドがこの表記に固執するのは、基礎科学より、技術と密接な関係にある応用科学を重視する姿勢がにじみでている。

「日本学術会議」では、提言『日本の展望—学術からの提言二〇一〇—』のなかで、「科学技術」について次のように提言している。

科学技術は、二つの点において、学術のコンセプトを狭隘にするものである。一つは、科学技術基本法が示しているように、人文・社会科学の知的営みを含まないこと、そして、もう一つは、自然科学の中でも技術開発志向の科学、科学を基礎とした技術（science based technology）に主要な関心を示していることである。「科学技術」という用語は、「科学・技術」（science and technology）という国際的な一般用語と異なることも注意しなければならない

この提言にもとづいて、「日本学術会議」は、『総合的な科学・技術政策の確立による科学・技術研究の持続的振興に向けて』（二〇一〇年八月二五日）を政府に勧告し、そのなかで、法における「科学技術」の用語を「科学・技術」に改定することを政府にもとめた。

この提言のあと、金澤一郎会長（当時）は、この用語の使用について『平成二二年度年次報告』で総合科学技術会議において、法律に規定されている部分をのぞいて、「科学と技術」（science and technology）とし、従来用いられてきた「科学技術」（science based technology）ではなく〈科学・技術〉という表記を採用することに踏みきった、と報告。この勧告直後には、『平成二三年度科学・技術重要施策アクション・プラン』『科学・技術フェスタ』など、内閣府も、科学・技術の用語がつかわれた。

この勧告に、官僚側の根強い反発があった。これを裏づけるように、二〇一二年には、『平成二四年度科学技術重要施策アクション・プラン』となっている。官僚の意志が貫徹されたかたちとなった。

近代日本に導入された科学と技術

ではなぜ、官僚側が科学技術の用語に固執するのか。その背景を考えてみたい。近世科学の出発点は、神話的思考、宗教哲学的思考、哲学的思考から、論理的思索とつづいていく。近世科学をへて、体系化された古典力の完成する近代科学が確立される。ちょうどその時期が我が国に科学、技術が導入された時期。

古典力学は、古代ギリシャのプトレマイオス（K.Ptolemaios）の地球中心説から脱却する。一五四三年にコペルニクス（M.Kopernik・一四七三〜一五四三）の『新天文学』による天球回転論の太陽中心的な体系。一六八七年にニュートン（I.Newton・一六四二〜一七二七）の『自然哲学の数学的諸原理』（プリンキピア）による地上運動と天体運動を統一的にとらえる。ガリレオ（G.Galileo・一五六四〜一六四二）の『新科学対話』の落体法則の発見。一六四四年にデカルト（R.Descurtes・一五九六〜一六五〇）の『哲学の原理』の機械論から派生した「機械的技芸」が提唱される。これらの自然観の普遍性は社会にまで波及し、思想運動も展開され、啓蒙主義、フランス革命の思想的源流となった。

フランス革命後、近代科学を高等教育施設で制度化し、大学制度のなかに近代科学研究がもちこまれる。本格的高等教育機関（フランスのエコール・ポリテックから発展）の設置である。西欧では、大学は、哲学を中心に人間力を養成する総合高等教育機関となる。一定の基礎的な思想的前提をもち、数学的方法、機械論的自然観など、社会的、制度的な基盤をもって、専門化した分科の「科学」が確立する。科学の専門職業化の実現で、ここに科学者という言葉がうまれた。

明治時代の初頭、高等教育の大学制度はめまぐるしくが再編される。一八六八年（明治元）に開成学校、一八六九年（明治二）に大学南校、一八七一年（明治四）に南校、一八七二年（明治五）に第一大学区第一番中学、一八七三年（明治六）に開成学校、一八七四年（明治七）に東京開成学校、そして、一八七七年（明治一〇）に東京大学と工部大学校が設立される。一八八六（明治一九）に帝国大学（工部大学校を併合）、一八九七年（明治三〇）に東京帝国大学の設立と目まぐるしく再編される。

一八七七年（明治一〇）の東京大学は、世界の科学、技術をリードするドイツの大学をモデルとして再編される。一八八六（明治一九）に再編された帝国大学は、法科大学、文科大学、医科大学、理科大学、工科大学の五学部分科大学として発足。翌年、一年おくれて農科大学が分科大学として発足。一八九七年（明治三〇）に東京帝国大学に改称。日本の国家モデルがドイツのプロイセンモデルを参考に確立されたことが、科学、技術の認識におおきく影響をおよぼす。

国会開設要求を軸とした自由民権運動は、板垣退助らを中心に一八七〇～七一年（明治一三～一四）におおきく盛りあがる。一八八一年（明治一四）一〇月の政変で、参議大隈重信がイギリス風憲法を、伊藤博文がプロイセン風憲法の制定に関して政争がおこる。フランス、イギリスをモデル国家とする自由主義派の大熊派を、プロイセンモデル国家を志向した天皇制絶対主義の伊藤派が排除。一八八五年（明治一八）一二月、内閣制度が導入され発足する。一八八九年（明治二二）二月に公布された大日本帝国憲法および衆議院選挙法にもとづいて、一八九〇年（明治二三）七月、我が国ではじめて民選選挙がおこなわれる。

我が国の国家モデルをプロイセンにもとめたことで、グローバル的な政治ビジョンができあがる。当時、世界の科学研究をドイツがリードしていた。留学先はドイツと相場がきまっており、本格的な研究方法を学ぶことができた。その一環として帝国大学が再編された。帝国大学は、西欧で導入されていた

「科学」、「分科の学」において、第一級の成果をあげることが至上命令となる。帝国大学が六分科大学の連合体としたことは、その証し。科学、技術の最前線では、世界水準の独創的な業績をあげるには、ごく狭い特定の専門分野で勝負するしかない。独創的な研究で、国際的に認知をうけることが、世界の一流国の仲間入りを目指すことが国家の目標となる。近代日本が採用した西洋の科学、技術は、すでに制度化され「科学」は専門分科し、成熟した思想や理念、教養を基礎に確立されていた。それに対して、我が国の科学、技術は、社会的認知が未熟であった。

高等教育の方針は、法律や政治、経済を学ぶ学生はごく少数の優秀な人のみにかぎる。あとの大部分の学生は、科学や工芸技術の学ぶ方向に導く。科学、技術の学習がさかんになれば、政治に関心をもつ人はおのずと少なくなるというもの。国家行政機構において、国家の方向を決定する政策立案は政治経済を学んだ行政官僚がおこない、科学、技術を学んだ技術官僚を国家の意思決定の過程に参画させない。政治や行政など国家の意思決定と科学、技術の発展は個別のものとみなされ、分離された。

ドイツも日本も優秀な世界的な研究者を少なからず生みだしながら、二〇世紀前半の大陸進出や太平洋戦争など波状的な戦争行為に、さしたる抵抗もなく、むしろ積極的に賛同したのは、この教育制度も一因であった。さらに、成果主義の競争に陥った研究者たちの日常を支配し、社会への関心が希薄にしていた観念がその背景にある。

この教育制度こそが、近代思想のさまざまなあり方に影響をあたえた。丸山眞男は、『日本の思想』(一九六一)で、日本の近代文化のあり方は、

日本は「タコツボ型」であり、ヨーロッパの近代文化は「ササラ型」である。ヨーロッパは古典古代からの伝統が共通の根となっている形で成立している。それが大学などの学部や学科の分野

になった。近代のサイエンスを語彙する他方、共通の根を切り捨てて、ササラの上の端の方の個別化された形態が日本に移植された

と我が国の文化や科学、技術の導入経緯を論述している。

既成の伝統的科学、技術には満足せず、一九世紀後半の専門化され、技術に応用を見いだした西欧科学の導入を容認しなければならない時代背景があった。さらに、科学が技術にとって有用なものであり、純粋な科学、技術の基礎研究より、産業発展の基礎となる応用科学や生産技術を重視し、優先する政策が、戦後一環してすすめられることになる。官僚側が「科学技術」の用語に固執する理由はここにある。本来のあり方とは異なった認識、科学と技術は一体的なものとしてとらえられているのは、このような教育制度や行政機構、社会的背景が複雑にからみあい、いびつな構造からきている。

技術論

自然界と人間は切っても切れない関係にある。この関係についての見方、考え方、言いかえれば認識がおなじであっても、対象への価値観がことなれば、アプローチもおのずと異なることとなる。認識は、対象が何であるのか、それを識別することである。価値は欲求をみたすもの、有用なもの、望ましく大切ものといえる。人生観や価値観は、価値意識によってそれぞれ変わることとなる。

人類史のはやい段階では、何が価値があるかという価値観は、ほぼ一致していた。人間的価値に影響をおよぼす生存や健康に有害はものは反価値とした。活動が活発になり社会が分節されると、階層、階級が形成され、利害が激突し、価値観の対立や多様化がうまれる。価値観は、古来より善や徳、正義といった倫理観の問題であった。近代になると、個人の自立化が顕著となって価値観が多様化する。現在

の価値観は、経済性、効率性、合理性などが重視される反面、倫理やモラルからも論じられるようになったといえる。

技術論も同様である。科学的知見を前提とした技術の目的は、対象が何であるかを認識し、対象への価値評価が不可欠となる。

技術史観から技術の発展は、思想文化、生活様式、社会構造の進展によっておこるとされる。一般には、農業革命から産業革命へ、そしてエレクトロニクス（ＩＴ）革命、現在は第四次革命（情報）といわれる。また、古典技術（技術哲学）、近代技術（科学、技術）に大分されている、としている。

そこで、主な技術論の主張を整理してみた。

どのような知識をつかって技術を生みだすのか、という視点から、

一、技術の専門性に基づく分類として、機械技術、通信技術、輸送技術、化学技術など。

二、技術の適用の観点から、産業技術、防災技術、輸送技術、環境技術など。

とされている。この場合、技術の適用の対象は、伝統的に生活者、産業側にある。（小林信一『社会技術論』二〇一二）

消費者と生産者の関係で、生活者の論理（社会の論理）と資本の論理（競争の社会）で論じている。生活の安全、利便、快適性の向上や確保などの生活技術、後者は生産性を向上をめざし利潤を最大化する産業技術。（岩佐茂『生活から問う科学・技術』二〇一五）

土木工学の分野では、技術論についてどのように認識されているだろうか。主要な論点を整理した。

歴史という時間軸、世界との比較という空間軸のなかで、公共事業がどのように国土に働きかけ、国土から恩恵をうけたのか、「国土学」を提唱。我が国と諸外国を比較してはじめて認識できるというもの。

日本国民の思考の指向は、情緒主義、臨機主義（暫定主義）、円満主義という指向癖をもっていることを認識し、自然観や歴史観、豊かな文化に育まれたアイデンティティなど、世界に誇れる価値観をもっている。これを生かして活力ある日本国土を次世代に残すためのインフラ整備の必要性を論じている。（大石久和『国土学再考』二〇〇九）

景観一〇年、風景一〇〇年、風土一〇〇〇年。「風土工学」を提唱。その概念は、心理学、地誌、歴史、文化などを基礎に、認知科学と土木工学を融合し応用発展させた。土木事業が地域風土へどのように形成されていくのか、そのあり方を論じた。地圏、水圏など循環系を対象領域にローカルアイデンティティを抽出する。ものづくりと機能を追求し、「用強美」の三要素に配慮した土木構造物を構築する必要性を提唱。（竹林征三『風土工学序説』一九九七）

民衆の自然観（自然との共生）と国家の自然観（自然の征服）、技術発展の過程、学問のあり方などを論じている。そのうえで、河川改修の事業規模の過程を時間軸を基線に、それぞれの担い手の時間感覚から、技術を社会との関係で類型化した。

一、小技術（私的段階）自らをどう守るか。家族や共同体が数世代にわたり継承される技術。
　高床式水屋、上舟など
二、中技術（共同体的段階）自分たちの地域をどう守るか。一、と三の中間の技術。水防活動、水害防備林など
三、大技術（公共的段階）為政者としてどう守るか。河川を共同体から乖離した専門集団による技術。連続堤防、ダム、遊水池など

と分類。（大熊孝『洪水と水害をとらえなおす』二〇二〇年）

対象をどのように認識するかによって、技術のとらえ方もさまざまである。ともすれば、科学と技術は一体として考えられているが、技術と社会の関係性については、無関心な部分がおおい。技術は専門分野の狭い範囲に閉じこもり、ひたすら細部に集中し、自分のもっている知識を掘りさげて成果を得ようとする。専門分野での技術の進展も大事であろうが、社会全体として取りくむべき課題もある。人びとの生活、歴史的背景、風土や文化、地域の環境と調和など、地域社会を良好に形成するための技術こそもとめられている時代である。

この意味で、防災は典型的な社会的問題である。工学部門の技術のみならず、地域社会の状況、人びとの価値観の理解なども必要である。必然的に自然科学、工学のみならず、人文、社会科学との連携や、現場でつちかった知識や知恵も必要である。地域から地域を学んだ地域知、自己の体験から学んだ経験知の重要性を認識する必要がある。

河川の社会技術

前述のように、これまでの科学、技術について、基本的な認識や概念、歴史的な経緯や変遷について整理した。また、明治維新をむかえ、我が国に西欧先進科学技術が導入された時代の社会状況の背景と、国家の方針と高等教育の改革、行政機構の運営面からの対応、土木工学での技術論の認識など、その主要な論点を整理した。土木工学のなかで、国家基盤を形成する治水の河川改修事業について、近代河川行政と技術の変遷を振りかえる。

明治時代初期は、国家の運輸体系は海運と連結した河川舟運に重点がおかれた。舟運路の安定的な確保などから、低水路を主体に整備する改修工事、低水工事や土砂流出を抑制するための砂防工事がすすめられる。これが明治二〇年代（一八八七）までつづく。一八九一年（明治二四）には上野と青森間の東北本線全線開通など、全国的に主要な鉄道網が整備されると、水上輸送から内陸運輸体系に移行する。舟運は衰退し、オランダ式低水工事から、築堤による水害を防除する高水工事に移行する。一八七五年（明治八）の「地方官会議」で低水工事は直轄、築堤などの高水工事は府県施行と決定される。高水工事へ転換した背景には、二つの要因があった。耕地所有の豪農、山林地主系議員の存在とあいつぐ水害が発生。地主系の地方有力議員の財産を脅かす水害防除の事業を国直轄でおこなうよう強く要請され、一八九六年（明治二九）、治水立法といわれる「河川法」が制定される。大河川を中心に直轄施行と中小河川の府県施行の制度が確立。これが低水工事から高水工事へ大きな転換点となる。

幕藩体制の時代、川を治めて領民の命と暮らしを守るため、各藩ごとに河川普請がおこなわれていた。かんがい用取水の利水、水害防除の治水、維持管理、水防活動を一体的にとらえていた。ただ、上流と下流、左岸と右岸で利害が対立した。河川を一体的、統一的にとらえる理念は、明治の近代国家の中央集権体制が確立されからである。

国家が関与して低水工事から高水工事に移行するが、一八八〇年（明治一三）に町村単位の「水利土功会」の組織、一九〇八年（明治四一）の「水利組合法」により、地域単位の水防自治組織、水利組合と洪水時にそなえた水防予防組合が整備される。自藩の地先を地域領民で守る伝統的な洪水対策、領民みずからおこなう水防活動が、民から官にゆだねられた。治水と一体の水防活動、維持管理が民から官に移行し切りはなされたのである。

一八九六年（明治二九）、「河川法」が制定されて大河川中心の河川改修から、本流だけでなく支流の中小河川までを含めて、一体的にとらえなければならない。上流の水源から河口まで河川に降水が集まる流域の水系全体でバランスのとれた河川開発、河川管理を一元化にすべきという考えかたの転換が求められる。上流部の土砂流出抑制の砂防、洪水防御と河川水を資源とみなす利水を両立する多目的ダム、河口部の港湾の機能維持の方策などを総合的に考えなければならない。

しかし、現在でも河川は治水と、資源利用としての利水は対立関係にある。治水の分野では、最上流の河川の山岳地や源流域の森林の防災は「治山」。渓流の土砂流出抑制の「砂防」。洪水防止の「河川」、河口部の「海岸保全」、「港湾」、「漁港」。それぞれの思惑が複雑にからみあう。利水の分野でも、河川本来の機能を確保する「維持用水」、「農業用水」、「発電用水」、「工業用水」、「水道用水」など多様な利害関係も存在する。これらを所管する行政機構は、治山は林野庁、河川と海岸保全は建設省（現国土交通省）、港湾は運輸省港湾局（現国土交通省）、漁港は水産庁である。利水でも、維持用水は建設省、農業用水は農林水産省、発電用水、工業用水は通産省（現経済産業省）、水道用水は厚生省（現厚生労働省）であり、さらに防災や水防は自治省（現総務省）まで関係している。河川はこのように利害が対立し、権利主体が交錯する社会資本の基盤整備であり、バラバラに輪切りされたジグソウパズルのような複雑な関係にある。

ここで、本書の主人公である**物部長穂**に登場してもらう。一九二五年（大正一四）一〇月の『貯水用重力堰堤の特性並に其合理的設計方法』、翌年に『我が国に於る河川水量の調節並に貯水事業に就て』という論文で水系一貫の河川計画管理と多目的ダム論を提唱した。

河川を上流から中流、扇状地の低平地部、河口までの流域について、本流の大河川から支流の中小河川まで、一水系の一貫した計画をすべきで、さらに河川は一体的、体系的に管理しなければならない、と物部長穂が提唱。利水は、資源として効率的に活用し、河川開発できる多目的ダム論を提唱。この基本理念が、新たな視点として「河水統制」「河川総合開発」「国土総合開発」に発展し、継承されていく。物部長穂は、水理学や耐震工学の学術研究の分野で顕著な功績を残している。科学的真理の知見から、理論的に裏づけされた技術論を展開した。技術論を支えた背景には、科学の出発点である哲学的思考がその基底にある。進展する社会状況を敏感に反応する嗅覚があった。技術論のあたえる社会的影響に目をむけた広い視野である。社会への影響という点では、耐震工学もおなじ視点であったことは偶然ではなく、探求する分野はおなじであった。

現在の社会経済情勢を見極め、時代を先どりする先見性をもった技術者であった。技術論のみならず、管理主体の充実と連携、技術と社会の関係性にも着目し、将来の国家像を描き、進むべき方向性を政策提案した。その学術成果の技術論や河川行政の根幹をなす基本理念が、いま再評価され、継承されていくべき指針をしめしている。その具現化が後述する「流域治水」の概念にみられる。高等教育をうけた技術官僚とは一線を画した河川技術者、地震学者であることが何より評価すべき足跡である。長穂のこのような技術、理念を「社会技術」と呼びたい。

技術の合意形成

物部長穂の著作『水理学』がどのように体系化され確立し、今日に至ったのか。その経緯から技術論の合意形成の過程について論じてみたい。

我が国で、体系化された最初の『水理学』は長穂の著作であり、一九三三年（昭和八）に岩波書店から公刊された。この書籍は、一九三八年（昭和一三）五月までに第七刷、さらに、一九三九年（昭和一四）九月には改定第一刷が発刊される。物部『水理学』は「古典水理学」といわれ、基礎理論が確立される。そして、**本間仁**は、物部『水理学』の水理公式をベースに、あらたに近代流体力学を基礎に理論体系化し「近代水理学」に発展させ、何度も改訂された。最終的に一九六二年（昭和三七）に『標準水理学』として丸善出版からが決定稿として発刊される。

長穂と本間の著書の『水理学』は、おおくの水理公式が掲載され、技術者のあいだでは、ハンドブック的な扱いで利用される。これらに掲載されている水理公式は、新たな知見を組みいれ何度も書き換えられ、技術者のあいだで合意形成され、認知されていった。

話はもどるが、一九四一年（昭和一六）から一九四三年（昭和一八）に土木学会に「水理公式調査委員会」が組織され、**安芸皎一**を委員長に、それぞれの公式を検討し、一九四八年（昭和二三）一二月、『水理公式集』初版として土木学会から発刊される。その内容は、長穂と本間の『水理学』の基礎理論がベースとなっている。以降、何次にもわたって改訂作業がおこなわれる。改訂にあたっては、全体構成の均衡がとれ、かつ厳しい評価をへて自制的に選別された。原稿の初期段階で、改訂委員の経験者などの専門家集団から草稿のレビューを依頼し、意見、批判をへて成案となる。

このように、ある技術的な知識が、妥当性をもっているか否か。この妥当性境界を保障する機構は技術者自身がもっている。それは、技術者の知的生産の単位である「専門家集団の共同体」、土木学会の査読機構がになう。査読審査をへた論文が専門誌に掲載され、各種論文に引用され、技術的に応用されてはじめて認知される。技術的知識の獲得となる。

「河川管理施設等構造令」や「河川砂防技術基準」、指針やマニュアルなど法令や基準書といった運用はどうであろうか。これらは、圧倒的におおきな社会的影響をおよぼす技術論の図書である。技術的知識が社会的意志決定の正統な提供者という役割をはたしてきたが、行政的判断が優先されるため、意志決定は官僚と技術者の閉じられた世界で決定される。この意志決定システムは「技術官僚モデル（Technocratic Model）」と呼ばれる。技術で問うことができても技術では答えられないグレーゾーンが存在する。技術者のもつ技術的根拠は、「こういう条件、ある前提条件では、このデータが得られ、この法則が成立する」というもの。この場合、理想系条件での成立ではなく、現場条件に状況依存した妥当な評価となる。技術的根拠の成立には、現場条件の状況依存する地域固有の、現場の数だけの「変数」が存在する。技術指針やマニュアルは、行政判断からこの変数を統一的にとらえ、過度に一般化されて運用される。

このように、「技術官僚モデル」の意志決定は、官僚と技術者の閉じた系のなかで決定される。この組織風土は、型式主義、権威主義、リスク回避、一貫主義的で、変化の対応や革新に弱いという傾向にある。心理学では、仮説や信念を検証するとき、陥りやすい傾向を確証バイアス（Confirmation Bias）と呼ぶ概念がある。先入観にもとづいて、それを支持する情報をあつめ、反論する情報を無視したり、集めない傾向。それにより先入観を補強する。いったん決断すると、その後に得られた情報を決断した内容を補強するために有利に解釈する。それにより判断と意志決定が合理的選択理論とは異なった方法でおこなわれる傾向に陥りやすい。

現場条件における判断の根拠として、専門家の知識と対置されるのが「ローカル・ノレッジ（Local Knowledge）」。現場条件に状況依存した知識であり、現地で経験してきたもの、実感と整合性をもって得られた知識、現場の勘である。河川技術の場合、現場ごとに同一条件というのは、まずない。しかし、解明途上であり、未知の領域があっても何らかの公共的な意志決定をしなければならない。行政機関では、技術者が提示する評価基準を参考に判断されることとなる。

この意味で、技術的な知識とその運用は、前者の専門技術者集団の共同体で獲得した技術的知識の合意形成と、後者の技術官僚モデルは、基本的な相違がある。後者は、社会的意志決定に際しては、未知の分野、領域が存在し、技術は完結していないことを認識し、現場の経験知を柔軟に受けいれ、早期に評価、改良、改善する機能をもつ組織運営が求められることになる。

新たな展開

昭和時代後期の一九七〇年代ころから、洪水対策にかぎらず、地震、火山噴火、津波など自然災害を人びとの生活の営みにともなう社会経済に影響を最小限にとどめる「防災」という災害を防止、抑制するという概念で具体的施策が展開される。人びとが生活を営むうえで、衣食住とともに安全を確保することは最低限の条件。水害や地震などの自然災害、火災や感染症などの人為災害から命を守ることが何より優先される。

自然災害は、生活環境に影響をあたえなければ単なる自然現象にすぎない。自然現象の大気圏の水循環をになう河川の洪水でも、単に川から水が溢れる場合は平常時より増水する洪水の現象。それが人びとの生活に影響を与える場合が水害となり、人びとの生活の営みにともなう社会現象となる。水害を防除、抑制するための治水対策について、近年おおきな方向転換があった。

自然現象は、人間の都合や希望、意図とは関係なく変動を引きおこす。この変動による危険度が「ハザード」。ハザードがおよぼす影響範囲が「リスク」であり、そのリスクの影響度合いの脆弱性が「ダメージ」。災害による経済活動の縮小量や損失で、被害の大きさと復興の速度の尺度、回復力が「レジリエント」と呼ばれる。

人間より先に自然が存在していた。生活圏の場を徐々に広げてきたことにより、自然現象があたえる変動のハザードの力を人間の都合で押さえこんだり、コントロールすることには無理がある。「防災」で整備する河川堤防やダムなどの「ハード」な施設は、限られた予算でのなかで、費用対効果が最大限発揮できる計画であり、防災対策でゼロリスクを達成はできない。リスクを低減させるため、水防活動にも限界がある。安全・安心の状況はつくれず、最終的なゴールはない。

防災対策には限界があり「減災」の概念がある。ハードな施設整備とともに避難を判断するための的確な注意報、警報など「ソフト」な情報を提供する。ハードとソフトを組み合わせ、生活圏のリスクを最小限にとどめる施策が「減災」である。高齢者、障害者など災害弱者にも優しいハートの、「ハード・ソフト・ハート」の三位一体の体制整備を確立しようとするものである。

リスク回避するために避難するのが「退避」の概念である。緊急地震速報、避難指示、記録的短時間大雨情報、大雨特別警報、線状降水帯情報などで避難を呼びかけて人命をまもる。退避には、被害の及ばない遠くまで逃げる水平退避と高いところへ逃げる垂直退避がある。

このような防災対策と減災対策を組みあわせた「総合治水」という概念が長くつづいたが、これにも限界がある。

リスクを回避するため、河川堤防やダム、遊水池など防災施設で水や土砂をコントロールするのは難しい。減災でリスクを最小限にするにも限界がある。河川管理者など行政の取り組みだけでも限界がある。災害リスク増大に備えるために、防災担当官署の管理者の国、自治体、企業、住民らのあらゆる関係者の参画によってリスクを回避しようと「流域治水」の概念があらたに提起された。二〇一九年（令和元）七月に国土交通省が発表した「地震や巨大津波に備える防災・減災総合対策」にその考え方が示された。土砂災害など危険がある地域は開発の規制や住宅移転も促進。調整池、ビルの地下貯留施設整備。既存のため池や田んぼの貯水機能の活用。農業用、発電用の利水ダムの事前放流など。

また、災害が発生することを前提に、あらじめ復興のために準備しておく「事前復興」の概念がある。災害後の復興時に仮設住宅の用地、集団移転地の事前準備などでコミュニティ崩壊の回避など、被災地の早期復旧や復興、再生を早期の実現しようとするもの。さらに、従来の土地利用を転換してリスクを回避するため、「復興で目指すまちづくり」の一環として、「災害リスクより低いエリアへの住居や施設の事前の移転の促進法」が二〇二〇年（令和二）九月に施行された。災害発生前から準備しておく「復興事前準備」という新たな概念である。

以上の経緯をふまえて、これまでの河川技術と新たな展開をみていきたい。

防災、減災、退避の概念で変化してきた。河川技術でも、河道を安定化させる低水工事、築堤の高水工事による治水対策、治水と利水を組み合わせた河水統制、河川総合開発、総合治水、流域治水、水害を前提とした事前準備、復興、計画的な土地利用へと変遷した。

明治時代から昭和時代中期まで、近代治水対策の対象とする洪水は、既往最大流量を考えていた。その前提は、洪水が堤防から溢れでることを前提として、治水と水防活動を一体としてとらえていた。堤防の整備がすすむにつれて、沿川の低平地の土地開発、都市化もすすむ。このため、昭和時代中期から、洪水は堤防から一滴ももらさず海に流す治水対策がもとめられた。また、計画規模の対象洪水は、既往最大から超過確率年で評価するよう変更された。おおざっぱに、既往最大流量は二〇～三〇年に一回発生する規模の洪水流量から、超過確率年は一〇〇～二〇〇年に一回の規模と大幅におおきくなった。この時期まで、防災対策の基本が総合治水であった。

しかし近年、地球規模の温暖化現象の進行により、海水温の上昇にともなう気候変動で、従来にはみられない豪雨による土砂災害や水害が各地で頻発する。それまでの整備計画の進捗では、行政機関だけでは限界があり、社会全体で治水対策を取り組む必要がある。「流域治水」におおきく舵をきった。さらに踏みこんで、河川から水を一滴ももらさない方針には限界がある。堤防から水が溢れでることを前提に、許容する大きな転換点であり、事前準備、早期復興、計画的な土地利用へ転換した。言いかえれば、「九七年河川法改正」の河川環境に配慮した河川事業の土砂移動、自然環境、生態系、水面利用などから、河川の周辺環境のみならず、環境を流域の地域社会の分野まで拡大した。

注目したいのは、総合治水までの概念は、河川工学という狭い分野での技術論の域をでていない議論であった。減災という防災面から情報通信分野の技術活用はみられるものの、主論は河川技術が主体。流域治水は、技術そのものの不完全性や未知の領域があるあることを認め、社会全体として取りくむべき問題としてとらえたことにある。社会と技術を調和させる、社会のための技術、社会のなかの技術としての「社会技術」への発展である。

ここで、**物部長穂**に再度登場してもらう。治水、利水の調和のとれた河川の水系一貫の計画管理の理念。現在の河川にかかわる行政組織は複雑にからみあい輪切りされた状態にある。計画のみならず河川管理部門まで、流域一帯の関係者による取りくみの必要性など、流域全体の社会に目をむけた技術の必要性を、すでに昭和時代初期に世に問いている。その理念が現在の河川技術の中心に位置づけられ、継承されている。

技術の伝承

技術の伝承について論じたい。人材の養成や技術の伝承は、日本の縦社会構造において、ＯＢから現職へ、あるいは先輩から後輩に伝達する方法論として捉えられている。過去の技術的経験や慣習、職場気風や文化、伝統、組織風土の維持などがその主な内容。ドイツの哲学者、ハイデッカー（M. Heidegger・一八八九〜一九七六）は、「経験を積んだ人は物事がこうである、ということを知っているが、なぜそうなるかを知らない」と論じている。耳の痛い指摘である。

現場で不都合な事象が発生した場合に、何故そうなるのかを解明する対応能力や、思考のプロセス、課題解決にあたっての経験知から学んだ技術を、先輩から後輩、上司から部下に伝承することにある。その結果、人材養成や技術力の向上につながり、組織の活力や発展に寄与し、これらをとおして、地域社会に貢献することにあり、そこに大きな意義がある。

土木技術や河川技術の体系は、現地の状況の理解にたったうえではじめて発現できるものと考える。その地域の自然環境、民俗、風土、文化、歴史的な時代背景など、その理解が出発点となる。この理解は、技術体系のなかで、根源的な意味で重要な位置をしめ、原点といえる。そのうえで、計画立案、設計をおこなうべき、と考えられる。

河川技術の場合、それぞれの河川は、地形、地質などの自然条件、植生や生態系、自然環境など千差万別で、それぞれ個性をもっている。川と地域の人びとは、生活、文化など、古くからかかわってきた中心的な存在である。現地状況を知っているのは現場技術者であり、経験知をもっている。技術の基本は現場にあり、時間の試練に耐えた技術的な真実はそこにある。技術の伝承、将来をになう人材の養成の重要性や意義のゆえんである。

国土交通省では、二〇〇三年（平成一五）以降、「技術基本計画」を策定し、国土交通分野の基本方針をしめしている。技術開発の推進、技術の効率的な活用、技術政策を支える人材育成など、重要な取りくみを定めている。現在まで、四期の五カ年計画が策定され、第五期として二〇二二年から二〇二六年（令和四から令和八）までの期間の基本政策の策定作業をおこなっている。技術開発の方向性は、国土強靱性の確保、持続可能性の確保、経済成長の実現という、三つの方向性で検討がすすめられている。IOT（Internet of Things）、人工頭脳のＡＩ（aritificial intelligence）、ビックデータの活用など、経済性、効率性、合理性など「産業技術」といわれる技術研究開発に重点がおかれている。

このなかで注目したいのは、防災、減災対策のなかで、知の体系化、共有化に取りくむとしている。文書化、数値化された形式知だけでなく、長年培われた属人的に備わる技術等の「暗黙知」を「形式知」に転換し、共有することにより、新たな知を創出する取りくみをおこなう、としている。技術の伝承の意義、重要性が認識され、より明確にされた。

再度、本書の主人公である**物部長穂**に登場してもらう。物部水理学や耐震設計論は現場主義に徹していた。技術の原点は現場にあり、真実がある。現地をくまなく調査し、自己の体験、地域知、経験知から、真実を導きだし理論を体系化した。そして、技術と社会の関係性についても、注意深く目をむける必要性を説いている。我々は、従来思考や権威に挑戦する精神、確たる技術哲学の基礎のうえにたって、技術の研鑽に努めなければならないことを問いかけている。

長穂は、出自から神道という精神文柱の環境のなかで育ち、その精神は確たる哲学を基層に技術論や政策論を提言をしている。その生き方、研究業績、理念を学び継承し、倫理観をもたなければならない、ということを教えている。

価値観・倫理観

心理学の分野で、バイアス（bias）という概念がある。本来の意味は、生地裁断の斜線、織り目にたいして斜めに切った布の切れ端のこと。そこから、心理学では「かさ上げ」「偏り」「ひずみ」など人間の思考の偏りをさす意味となった。言いかえれば、偏った見方をすることで、思いこみ、先入観、偏見、差別ということになる。バイアスは、「脳が認知し、感情を生起させ、記憶を形成し、行動に至ったりする」といった全プロセスに影響をあたえるため、ときに大きな判断ミスに陥ることがある。

認知心理学で、アンコンシャスバイアス（unsonscious bias）、「無意識の偏見」という概念がある。これは、自分の基準で相手を評価する人、相手の序列にこだわる人、相手を理解するまえに自分の主張をする人、教えてやろうとする思いが強い人によく見られる傾向と言われる。また、「モラル信任効果」（moral credential effect）というものがある。権力をもっているがゆえに、自分の正当性が認められていると錯覚し、立場の弱い人たちから便宜をはかってもらうことは当然と考えがちになることをさす概念。どのような価値意識をもって、ことにあたるか、言いかえれば、価値観、倫理観の問題でもある。

土木技術者の倫理については、学会や協会で活発に議論され、規定されている。その歴史は古い。土木学会では、一九三八年（昭和一三）二月に「土木技術者の信条および実践要領」を発表。この信条および綱領は、一九三三年（昭和八）二月に提案され成文化されたもの。一九三三年（昭和八）といえば、我が国が国際連盟の脱退を宣言し、盧溝橋爆破事件を契機に日中戦争、太平洋戦争に突きすすむ時期。このような時代にあって、「土木技術者の信条および実践要領」を成案したことは、土木技術者の誇りであり、高い倫理観のもとで取りくんだ姿勢のあらわれでもある。

一九九九年（平成一一）五月、土木学会では、この「土木技術者の信条および実践要領」をベースに、土木技術者がになうべき使命と責任の重大さを認識し、新たに倫理規定を制定した。この規定は、基本認識と倫理規定として具体的に一五項目から構成されている。その中で、

四、自己の属する組織にとらわれることなく、専門的知識、技術、経験を踏まえ、総合的見地から土木事業を遂行する。

五、専門的知識と経験の蓄積に基づき、自己の信念と良心にしたがって報告などの発表、意見の開陳を行う。

一四、自己の業務についてその意義と役割を積極的に説明し、それへの批判に誠実に対応する。さらに必要に応じて、自己および他者の業務を適切に評価し、積極的に見解を表明する。

と、技術の行使にあたって常に自己を律する姿勢の堅持の重要性を提示している。この倫理規定は、二〇一四年（平成二六）五月に改訂され、倫理綱領と九項目の行動規範にまとめられた。

日本技術士会では、一九六一年（昭和三六）三月に「技術士倫理綱領」を定め、一九九九年（平成一一）三月、二〇一一年（平成二三）に改訂されている。前文と一〇項目の基本綱領より構成されている。その中で、

一〇、（継続研鑽）技術士は、常に専門技術の力量並びに技術と社会が接する領域の知識を高めるとともに、人材育成に努める。

とある。技術士は、科学、技術が社会や環境に重大な影響を与えることを十分認識し、業務に履行をとおして持続可能な社会の実現に貢献する重要性をになう技術集団であるべきことを提示した。

建設コンサルタンツ協会でも、二〇〇〇年（平成一二）一二月、企業の業務成果は公共の安全性ならびに利益と密接に関連し、個々の技術者の経験と素養によって大きく左右され、実行者として重要な役割を果たしていることから、「建設コンサルタント技術者の倫理」を定めた。宣言、倫理遵守の基本原則、行動規範より構成されている。宣言には

三、伝統技術を尊重しつつ、先端技術の研究開発、国際交流の進展に努め、相互の文化を深く理解し、人類の福祉高揚と安全を図る。

四、土木事業の永年性、大規模性、不可逆性を踏まえ、技術者としての謙虚さを堅持すると共にその責務を自覚し、職務を遂行する。

五、土木施設・構造物の機能、形態、および構造特性を理解し、その計画、設計、建設、維持、あるいは廃棄にあっても生態系の維持、美の構成、歴史的遺産の保存に努める。

とあり、技術者の誇りと良心にてらして何が正しいかを問いかけ、誠実に対応することを求めている。

倫理は、「社会生活の営みや特定の集団が、行うべくこと、行ってはいけないことについて、明確に、または暗黙に了解された規範」といえる。価値観と倫理観とのあいだの葛藤は、抽象的問題でなく個人の生き方や考え方を左右する現実問題としてあらわれる。

人生観や価値観は、価値意識によってことなる。生まれた環境、所属する集団や組織を基層に倫理観が形成される。さらに管理的地位の人とそうでない人でも、目標がおなじでも、その方法論の認識差によって価値観はことなることになる。個々の価値観がちがっても、倫理観がおなじ方向でなければ、規範は守られない。

近年、リベラルアーツ（liberal arts）が重要視されている。一般には、人が身につけなければならな

い素養で、学芸、教養教育をいう。語学、史学、哲学、倫理学、数学、科学など、基礎的なことを習得することによって、価値観の多様性が理解できるとされる。自由で創造的な発想や批判的な知性が育まれる狙いがあるとされている。

宮本武之輔（一八九二〜一九四一・明治二五〜昭和一六）のエッセイ集「技術者の道」のなかで、土木技術者にのぞむ資質について

> 従来技術者が手段の人、方便の人として軽視された理由は、彼らの多くが末節的技術に拘泥して、技術に立脚する経国済民の抱負と見識を以て社会国家に寄与貢献すべき技術本来の使命を忘却して顧みなかったところに一半の理由がある

と述べている。倫理観、価値観の本質を論じている。

最後に、**物部長穂**に登場してもらう。技術は、単なる生活の利便性を向上させる手段ではない。効率性、経済性を目標とした技術のための技術ではない。技術の背景にある社会との関係性を考えなければならない。国民の安全・安心、社会経済の持続的発展など、社会のなかの技術、社会のための技術、言いかえれば「社会技術」の重要性を長穂や宮本が問いかけている。

長穂は、それを実践した。今から約九〇年前に水理学、耐震工学の新たな学問分野を体系づけ、設計理論を確立した。「水系一貫の河川計画管理」、「多目的ダム論」、「設計震度」の提案など、それらの理念は、その後の社会や技術の発展に大きな影響をあたえた。そのことが最大の功績である、といえよう。長穂の歩んだ道をたどると、時代が求めて誕生し、時代が必要とする時期に、時代の要請にこたえて業績を残し、その後の時代に大きな影響をあたえた人物である、といえる。

長穂の生き方や理念から、おおくの学ぶべきものがある。目標にむかって、自らが求めてたゆまぬ努

力をおしまず、高い志もって、ことにあたることが肝要であること。現代世代の我々に、生活の土台となっている自然と人間の関係性を見つめなおし、ありのままに受けいれる。時をきざみ、時間を積みかさねてきた先人が歩んだ足跡、言いかえれば歴史を振りかえり、将来の方向性を展望し、見極める。人間性を豊かにする素養を身につけ、多様な価値観を認めあい、高い倫理観の必要性を求めている。幅ひろい視野で社会に目をむけ、社会に貢献する姿勢の重要性のメッセージをおくっている、といえるだろう。

物部長穂の年譜

年　代	記　事
明治21年（1888）	7月19日、長穂（ながほ）誕生。父長元、母寿女（スメ）の2男とし生まれる。父長元は第60代唐松神社宮司。秋田県大仙市協和町境下台84（旧荒川村27番地）。 7男4女の11人きょうだい。 長女（サチ）、2女（ムメ）、長男（長久）、2男（長穂）、3女（ホキヨ）、3男（長鉾）、4男（長雷）、5男（長照）、6男（長武）、4女（綾）、7男（長祝）
明治27年（1894）	8月25日、秋田県内大水害。特に雄物川水系が甚大で、死者330名、家屋浸水18,947戸、全壊流失1594戸、荒廃田2,029町歩。 10月22日、「酒田地震」発生。M7.0、死者726人、全潰3858戸、半壊2397戸、全焼2148戸。
明治29年（1896）	4月8日、「河川法」公布（法律71） 6月15日、「明治三陸沖地震津波」発生。M8.2、死者21959人、家屋流失全半壊8～9千戸、津波高は大船渡綾里で38.2mを記録。 8月31日、「陸羽地震」発生。M7.2、死者209人、全潰5792戸。川舟断層・千屋断層が発生する。 朝日尋常小学校を卒業する。
明治36年（1903）	秋田中学校を卒業する。
明治41年（1908）	7月1日、官立第二高等学校（東北大学の前身）を卒業する。
明治44年（1911）	7月11日、東京帝国大学工科大学土木工学科を首席で卒業し、恩賜の銀時計を拝受する。卒業論文は『CalculationforDesigningBantaiBashiatNiigataPart1』（新潟万代橋予備設計）。 卒業後、鉄道院総裁官房勤務（橋梁関係）技手となり信濃川鉄道橋の新潟万代橋の詳細設計にあたる。 12月27日、尾崎三良（さぶろう）の五女元子と結婚。三良は華族（男爵）で法制局長官などを歴任。
大正元年（1912）	8月17日、内務省土木局の技師となり、河川改修工事関係の実務を担当する。
大正2年（1913）	7月9日、内務省東京土木出張所に異動する。 東京帝国大学理科大学に再編入し、理論物理学を学び、理学士の称号を得る。 東京帝国大学の助教授を兼任する。
大正3年（1914）	3月15日、「強首地震」発生。M7.1、死者94人、家屋全壊640戸。震源は長穂の生家から約18km。
大正8年（1919）	12月24日、内務省土木局に異動する。
大正9年（1920）	4月21日、ドイツ・フランス・イギリス・アメリカの先進土木技術を視察する。 4月27日、『構造物の振動並に其の耐震性に就て』の学位論文を母校の東京帝国大学に提出し、構造・耐震工学に多大の貢献があると認められ、工学博士の学位を授与される。 8月、『載荷せる構造物の振動並に其の耐震性に就て』（土木学会誌第6巻第4号）を発表し、第1回土木学会賞を受賞する。 12月26日、内務省から「勤務格別勤勉につき」特別賞与として金30円が授与される。
大正11年（1922）	9月30日、内務省土木試験所が創立される。
大正12年（1923）	5月28日、「震災予防調査会」の委員に内閣から任命される。 9月1日、「関東大震災」が発生。綿密で科学的な被害調査や写真撮影を行う。のちにこの詳細な被害報告書は、地震被害調査書の手本となる。

大正13年（1924）	『構造物の振動殊に其の耐震性に就て』の論文を発表する。
大正14年（1925）	３月25日、同論文が「地震学上先人未到ノ地域ヲ開発セシモノ」と評価され、第15回帝国学士院から恩賜賞が授与される。 ５月13日、文部省学術研究会議会員となる。 10月、『貯水用重力堰堤の特性並に其の合理的設計方法』（土木学会誌第11巻６号）の論文を発表し、多目的ダム論を提唱する。 11月４日、「震災予防評議員会」の委員に内閣から任命される。
大正15年（1926）	２月５日、東京帝国大学教授を兼任し土木工学第６講座（「河川工学」）を担当する。 ５月31日、第３代内務省土木試験所長に勅任される。 土木試験所岩淵分室に水理試験所を設立する。
昭和２年（1927）	『我が国に於る河川水量の調節並に貯水事業に就て』の論文を発表し、水系一貫の河川計画管理を提唱する。
昭和３年（1928）	６月23日、文部省学術研究会議工学研究員幹事に就任する。 11月13日、内閣都市計画神奈川地方委員に就任する。 土木試験所岩淵分室の水理試験所で量水堰検定を行い、以後水理実験が次々に行われる。
昭和４年（1929）	８月15日、耐震設計理論の成果の一つとして、「耐震池壁」で特許を取得した。 ７月から９月の期間、物部土木試験所長の指導のもとに、岩淵分室の水理試験所で我が国初の水理実験「北上川転動堰模型実験」が実施される。
昭和６年（1931）	５月11日、国際材料試験協会会員になる。 ６月３日、世界動力会議大堰堤国際委員会日本国内委員会専門委員に就任する。
昭和８年（1933）	２月１日、日本学術振興会土木建築委員会委員長に就任する。 ３月３日、「昭和三陸沖地震」発生。死者・不明者3064人、家屋流失4034戸、倒潰1817戸、浸水1817戸、津波高は大船渡綾里湾で28.7mを記録。 このころから、土木試験所で耐震工学の調査研究が精力的に取りくまれる。 ６月13日、米国土木学会会員となる。米国道路技術者協会名誉会員に推薦される。 二大著書『水理学』（岩波書店）、『土木耐震学』（常盤書房）を公刊する。
昭和９年（1934）	４月19日、日本学術振興会耐震研究委員会設立、同委員会委員長に就任する。 ５月11日、米国材料試験学会会員になる。 『地震に因る動水圧を考慮せる重力堰堤の断面決定法』の論文を発表し、重力式コンクリートダムの耐震設計理論を確立し、以後、ハイダム建設の幕開けとなった。 ９月７日、持病（痔病）悪化のため手術する。 ９月９日、父長元逝去する。葬儀のため帰郷する。 11月29日、日本学術振興会東北災害委員会委員に就任する。
昭和10年（1935）	１月12日、米国軍事土木会会員になる。 ４月９日、日本学術振興会大阪地方災害考査委員会委員に就任する。 ５月６日、原材料に関する用語統一調査委員に就任する。 11月５日、利根川治水専門委員に就任する。 12月14日、日本学術振興会災害科学研究会委員に就任する。 12月31日、日本学術振興会土木建築委員会委員長を辞任する。（任期満了）
昭和11年（1936）	３月２日、東京帝国大学教授を勇退し、宮本武之輔に「河川工学」講座を譲る。 11月７日に内務省を退職。土木試験所長を後任の藤井真透に譲る。
昭和12年（1937）～	退官後も、東京市、東京電灯などのダム建設顧問、万国学術委員会第五部委員長など活躍の場が求められた。また、海外の最新技術の関係論文を紹介し、土木・水理学・耐震工学の基礎理論発展に尽力した。
昭和16年（1941）	９月９日逝去。享年53歳。従三位勲三等を授与される。

物部長穂主要論文リスト

発表年代	論文名及び出版物名称	出典文献等
1911　（明治44）	Calculation for Designing Bantai Bashiat Niigata Part1（卒業計画・新潟萬代橋予備設計）	卒業論文
1917. 4（大正６）	八ツ山橋橋梁討議	土木学会誌 第３巻第２号
1917. 6（大正６）	河川に於ける不定流に就て	土木学会誌 第３巻第３号
1917.12（大正６）	再び河川に於ける不定流に就て	土木学会誌 第３巻第６号
1918. 4（大正７）	湿潤作用に対する土堤の安定性に就て	土木学会誌 第４巻第２号
1919. 6（大正８）	塔状構造物の振動並に其の耐震性に就て	土木学会誌 第５巻第３号
1920. 8（大正９）	載荷せる構造物の振動並に其の耐震性に就て（第１回土木学会賞を受賞）	土木学会誌 第６巻第４号
1920　（大正９）	構造物の振動並に其の耐震性に就て（学位論文・工学博士を取得）	
1921. 8（大正10）	吊橋の振動並に其の衝撃作用に対する関係	土木学会誌 第７巻第４号
1921.12（大正10）	変断面塔状体の自由振動周期算定法（Eigenschwingungen Eingespannter Stabvon Verander-lichem Querschnitt）	Z.A.M.M.1921
1922. 6（大正11）	フランスに於ける戦跡復旧事業に就て	土木学会誌 第８巻第３号
1923. 6（大正12）	繋拱橋に就て（1）	土木建築雑誌 第２巻第６号
1923. 7（大正12）	繋拱橋に就て（2）	土木建築雑誌 第２巻第７号
1923. 8（大正12）	繋拱橋に就て（3）	土木建築雑誌 第２巻第８号
1923.10（大正12）	関東大地震に就て	土木建築雑誌 第２巻第10号
1924　（大正13）	繋共橋の設計法	土木建築雑誌 第３巻
1924. 2（大正13）	橋桁の振動並に其の衝撃作用との関係に就て（討議）	土木学会誌 第10巻第１号
1924. 4（大正13）	地震動による構造体の振動時相に就て（討議）	土木学会誌 第10巻第２号
1924.10（大正13）	地震上下動に関する考察並に振動雑論	土木学会誌 第10巻第５号
1924.10（大正13）	神戸市上水道堰堤耐震性調査	
1924　（大正13）	構造物の振動殊に其耐震性の研究（第15回帝国学士院恩賜賞が授与された）	
1925.10（大正14）	貯水用重力堰堤の特性並に其合理的設計方法（多目的ダム論を提唱）	土木学会誌 第11巻第５号
1926.10（大正15）	地震時に於ける土圧に関する研究	土木建築雑誌 第５巻
1926　（大正15）	我が国に於ける河川水量の調節並に貯水事業に就て（多目的ダム論を提唱）	
1927.10（昭和２）	瀝青材料標準試験方法	内務省土木試験所報告 第８号
1927.10（昭和２）	石材類標準試験方法	内務省土木試験所報告 第８号
1928. 7（昭和３）	貯水に依る治水及び利水に就て	水利と土木 第１巻第１号
1928. 7（昭和３）	ローリング・ダム堰体に関する研究	水利と土木 第１巻第１号

1928. 8（昭和３）	支壁式鉄筋混凝土堰堤の耐震性に就て	東京帝国大学地震研究所彙報 第5号
1929　（昭和４）	地震時に於ける土圧力の計算に就て（共著）	万国工業会議論文集１
1929. 1（昭和４）	ローリング・ダムの堰体設計法（1）	水利と土木 第２巻第１号
1929. 2（昭和４）	ローリング・ダムの堰体設計法（2）	水利と土木 第２巻第２号
1939. 3（昭和４）	ローリング・ダムの堰体設計法（3）	水利と土木 第２巻第３号
1929. 4（昭和４）	ローリング・ダムの堰体設計法（4）	水利と土木 第２巻第４号
1929. 8（昭和４）	剛結横副応力の新算定法	土木学会誌 第15巻第８号
1929. 9（昭和４）	ローリング・ダムの堰体設計法（5）	水利と土木 第２巻第９号
1929.11（昭和４）	重力堰堤の内部応力算定法（1）	水利と土木 第２巻第11号
1930. 1（昭和５）	重力堰堤の内部応力算定法（2）	水利と土木 第３巻第１号
1930. 1（昭和５）	立案者の見たる橋梁細則案	道路の改良 第12巻第１号
1930. 2（昭和５）	北上川降開式転動堰模型実験（共著）	内務省土木試験所報告 第15号
1930. 6（昭和５）	伊太利貯水用堰堤条令に就て（1）（共著）	水利と土木 第３巻第６号
1930. 7（昭和５）	伊太利貯水用堰堤条令に就て（2）（共著）	水利と土木 第３巻第７号
1930. 8（昭和５）	伊太利貯水用堰堤条令に就て（3）（共著）	水利と土木 第３巻第８号
1931　（昭和６）	石工堰堤の耐震構造に就て －Earthquake－Proof Construction of Masonry Dam－	万国工業会議論文集９
1931. 6（昭和６）	背水曲線の一般的解法	土木学会誌 第17巻第６号
1931. 6（昭和６）	背水曲線の一般的解法（共著）	内務省土木試験所報告 第21号
1932. 6（昭和７）	応用地震学（高等土木第１巻・書房）	
1932. 6（昭和７）	背水曲線の一般的解法並びに実験	土木学会誌 第18巻別冊
1932. 6（昭和７）	河道改良と河床変化	水利と土木 第５巻第６号
1931.12（昭和７）	地震時土圧の実験的研究（英文・共著）	東京帝国大学地震研究所彙報 第10号
1933　（昭和８）	水理学（岩波書店）	
1933. 3（昭和８）	土木耐震学（常盤書房）	
1934. 1（昭和９）	地震に因る動水圧を考慮せる重力堰堤の断面決定法に就て	水利と土木 第７巻第１号
1934. 3（昭和９）	地震に因る動水圧を考慮せる重力堰堤の断面決定法	内務省土木試験所報告 第26号
1934. 3（昭和９）	建築構造物の終局の耐震力に就て	東京帝国大学地震研究所彙報 第12号
1934. 9（昭和９）	独逸及び佛蘭西に於ける土木の概念とその組織	水利と土木 第７巻第９号
1935.10（昭和10）	伊太利モラーレ重力堰堤の決潰	水利と土木 第８巻第10号
1936. 5（昭和11）	支那白河の洪水その治水策	水利と土木 第９巻第５号
1936. 8（昭和11）	パナマ運河給水用マッテン貯水池並に堰堤	水利と土木 第９巻第８号
1936. 9（昭和11）	雨量と洪水流量	水利と土木 第９巻第９号
1936.10（昭和11）	最近に於ける米国の治水問題	水利と土木 第９巻第10号
1936.11（昭和11）	米国ノリス堰堤並に発電所	水利と土木 第９巻第11号
1936.12（昭和11）	土堰堤の耐震性（共著）	第２回国際第堰堤会議提出並に国内研究論文集（動力協会）

1937. 1（昭和12）	米国フォート・ペック土堰堤	水利と土木 第10巻第１号
1937. 2（昭和12）	米国に於ける堰堤工事二・三	水利と土木 第10巻第２号
1937. 3（昭和12）	瑞西国オーバーハスリーのスピッタール・ランム堰堤（訳）	水利と土木 第10巻第３号
1937. 4（昭和12）	国際堰堤会議に於ける細部構造事項・南支シンムン堰堤其の他	水利と土木 第10巻第４号
1937. 5（昭和12）	英国ガロウェー水力発電（1）	水利と土木 第10巻第５号
1937. 6（昭和12）	英国ガロウェー水力発電（2）	水利と土木 第10巻第６号
1937. 7（昭和12）	土堰堤材料の選択（訳）	水利と土木 第10巻第７号
1937. 8（昭和12）	ヴァレスト土堰堤工	水利と土木 第10巻第８号
1937.11（昭和12）	遊水池に依る支那黄河の洪水調節	水利と土木 第10巻第11号
1938. 1（昭和13）	優秀なる混凝土混合機の必要（訳）	水利と土木 第11巻第１号
1938. 2（昭和13）	大ナイル河筋の諸堰堤の完成（訳）	水利と土木 第11巻第２号
1938. 3（昭和13）	米国スカージット河の利水事業（訳）	水利と土木 第11巻第３号
1938. 4（昭和13）	グランド・クリー高堰堤	水利と土木 第11巻第４号
1938. 6（昭和13）	北米フラット・ヘッド・レークの動力用堰堤	水利と土木 第11巻第６号
1938. 7（昭和13）	米国オハイヨ河の大洪水とその洪水調節	水利と土木 第11巻第７号
1938. 8（昭和13）	ミシシッピー河下流部に起った1937年の高水	水利と土木 第11巻第８号
1938.11（昭和13）	ミシシッピー河沿岸の幹線大道路（訳）	水利と土木 第11巻第11号
1938.12（昭和13）	米国に於けるトリボロー橋	水利と土木 第11巻第12号
1939. 2（昭和14）	米国カルホルニヤ沿岸地方の平低地は洪水に依って席巻さらわれた	水利と土木 第12巻第２号
1939. 3（昭和14）	ミシシッピー河の洪水統制工事	水利と土木 第12巻第３号
1939. 6（昭和14）	米国ソールトレーク市の新給水工事	水利と土木 第12巻第６号
1939. 7（昭和14）	グリーンマウンテン堰堤	水利と土木 第12巻第７号
1951.11（昭和26）	『水理学』（昭和８年『水理学』の増補改訂版）	
1952. 9（昭和27）	土木耐震学（理工図書）（昭和８年『土木耐震学』の再刊）	
1972.11（昭和47）	物部水理学（岩波書店）（昭和８年『水理学』の増補改訂版）	

参考文献

物部長穂を紹介した書籍、論文、評伝はきわめて少ない。そのなかで、長穂という人物を知るうえでの周辺領域からたぐり寄せることにより、より鮮明に人物像を紹介しようと試みた。

考えてみれば、長穂という人物は、時代が必要とし、生まれながらに宿命を背負い、恵まれた環境をみずから求めるなかで期待に答えるべく努力・精進し、それにもまさる天才であった、と言える。

本著を作成するにあたり、以下のものを参考文献として引用し、加筆した。詳細については、これらにゆずりたい。


【長山幹丸著『秋田の先覚』近代秋田をつちかった人びと　第五巻「物部長穂」】

（秋田県　一二四〜一三五頁　一九七一年一〇月）


明治改元一〇〇周年の節目に、「日本人の心の世界に、明治に見られる一貫した何かが欠けている」、「先人の苦心経営の事績をしのぶことは民俗の生命の生成発展に向け意義深い」という政府の事業方針が示された。秋田県でもこの方針をうけ「郷土の先覚、偉人、学問、徳行等を研究、顕彰」することを目的に事業化して編纂委員会を組織。一四七人が選定され、一〇七人の執筆陣で刊行した。第一巻は明治改元一〇〇周年にあたる一九六八年（昭和四三）。三カ年かけて五巻を発刊。掲載された一四七人は、近代化に貢献した秋田県出身者（故人）とされた。

秋田県立博物館には「秋田の先覚記念室」があり、常設展示されている。一九九六年（平成八）四月オープンし、四つの分野のコーナーがある。学術、教育・スポーツ・芸能文化、経済産業、地域開発の部門。学術の分野では、ゲーテ研究の権威である**木村謹治**、土木工学の権威者である**物部長穂**、芸能文化では近代舞踊の第一人者の**石井漠**などが紹介されている。先覚者の業績や人物をとおして、秋田に住む人びとに、秋田が生んだ偉人の生涯や業績を紹介し、地域を見つめなおし、理解を深め、自信と誇りをもってもらおう、という主旨で展示されている。

この記念室の設立や人物選定にあたっては、元秋田大学学長で博物館名誉館長である**新野直吉**が尽力された。筆者と新野とは、少なからぬお付き合いがあった。国土交通省の在職時、委員会の座長をお願いしたり懇談した。文化、歴史関係の分野の著作のさいには、貴重なご意見やアドバイスをいただき、大変お世話になった。

長穂に関する人物紹介した著作を可能なかぎり探索したが、唯一、この著書であった。ほとんどが、これから引用、孫引きされていた。


【進藤孝一著『秋田「物部文書」伝承』】（無明舎出版　一九八四年一月）

物部家の歴史や系図については、同書を基本に記述した。物部文書は、時代の期間が極めて長い。物部家の祖神である饒速日命の超古代の天降り神話から、蘇我・物部の崇仏論争、時代はくだって江戸時代の延宝八年（一六八〇）の佐竹藩主第三代義処公が、長穂の生家である唐松神社を再建する数千年の神話と伝説、歴史が記されている。

古代の神話や歴史を記したものに『古事記』や『日本書紀』がある。「物部文書」もこの種のものではあるが、超古代を扱った奇書奇伝といわれる。物部文字、鎮魂の神事、天津祝詞の太祝詞など、古代の祭祀をうかがわせる文書。古代祭祀の研究上、大変貴重な史料とされている。

その真偽を問うまえに、我が国の神話が長い年月をかけて、名もない人びとより語り伝えられたきた、その心境と必然性を改めて考えてみようという主旨で、**物部長照**（長穂の兄弟で五男）の英断によって公開され、刊行された。

長穂の先祖をたどれば、大和朝廷時代の蘇我・物部抗争で、歴史の表舞台に登場する大和物部氏までさかのぼり、活躍した豪族。そのルーツは天皇家の祖神とされる天照大神の血をひく神で、天皇家の霊統に属していることになる。長穂の基層を理解するうえで参考となる図書である。

【建設省土木研究所編纂『土木研究所五〇年史』】（建設省土木研究所　一九七四年九月）

一九二二年（大正一一）九月三〇日、内務省土木試験所が創立して五〇周年を記念して刊行。第一編総説、第二編研究活動のあゆみ、第三編座談会「五〇年を振りかえって」、参考資料の四部で構成。現在、試験所発足当時を知る人は他界している。物部長穂の人となり、勉学研究に取りくむ姿勢については「座談会」のなかで、戦前編の「土木試験所設立の経緯と初期の調査研究」や「物部所長の思い出」で、当時一緒の在籍していた方々の座談会での内容からおおくを引用した。また、参考資料のなかに、「研究所報告」として論題と執筆者が整理され、当時、取りくまれた研究課題や成果を知ることができた。さらに、同所発行の土木技術資料でも、試験所発足当初の様子が紹介されている。

長穂は、土木試験所を舞台に我が国の土木工学の基礎がためと、その後の学術研究発展の道筋を切りひらいた功績は、はてしなく大きく貢献した。

【史料編纂委員会『東北地方における土木事業近代化の先覚者像』】

（社団法人東北建設協会　一九九六年九月）

東北建設協会（現、東北地域づくり協会）発足三〇周年の記念事業の一環として発刊。東北地方建設局（現在の東北地方整備局）は、一八八六年（明治一九）七月、内務省土木局の地方出先機関として、第二区土木監督署が正式に発足した。監督署の発足前後に活躍され東北地方の土木事業の近代化に尽力された、**古市公威**、**沖野忠雄**、**石黒五十三**を中心に、先覚者の像を明らかにしたもの。三氏の生いたち、修学、官暦、業績、年譜が作成されている。また、内務省の創立経緯、機構の変遷・人事も収録。内務省技師三七名、著名な技術者六名も紹介。東北地方の主要な直轄工事、河川、砂防、港湾、道路の各事業概要を記載している。

特に、資料編の土木学会での三氏の講演録、年表関係などは、ていねいにまとめられており大変参考になった書籍である。明治初期の近代化の先鞭として登場した土木技術者の苦闘と、それにつづくオランダ人技術者からの技術的自立をはたした経緯を記述。その後、近代土木技術確立に貢献した長穂の登場までの助走期間の歴史的、技術的経緯を理解するうえで、大変貴重な史料であった。

【国土政策機構編『国土を創った土木技術者たち』】（鹿島出版会　二〇〇〇年二月）

国土政策機構は、一九八三年（昭和五八）の設立以来、地下空間・防災・河川など国土の総合的有効利用に関する調査研究や政策提言などの活動をおこなっている。無名碑としての土木技術者の先達を顕彰する機会として、本書を企画。現在の我が国の繁栄と安全な国土の存在は、明治以降の鉄道・治水・港湾・上下水道・電力・道路などの社会資本整備に負うところがおおきい。しかし、これらの土木技術者たちによる事業や学問的業績、生きざま、人間性などについては、限られた形でしか現代の人びとに伝えられていない。

本書は、明治以降から高度成長期まえまでに活躍した土木技術者の人物像をとりまとめた。全体で一二の部門で構成。近代土木行政の骨格をつくった技術者、治水、港湾、鉄道、上下水道、橋梁、道路、都市、エネルギー開発、研究・教育、政治参画を目指した技術者、国際総合開発、建設産業の基礎をつくった技術者。各部門ごとに通史と全三五名の技術者が簡潔明瞭に紹介されている。土木史に登場する著名な技術者の生涯と業績、学術的技術的評価が簡潔に解説され、近代化の足跡をたどる技術変遷を学ぶうえで大変参考となった書籍であった。

【松浦茂樹著『明治の国土開発史』】（鹿島出版会　一九九二年三月）

明治維新の近代科学技術の導入が、今日の社会・経済、そして技術の発展方向、発展水準の重要な原点となった。明治前期から中期にかけての大規模な国家プロジェクトの歴史的意義について考察。

明治政府の国土政策、オランダ人技術者の来日と技術指導、野蒜築港、安積、琵琶湖疏水事業、淀川改修と大阪築港、オランダ人技術者から日本人技術者の自立、そして日本人技術者による信濃川大河津分水の放水路事業の挫折と近代技術による克服など、六つのプロジェクトを社会的背景、技術的意義、地域にあたえた影響など、多面的に論じている。

技術と社会との関係、地域社会がプロジェクトを受けいれる姿勢など、近代土木技術の導入時期を取り扱ったを土木技術史の原点としての書籍であるといえる。また、松浦は、明治初期の土木史を精力的に研究している。土木学会の土木史研究、国際地域学研究などの研究論文も参考になった。

【篠原修著『河川工学者三代は河川をどう見てきたのか』】（農文協　二〇一八年三月）

現場から、歴史から、河川を見つづけた**安藝皎一**、**高橋裕**、**大熊孝**の河川工学者三代の人物評伝をとおして、近代河川行政の到達点と課題を明らかにし、環境・景観・自治の河川を展望した著書。明治以降の治水対策、河川管理思想の歴史的経緯について、通史的に網羅されている。河川法と治水・利水・環境への変遷、河川管理施設等構造令、河川砂防技術基準の制定の背景と、その技術水準を工学的の評価。

この三人の技術者は、現場こそ技術本質を見いだす原点であり、行政とは一線を画し、自然や河川と人間がどう付きあうのか、言及している。

我が国の明治以降の国の河川行政の目標水準、変遷を時系列的にまとめられた書であり、拙著の参考文献として大変参考になったことを記しておく。

【大熊孝著『洪水と水害をとらえなおす』】（農文協　二〇二〇年五月）

自然観の転換と川との共生をメインテーマに、著者の大熊河川工学を集大成した著書。人と自然との関係が希薄になっていることは見せかけでしかなく、この地球上で生きるかぎり、人と自然ときれて存在することはできない。日常の見せかけの快適性は、非日常の災害時に、何も準備もなく強烈なしっぺ返しをうける、と主張。その根底は、民衆の自然観「自然と共生する思想」と国家の自然観「自然を征服する思想」にある、としている。

究極の治水対策は四〇〇年まえにある。伝統的に技術の限界を知ったうえで、被害を最小限にとどめる、戦国武将の武田信玄の「水をもって水を制す」の信玄堤や不連続の霞堤などにもとめることができる、と主張。「水害が現地調査なくして発言権なし、と現場主義に徹する姿勢で河川技術論を展開。高い倫理観をもつ職業専門家として、「水害受認」という、行政とは一定の距離をおき、河川と人がうまくどう付き合っていくべきか、学問のあり方、河川技術の類型にも言及。

大熊の理念は、堤防から一滴の水も漏らさない従来の治水対策から、水が溢れることも前提にした概念にほかならない。長穂が提案した水系一貫の河川計画管理と相通ずるものがある。

【大淀昇一著『技術官僚の政治参画』】（中央公論社　一九九七年一〇月）

日本の科学技術行政の幕開きの経緯について論述。日本が近代国家として出発したとき、行政を主導する立場にある法科系事務官にたいし、技官・技師は脇役的な立場におかれていた。大正デモクラシー下に技術者運動をおこし、地位向上のための政治的動きを開始。しかし、技術官僚の国政への参画という夢が実現したのは、日中戦時下においてであった。戦後の科学技術行政は、戦前の残照と米国の指導下に再スタートするが、そこにいたる戦前技術官僚の思想と行動について考察。

本書は、公共事業、公益事業は、どうしても国家の基盤形成にかかわる縁の下の力持的な仕事である。法律を駆使して行政上の管理的・指導的役割を果たす事務官と比較すると、技術官の地位は低くおさえられていた。その背景には、国政運営上の社会的・政治的背景、行政組織と高等教育制度などが基層にあることを明らかにし、技術官僚の地位向上の格闘を論述。

著者は、技術者ではなく文系の研究者であり、文系学者の目線で技術系官僚の地位向上の経緯と、あるべき姿を論述している。行政と技術の関係性の歴史的背景を理解するうえで、参考になる文献であった。

【佐々木力著『科学論入門』】（岩波書店　一九九六年八月）

現代日本の科論の思潮はおおむね三つの時代区分されるという。戦後民主主義と連携した「科学性善説」が一九四五年〜一九六八年。その後、傾聴すべき科学技術批判の声が聞かれはじめる一方、科学技術を抽象的・一般的に否定してそれで能事終わりとするある種の科学哲学が一九九〇年代初頭ころまで一世を風靡した。この時代は「科学性悪説」。そして、二一世紀の科学技術はより現実的・具体的に答えていかなければならないと主張。

我が国は明治維新以来、西欧科学技術の全面的導入をはかった。それにともなって、科学の我が国固有の特異な理解が生まれた。科学、技術を根源的思想ととらえず、目先の成果だけをねらって追求したり、科学と技術をつねに一体化してみる見方などはその典型。近代日本に特有の科学、技術の理解の仕方とその歴史的背景、西洋科学の長い歴史をたどり、その成立由来を探る。さらに、近代科学に基づいた技術の力強さの秘密と、それが抱える問題点を言及。そして、科学、技術がいかなる構造と射程をもつ知的営みであるかを簡明に解説し、最後に高度な科学技術が制度化されている現代社会が抱えている困難な諸問題を、これまでとは質的にまったく異なる歴史的展望を打ち出されるべき、と主張。

本著は、科学と技術の本質について、歴史的な背景から論じている。

【岩佐茂著『生活から問う科学・技術』】（東洋書店　二〇一五年四月）

生活者の視点から、科学・技術や工業化のありかたを問いなおそうというもの。アプローチの視点は、生活の論理と資本の論理のせめぎあいにある。科学と技術の本質的違いを確認し、両者の密接な結びつきを考察。これまで、科学・技術そのものは、人類の福祉や進歩に貢献するものであるという見方が一般的であった。それが悪用されたりいびつな発展をとげたりするところに問題が発生した。近現代の工業化は、資本の論理に主導され、科学、技術の発展に支えられてきた。そのなかではびっこてきた技術万能主義は、技術によって、人間は自然を支配・制御できるという考え方に陥った。二〇世紀型の重化学工業中心主義の工業化は、環境破壊を不可避にともなう疎外された工業化であった。二一世紀は、そこからの方向転換が求められている。新たなもう一つの工業化方向を工業と農業の総合化にもとめた。

本著は、生活者の視点から科学、技術を論じており、本来のあり方を指し示す一つの考えかたを提示しているものであった。

【小林信一著『社会技術論』】（放送大学教育振興会　二〇一二年三月）

近代技術は産業革命以降に大きく発展した。技術の発展は社会発展の基礎となり、人びとに利便性をもたらしてきた。しかし同時に、生活や環境に悪影響をおよぼす可能性も指摘されている。また、安心な生活と安全な社会の実現、環境保全、持続的な発展など、社会問題の解決に科学技術の貢献が求められる場合も少なくない。「社会技術」が従来の科学技術と異なる点は、それが自然だけでなく社会と直接対峙すること、その実現のためには科学技術者だけでなく、社会を構成する人びと参画が必要である、ということを主張した著書。

社会のための技術のみならず、科学、技術は一般に社会との調和、親和性を保つことが必要。科学、技術を社会と調和させることを「技術の社会化」という。社会の技術化は社会の中の技術のあり方と、それを実現するための条件や方策を考えなければならない、と主張。

社会の技術化を実現のためには、社会との関係に常に配慮しなければならず、社会そのものの理解や地域社会の価値観の理解なども必要であり、必然的に人文・社会・自然科学、さらに現場にある知識や知恵を総動員して取りくまなければならない、としている。

従来の科学、技術論がら、新たに踏みだした概念で、今後の科学、技術のあり方に大きな示唆をあたえた図書。「流域治水」の概念は、治水・利水・環境の領域を社会の関係性にまで拡大した。関係者全体で取りくむ姿勢を打ちだしており、この「社会の技術化」の具現化である、といえる。

【大久保喬樹著『日本文化論の系譜』】（中公新書　二〇〇三年五月）

「武士道」から「甘え」の構造まで、日本人は自らをどのように描いてきたのか。奈良・平安のいにしえから、日本人は自らの文化の特質について、さまざまな角度から論じてきた。それは、常に異国文化の影響下で自分たちの考え方やふるまい方を築いてきたことと密接な関係がある。

明治以降、西欧文化が激しく流入する時期に焦点を絞り、思想家、学者、作家などによる代表的な日本文化論を比較文化的視点から読み解くことによって、近代日本人の自画像を検証する試みの著書。

明治開国と民族意識のめざめとして志賀重昂の『日本風景論』など、民俗研究の柳田国男の『山の人生』など、日本哲学の創造の和辻哲郎の『風土』など、西欧近代社会モデルと対称した丸山真男の『日本の思想』など一五人の著作から、思想、文化論が展開されている。

科学、技術の本質を掘りさげるには、その基層である哲学、思想、文化論の思索が大変参考になる図書であった。

その他、参考文献

川村公一『物部長穂』―土木工学界の巨星― 無明舎出版 一九九六年一〇月
川村公一『地震と建設工学』―現場の経験知からの提言― 無明舎出版 二〇二一年八月
『古史古伝論争』歴史読本 新人物往来社 一九九三年七月
次田真幸『古事記 全訳注』講談社 一九七七年一二月
『神道の本』学習研究社 一九九二年一〇月
東 千秋 柴山盛生『技術経営の考え方』放送大学教育振興会 二〇一一年三月
五十嵐敬喜、小川明雄『公共事業をどうするか』岩波新書 岩波書店 一九九七年三月
沼田 真『自然保護という思想』岩波新書 岩波書店 一九九四年三月
加藤尚武『環境倫理学のすすめ』丸善ライブラリー 丸善 一九九一年一二月
都築洋次郎『科学・技術人名辞典』北樹出版 一九八六年三月
『理科年表』東京天文台編纂 丸善 二〇一九年度版
新野直吉『秋田の歴史』(改訂版) 秋田魁新報社 一九八二年四月
『菅江真澄全集』第七巻「月の出羽路」未来社 一九七八年五月
寺田寅彦『震災日記より』寺田寅彦全集第一〇巻 岩波書店 一九六一年七月
姜 徳相『関東大震災』中公新書 一九七五年一一月
内務省土木局『土木工要録』有隣堂 明治一四年(一八八一)三月
市方義方『水理真寶』博文館 明治三〇(一八九七)年五月
物部長穂『水理学』岩波書店 一九三三年六月
物部長穂『土木耐震学』理工図書 一九五二年九月
松尾春雄『土木試験所と物部所長の思い出』土木技術資料二―七 土木研究所 一九六一年六月
安芸皎一『土木試験所の思い出』土木技術資料三―七 土木研究所 一九六一年七月
『座談会 藤井先生を囲んで』土木技術資料三―八 土木研究所 一九六一年八月
八木亀助『建設省土木研究所における水理実験の回顧(I)(II)』土木技術資料三―二、四―二 土木研究所 一九六一年一二月 一九六二年二月
『土木研究所のあゆみと期待』歴代所長座談会 土木技術資料一一―一 土木研究所 一九六九年一月
本間 仁『物部さんと私』国づくり研修 財団法人全国建設研修センター 一九九四年一〇月
物部長穂、青木楠男、伊藤令二『北上川降開式轉動堰模型験』土木試験所報告 第一五号 内務省土木試験所 一九三〇年一月
物部長穂、伊藤令二『背水曲線の一般的解法』土木試験所

報告　第二一号　内務省土木試験所　一九三一年一二月
物部長穂『地震に因る動水壓を考慮せる重力堰堤の断面決定法』土木試験所報告　第二六号　内務省土木試験所　一九三四年三月
物部長穂『貯水用重力堰堤の特性並に其合理的設計方法』土木学会誌一一―五　土木学会　一九二五年一〇月
本間仁、安芸皎一『物部水理学』岩波書店　一九六二年七月
本間仁『標準水理学』丸善　一九七二年一一月
松浦茂樹『戦前の河水統制事業とその社会的背景』土木史研究会論文集　一九八五年六月
松浦茂樹　藤井三樹夫『明治初頭の河川行政』土木史研究会第一三号　一九九三年六月
松浦茂樹『明治四三年水害と第一次治水長期計画の策定』国際地域学研究第一一号　二〇〇八年三月
松浦茂樹『明治初頭における「土木」の成立』水利科学第三七一号　二〇二〇年
絹田幸恵『荒川放水路物語』新草出版　一九九〇年一一月
高橋哲郎『評伝　技師・青山士の生涯』講談社　一九九五年九月
高橋裕『国づくりのあゆみ』オーム社　一九八四年一一月
高橋裕『土木技術者の気概』鹿島出版界　二〇一四年九月
大石和久『国土学再考』毎日新聞社　二〇〇九年二月
竹林征三『風土工学序説』技報堂出版　一九九七年八月
藤井敏雄『ダム』オーム社　一九八五年一一月
『多目的ダムの建設』昭和六二年版　ダム技術センター　一九八八年二月
『北上川百十年史』東北地方建設局　一九九一年
『北上大堰』工事誌　北上川下流工事事務所　一九八九年三月
『玉川ダム』工事誌　玉川ダム工事事務所　一九九一年三月
物部長穂記念館　展示パネル
その他、秋田魁新聞記事など

あとがきにかえて

技術は、自然科学や工学の専門分野のなかに閉じこもりがちで、専門性を深く掘りさげようとする傾向に陥りやすい。技術が与える社会への影響を考えるうえで、技術者は裏打ちされた哲学と、確たる信念をもってことにあたらなければならない。倫理感の確立の意味からも、哲学、思想や文化論は、価値観の多様性を理解する一助となる。

物部長穂の歩んだ足跡、理念や業績は、おおくのことを学ぶことができる。科学、技術の本質を提示している。私たちが目指す科学、技術と社会との関係性、そのあり方の原点や、人生の道しるべの指針を学ぶことができる、と言えるだろう。

筆者は、かつて国土交通省に勤務していた。仕事の関係上、事業に関連する他分野の学識者や専門家、自治体職員、地元の諸団体や関係者、地権者などと接する機会がおおかった。これらの方々から、貴重な意見や数えきれないほど、心にのこる教えをいただいた。

山形県の南部、白川ダムの勤務は一九七五年代（昭和五〇）。県内のなかでも内陸の豪雪地帯。ダム上流域の集落は、林業と山の天恵物である山菜やキノコの採取を生業とする典型的な山村。当時、冬期間は道路は除雪されず、交通は遮断されて孤立し、越冬生活を余儀なくされた。家屋の周りは沢水を引いた水路がはりめぐらされ、水が循環している。その水路では、コイやフナなどの魚類が養殖され、養鶏などでタンパク源を確保していた。秋になると、茅葺き家屋の屋根はブルーシートが覆われる。降雪期には、屋根に降り積もった雪が自然に滑り落ちて水路に落下する。除雪作業の省力化と越冬生活の食料を確保していた。厳しい環境に対応する生活の知恵と工夫があった。

青森県の浅瀬石川ダムでは、水没移転者のなかで三度目の人がいた。最初は農業用ため池の二庄内ダム。移転先では河水統制事業で青森県で建設された沖浦ダムによって再移転。そして三回目が建設省直轄の浅瀬石川ダムであった。移転先をダム建設予定地に求めたゆえの宿命であった。

おなじ青森県の津軽ダムは、目屋ダムの再開発である。目屋ダムは、建設省直轄で施工し、その後青森県で管理する。目屋ダム建設によって高台に移転した川原平の集落全体が、津軽ダム建設によって再移転を余儀なくされた。

秋田県北部の森吉山ダムは、ダムで水没する家屋や少数残存集落の家屋など、二〇〇戸が移転を余儀なくされた。激しい建設反対運動が約一五年間つづくなかの難産であった。昨年（二〇二二年・令和四）、ダム完成から一〇周年を迎える。玉川ダムは、森吉山ダムと同年の一九七三年（昭和四八）に事務所を開設。森吉山ダムより二〇年前に完成している。

これらの人びとは、先祖伝来の土地や墳墓をまもり、選択の余地なく、そこに住んでいた。自分たちの住んでいる土地の与えられた条件を了解し、よい面も悪い面もすべて受けいれている。決して恵まれた社会・生活環境ではない。地域は連帯し、心豊かに穏やかな生活を営んでいる。

ダムは、このように地域社会に与える影響は極めて大きい。ダム建設地点のみならず、水没予定地まで事業面積は広い。そこには、山林、原野、田畑、家屋、心のよりどころである神社、仏閣、埋蔵文化財などがあり、集落では濃密なコミュニティが形成され、地域風土に根ざした伝統芸能や文化があり、何世代にもわたって継承されてきた歴史がある。ふるさとを失い、移転を余儀なくされ、それまでの生活が根底からくつがえされる。

ダム建設事業は、国家の一大プロジェクトであると同時に、地域の大きな財産となってのこる。その財産を地域振興にどのように役立つか、役立てることができるのかは、地域の主体性と熱意にかかっている。水没移転者など大きな犠牲のうえにたった事業であるがゆえ、地域はそれに答えなければならないし、事業主体である行政の責任は重い。

ダムのみならず土木事業は、地域社会の取り巻く状況を的確に理解することが重要である。これが、筆者が学んだ原点、出発点となった。技術の体系は、現地の状況の理解にたったうえではじめて発現できるものと考える。その地域の地理や地形、地質などの地勢、風土、文化、民俗、歴史的な背景、生態系などの自然環境、災害史など、地域社会の自然科学のみならず人文・社会の分野など周辺領域の理解が出発点となる。この理解は技術体系のなかで重要な位置をしめ、原点といえる。地域のアイデンティティや多様な価値観の理解が不可欠である、ということである。

二〇二〇年（令和二）二月、『北緯四〇度の秋田学』（無明舎出版）を上梓した。本著で「地域学」という視点で地域を見つめようという主旨の内容。「地域学」は、地域から地域を学ぼうという姿勢である。表題の「秋田学」は原稿段階で「地域学」と表記していたが、「北緯四〇度」はどこの地域を対象としているのか一般に認知されていない。発刊元の無明舎出版の舎主、安倍甲さんのアドバイスにより「秋田学」に変更した。現在、書籍は書店販売よりインターネット上の通信販売が主流になりつつあることも表題変更理由の一つであった。

土木事業は、人為的に大地を改変し、ときにダムのような大規模な構造物を築造する。その構造物は半永久的に存在する。地域に広く、深く影響する一方で、資源、財産にもなりえる存在である。

筆者が住んでいる北緯四〇度という身近な地域を、地理・地形・地質などの地勢、気象や植生、動植物などの生態系や自然環境を理解する。これらを背景とした風土や文化、歴史的な背景などについて、北緯四〇度という地域を、「境界」をキーワードに、これらが土台となって、広義に意味で「文化圏」が形成されている。その地域の異質性や多様性がなぜ生まれたのか、その要因について多面的、重層的に論じた。

その地域の環境は、人びとと自然との関わりのなかで、地形、気候、気温が支配的である植生などの生態系が大きく寄与することを明らかにした。その環境は、自然観、世界観、行動様式、思考法、価値観など、根源的な思索を決定づける要素となり得ると考えた。

「地域学」という新たな視点を提唱し、土木事業の周辺領域を掘りさげる事例の一つの方法論という主旨で取りまとめた。

二〇二一年（令和三）八月、『地震と建設工学』―現場の経験知からの提言―（無明舎出版）を上梓した。物理学の視点から、自然災害の要因となる「熱源」は二つある。地球内部からつねに放出される熱源で、「地殻熱流」とよばれる。地球を覆う地殻（プレート）を移動させ、火山活動や地震発生の原動力となる。もう一つの熱源は地球外部からの熱源。「太陽光からの熱源」で、大気圏の循環をになっている。海洋の循環、暖流、寒流、降雨、降雪など、さまざまな気象現象を引きおこす。地質学の立場でも二つの視点がある。日本列島の成りたちやプレートの存在とその活動から、過去から現在、そして未来につづく時間的な連続性に着目した「地史的な視点」。世界的にみた日本列島の空間的な広がりと、風土、地形・地質、気候、環境などの「地誌的な視点」がある。
これらの視点を踏まえて、歴史に刻まれた災害の記憶を理解する。過去の被災体験から多くのことを学び、工学的評価によって本質的な技術論の展開が可能となる。
地震災害を中心に、過去の歴史地震をふくめて史実として直視し、謙虚に受けとめて評価する。被災体験から、現状の建設技術の計画論、設計論の関係、防災についても言及した。計画論の体系は確率統計学にもとづくもの。設計論は構造力学がその基本を構成する。それぞれの具体例を紹介し、その課題は何があるのか言及した。被災体験から世代をこえて継承されていく集合的記憶。地域社会のなかで培われてきた知識体系の民俗知・みずからが体験して学んだ経験知など、その概念の重要性や意義を将来世代に継承する重要性について論じた。

科学、技術、土木工学、河川技術の本質、原点を考えてみようと、前記の二編を公刊した。今回の増補改訂『物部長穂』は、その最終章の意味合いを念頭に編集した。初編は「技術と周辺領域」の重要性を、第二編は「過去災害から学ぶ重要性」、そして本著は、科学・技術と密接に関係する「科学、技術と社会との関係性」をテーマに、物部長穂を中心にすえて編集した。

前記二編とあわせて三部作の最終編と位置づけたものである。

唐松神社・物部家に所蔵されていた長穂の資料は「物部長穂記念館」に寄贈され保管されていた。二〇一七年（平成二九）五月、「大仙アーカイブズ」が開設され、記念館に保管されていた資料は、現在アーカイブズに移管された。長穂が所蔵していた雑誌・専門誌・図書など約一五〇〇点は、蓮沼素子さんはじめアーカイブズの皆さんが分類・整理しており、それらを閲覧させていただいた。

取材協力では物部長仁・唐松神社第六三代当主から貴重なご意見やご協力をいただいた。物部家と遠縁にあたる友人の南秋田郡八郎潟町在住の二方征捷さんにも協力いただいた。

本書は、無明舎出版の安倍甲主舎の特段のご配慮で出版することができた。

以上、関係者に謝意を表することを記す。

著者略歴

川村 公一（かわむら・こういち）

1950年生まれ。東京理科大学理学部物理学科卒業、秋田大学大学院工学資源学研究科後期博士課程修了
建設省、国土交通省 土木研究所河川部、秋田河川国道事務所、湯沢河川国道事務所、能代河川国道事務所、森吉山ダム工事事務所など
現在、創和技術（株）技術管理職
博士（工学）、技術士（建設部門）

主な著書 「環境論ノート」「北緯四〇度の秋田学」「地震と建設工学」「図説 物部長穂」（いずれも無明舎出版）、「川で実践する」共著（学芸出版社）など

増補改訂 物部長穂

発行日 2023年1月20日 初版発行
定 価 定価2420円〔本体2200円＋税〕
著 者 川村公一
発行者 安倍 甲
発行所 ㈲無明舎出版
秋田市広面字川崎112-1
電話（018）832-5680
FAX（018）832-5137
組 版 有限会社三浦印刷
印刷・製本 株式会社シナノ

ISBN978-4-89544-680-8

川村公一の本

北緯四〇度の秋田学

A5判・一九三頁
定価一八七〇円
〔本体一七〇〇円+税〕

地勢や自然環境を軸に据えて地域多様性の背景を多面的、重層的に切り取る。秋田の状況から歴史、動植物、伝説や地域遺産までを網羅した「地域学」へのいざない。

地震と建設工学 ―現場の経験知からの提言―

A5判・一七二頁
定価一九八〇円
〔本体一八〇〇円+税〕

地震発生のメカニズムと科学的知見、歴史に刻まれた災害の記録、風土・環境などの地誌的な視点……。被災体験や復興から先人たちの経験知に学び、科学者や技術者の苦悩を将来世代に伝承する。防災技術の向上、命を守る避難行動への道しるべの一書。

図説 物部長穂

A5判・一二〇頁
定価一五四〇円
〔本体一四〇〇円+税〕

知られざる郷土の偉人の業績から生涯を、一頁読み切りと13本のコラム、豊富な図表・写真・資料で編んだ、ある土木工学者のものがたり!